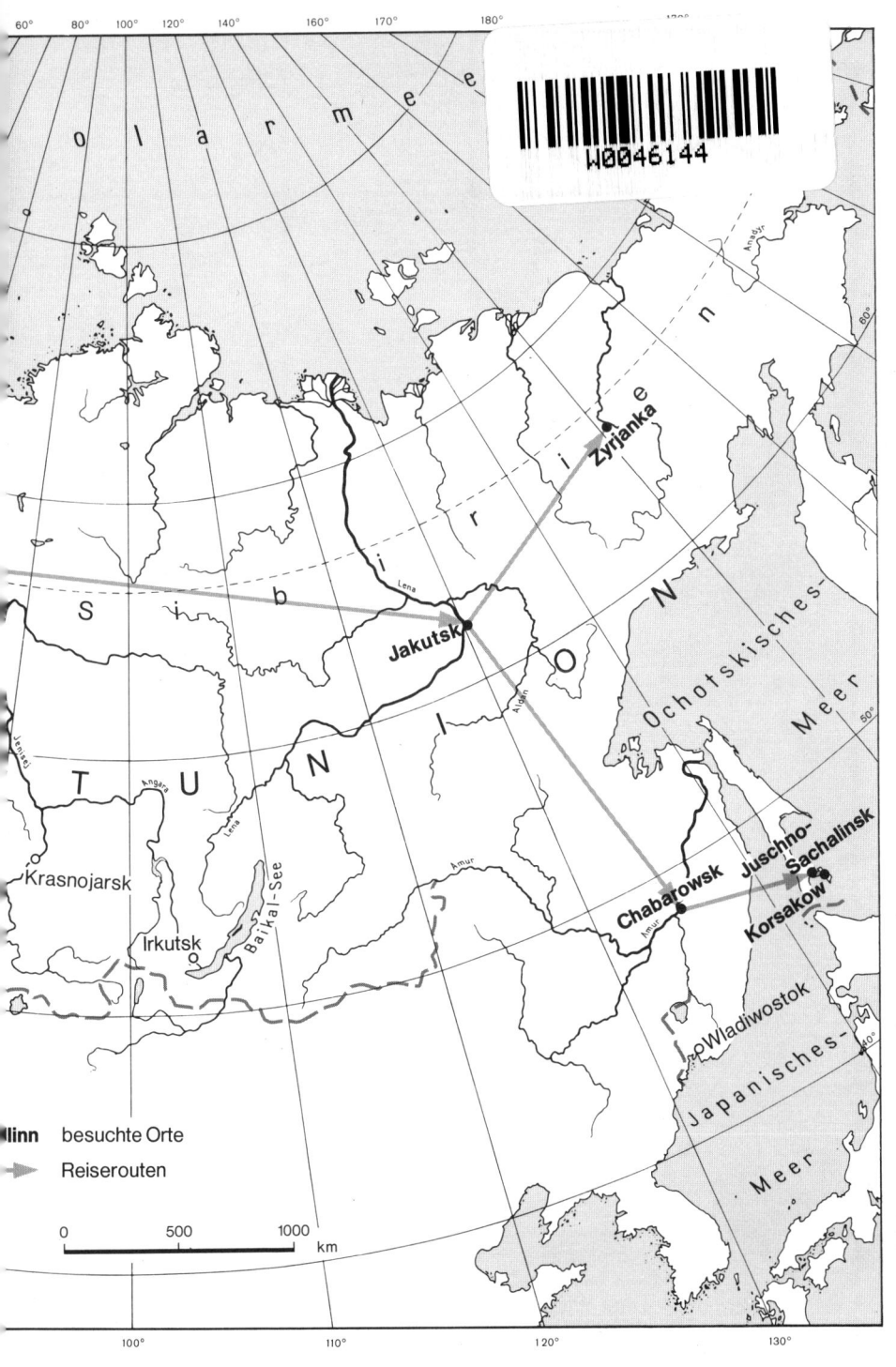

linn besuchte Orte

→ Reiserouten

0   500   1000
km

Gabriele Krone-Schmalz

In Wahrheit
sind wir stärker

Frauenalltag
in der Sowjetunion

ECON Verlag
Düsseldorf · Wien · New York

Bildnachweis:
Alle Fotos von Lothar Schmalz, Moskau

CIP-Titelaufnahme der Deutschen Bibliothek

Krone-Schmalz, Gabriele:
In Wahrheit sind wir stärker: Frauenalltag in der Sowjetunion /
Gabriele Krone-Schmalz. – Düsseldorf; Wien; New York: ECON Verl., 1990
ISBN 3-430-15699-8

Copyright © 1990 der deutschen Ausgabe by ECON Verlag GmbH,
Düsseldorf, Wien und New York.
Alle Rechte der Verbreitung, auch durch Film, Funk und Fernsehen,
fotomechanische Wiedergabe, Tonträger jeder Art, auszugsweisen Nachdruck
oder Einspeicherung und Rückgewinnung in Datenverarbeitungsanlagen
aller Art, sind vorbehalten.
Gesetzt aus der Times, Linotype
Satz: Lichtsatz Heinrich Fanslau, Düsseldorf
Papier: Papierfabrik Schleipen GmbH, Bad Dürkheim
Druck und Bindearbeiten: Bercker, Kevelaer
Printed in Germany
ISBN 3-430-15699-8

Inhalt

Vorwort

Da ist man nun der erste weibliche Korrespondent des WDR im Ausland, noch dazu an einer politisch so wichtigen Schaltstelle wie Moskau, und schon beschäftigt man sich ausgerechnet mit einem Frauenthema – ob das alles so richtig ist . . .? Als ich im Sommer 1987 in Moskau mit der Arbeit begann, sah ich keinen Grund, diesen Posten nicht unbefangen anzutreten – bis mich befreundete Journalisten danach fragten, wie ich mir denn wohl mit meinem männlichen Kollegen die Themen aufteilen werde. Da gingen plötzlich die Warnlampen an, und mit einem Schuß Aggressivität beeilte ich mich zu sagen: Auf jeden Fall nicht so, daß er die große Politik – Abrüstung und so – macht und ich fürs Bunte zuständig bin. Der Mann für das Wichtige und ich fürs Beiwerk – kommt ja überhaupt nicht in Frage.

Wenig später erschien mir meine Reaktion ganz schön patzig, und was hieß das denn überhaupt praktisch, um Himmels willen? Mußte ich jetzt bei der Themenwahl wirklich verkrampft darauf achten, einen vollwertigen Korrespondenten abzugeben, nach dem Motto: Eine Abrüstungspressekonferenz zählt zehn Punkte, ein Porträt eines russischen Dorfes nur zwei? Aber das konnte es doch eigentlich auch nicht sein.

Diese albernen Gedanken stellten sich dann – welch ein Glück – als überflüssig heraus. Zum einen war ich entschlossen, mich nicht in ein Wertsystem pressen zu lassen, das für mich keines war. Zum anderen ist an diesem hochspannenden Platz Moskau so viel los, daß sich die Frage der Wahl überhaupt nicht stellt. Jeder von uns beiden macht alles, was gerade anfällt und worüber berichtet werden muß.

Zu einem im Grunde recht frühen Zeitpunkt war ich dann sogar entschlossen, mich dafür einzusetzen, daß man über die Frauen in der Sowjetunion ausführlicher berichtete. Immerhin stellen sie 53 Prozent der sowjetischen Bevölkerung, und sie kommen bislang in der Berichterstattung allenfalls mal nebenbei vor, so war meine Überlegung. »Die andere Hälfte – Frauen in der Sowjetunion« nannte ich schließlich mein Projekt.

Nach anfänglicher Skepsis in der Sendezentrale wurde das Thema aus unerfindlichen Gründen plötzlich so interessant und für so wichtig genommen, daß nun gleich eine ganze Serie über Frauen in aller Welt entstehen sollte. »Wieso sind wir da eigentlich nicht schon früher drauf gekommen?« hieß es. »Frauen – gutes Thema, ›die andere Hälfte‹ vergißt man halt leicht.« Jetzt war sie entdeckt und ich damit meinen Titel los, denn nun hieß die ganze Serie so.

Ein neuer Titel mußte her für den Film über Frauen. Ich hab' ihn dann »Kraftakte« genannt und will nun erzählen, warum das auf den Alltag von Frauen in der Sowjetunion paßt.

Jakutien: *Tatjana*

Wie fängt man's an, etwas über Frauen zu erzählen in einem Land, in dem über hundert Nationalitäten leben mit ebenso vielen unterschiedlichen Sprachen; in einem Land, in dem an einer Stelle das Thermometer vierzig Grad im Schatten zeigt, während zur gleichen Zeit an einem anderen Ort noch zehn Grad minus herrschen; in einem Land, in dem von der Wüste bis zum Urwald alles Erdenkliche an Vegetation vorkommt; in einem Land, dessen östliche Grenze von seiner westlichen durch elf Zeitzonen getrennt ist? Soviel jedenfalls ist klar: Man darf sich nicht nur in Moskau aufhalten.

Wir wollen zunächst nach Sibirien, nach Ostsibirien. Aus gutem Grund, denn in der Vorstellung der meisten Westler steht Sowjetunion, sieht man von Moskau einmal ab, in erster Linie für Sibirien. Es ist Anfang November. Auch in Moskau schneit es schon, als wir abends um acht das Flugzeug besteigen, das uns nach Jakutsk bringen soll, der Hauptstadt der autonomen Republik Jakutien – ein Land, fünfeinhalbmal so groß wie Frankreich. Als westliche Ausländer werden wir gesondert zum Flugzeug gebracht, unabhängig vom Pulk der Einheimischen, und in der Regel bekommen wir besonders gute Plätze in der Maschine zugewiesen, selbst wenn dort bereits Sowjetbürger Platz genommen haben. Eine meist peinliche Situation, aber so ist das nun mal – jedenfalls noch. Wenn die gegenwärtige Entwicklung in der UdSSR so weitergeht, wird es sicher nur eine Frage der Zeit sein, bis sich das auch Sowjetbürger nicht mehr gefallen lassen. Schließlich lernen sie ja gerade erst, sich zu wehren und Rechte einzufordern.

9

Als die Maschine zum Startpunkt auf einem der fünf Moskauer Flughäfen rollt, setzt Schneetreiben ein. Schnell bilden sich auf der Piste lauter kleine Schneeverwehungen. Der Wind fegt die Häufchen hin und her, löst sie auf und bringt sie an anderer Stelle wieder zusammen. Eine gute Einstimmung auf Ostsibirien.

Bei der Landung in Jakutsk, nach sieben Stunden Flug, müssen wir unsere Uhren um sechs Stunden vorstellen. Es ist früher Morgen, eiskalt, nämlich dreißig Grad minus, und sehr windig. Das alte Abfertigungsgebäude aus Holz würde eine prima Filmkulisse abgeben, das neue, in dem wir auf unser Gepäck warten, ist funktionell und von einer unauffälligen Häßlichkeit.

Jakutsk ist die größte Stadt in Ostsibirien, ein Verkehrsknotenpunkt in diesem riesigen, dünn besiedelten Land. In der Regel leben Jakuten hier, ein sibirisches Turkvolk. Russen und andere Nationalitäten tun sich schwer mit dem harten Klima. Wer aus anderen Landesteilen nach Ostsibirien kommt, hat finanzielle Gründe dafür. Jakutien ist reich an Bodenschätzen, auch an Gold und Diamanten. Arbeitskräfte werden gebraucht und sehr gut bezahlt. Die Aussicht, dreimal soviel zu verdienen wie sonst üblich, ist stärker als die Abschreckung durch das mörderische Klima.

Unser Hotel in Jakutsk heißt »Lena« wie der Fluß, den wir zweimal überflogen haben. Mit Eisschollen vollgepackt windet sich die Lena alles andere als zielstrebig durch die sibirischen Weiten. Übermüdet und enttäuscht stellen wir fest, daß der Hotelaufzug ausgerechnet auf der ersten Etage, auf der wir untergebracht sind, nicht hält, und wuchten unsere schweren Gerätschaften die Treppe hoch.

Das Hotelrestaurant ist geschlossen, »kapitalnij remont« heißt es, was soviel bedeutet wie Renovierung von Grund auf. Die Etagenbuffets, wie sie fast in jedem sowjetischen Hotel zu finden sind und an denen man sich mit Getränken und Kleinigkeiten zu essen versorgen kann, machen einen wenig einladenden Eindruck. Wir lassen uns ein Restaurant empfehlen und stärken uns dort mit Jakutentee, einem kräftigen, süßen Getränk mit sehr viel Milch. Danach fahren wir zum zentralen Krankenhaus von Jakutsk, das heißt, eigentlich schliddern und rutschen wir; und mehr als einmal passiert es, daß die Schnauze des Wagens plötzlich in die Richtung zeigt, aus der wir gekommen sind. Der Fahrer versteht nicht, daß wir uns darüber aufregen, ganz im Gegenteil, er scheint es als willkommene Gelegenheit anzusehen, uns seine Fahrkünste zu demonstrieren.

Im zentralen Krankenhaus treffen wir Tatjana, eine Frau von fast fünfzig Jahren, die hier als Gynäkologin arbeitet. Sie ist Jakutin mit den typischen Gesichtszügen: schmale Augen, hochstehende, breite Backenknochen und zeigt auch bei der größten Anstrengung noch einen Hauch von Lächeln. Tatjana ist in Jakutsk geboren und hat hier zunächst auch Medizin studiert. Der Arztberuf reizte sie deshalb besonders, weil ihr Vater sehr krank war, erzählt sie mir, und sie einfach nicht glauben wollte, daß man da nicht helfen kann. In Moskau schloß sie ihr Studium ab, lernte dort an der medizinischen Hochschule ihren Mann kennen, ebenfalls ein Jakute. Beide hatten die Chance, in Moskau bleiben und arbeiten zu können – immer noch ein Traum für sehr viele Sowjetbürger aus der Provinz. In der Zentrale zu leben ist ja nicht so ohne weiteres möglich, denn ohne offizielle Genehmigung gibt es weder Arbeit noch Wohnung.

Tatjana hätte diese Chance gerne genutzt, aber ihr Mann wollte nicht. Er konnte sich ein Leben in der hektischen und lauten Metropole der Sowjetunion nicht vorstellen, also gingen sie beide wieder zurück nach Jakutsk. Tatjana spezialisierte sich und arbeitete in der sogenannten Stadtgynäkologie, bis 1983 das zentrale Krankenhaus errichtet wurde. Sie half beim Aufbau der dortigen gynäkologischen Abteilung mit, die sie heute leitet – eine Ausnahme, denn auch in der Sowjetunion sind es in der Regel die Männer, die leiten. Für die sechzig Betten in der Gynäkologie stehen sechs Ärztinnen und zwölf Krankenschwestern zur Verfügung. Erst in letzter Zeit interes-

11

sierten sich auch Männer für dieses Metier, erzählt Tatjana und meint, wenn sie so an Sibirien denke, dann seien typische Männerberufe sicher die eines Geologen oder Bauingenieurs, nicht aber Arzt oder gar Gynäkologe. In der Sowjetunion sind siebzig Prozent aller Ärzte Frauen. Ich habe das früher mal als Zeichen der Gleichberechtigung gewertet, bis ich erfuhr, daß Ärzte in diesem Land schlechter bezahlt werden als Bauarbeiter. Und mit Prestige, so wie bei uns immer noch, ist dieser Beruf in der Sowjetunion überhaupt nicht verbunden. Tatjana verdient zwar verhältnismäßig gut, aber das hat nichts mit ihrem Beruf oder ihrer Leitungsfunktion zu tun, sondern einzig und allein mit der geographischen Region, in der sie arbeitet. Sie profitiert vom sogenannten Nordzuschlag, der ihr ein Monatsgehalt von 600 bis 700 Rubel beschert. Das Durchschnittseinkommen in der Sowjetunion liegt bei etwa 200 Rubel monatlich, und Ärzte liegen in der Regel eher darunter. Anders ausgedrückt: Tatjana und all die anderen, die hier arbeiten, werden vom Staat dafür honoriert, daß sie unter extremen Klimabedingungen ausharren und dieses Leben auf sich nehmen.

Zwei- bis dreimal in der Woche operiert Tatjana. Morgen ist wieder so ein Operationstag, und wir dürfen zugucken. Auf der Fahrt zurück ins Hotel überlege ich mir ernsthaft, ob ich das verkraften werde, bei einer Operation der Chirurgin über die Schulter zu schauen ... Ich lasse mich erst mal von Jakutsk ablenken, einer merkwürdigen Stadt. Viele krumme und schiefe alte Holzhäuser säumen die Straßen. Die Balkone dieser Häuser hängen manchmal so schief, daß ich sicher bin, man fiele um, wenn man sich nicht irgendwo festhalten könnte. Dann die üblichen Einheits-Steinhäuser, die sich von denen in anderen Teilen der Sowjetunion nur dadurch unterscheiden, daß sie auf Stelzen stehen. In Sibirien ist der Boden dauerhaft gefroren, er taut selbst in heißen Sommern nicht vollständig auf. Die Stelzen verhindern, daß die Wärmeentwicklung innerhalb der Häuser den Untergrund auftaut – was katastrophale Folgen für die Stabilität hätte.

Aus den Fenstern der Häuser, ganz gleich, ob alt oder neu, hängen Beutel und Taschen mit Lebensmitteln. Ganze Kuhbeine ragen aus diesen praktischen Naturkühlschränken heraus. Und an den Häusern ziehen sich etwa in Kopfhöhe dicke umwickelte Wasserleitungen entlang. Da, wo sie undicht sind, bilden sich bizarre, dampfende Gebilde aus Eiszapfen. Was soll man auch in der gefrorenen Erde mit diesen Leitungen? Außerdem sind sie zu Reparaturzwecken so viel besser zu erreichen.

Am nächsten Morgen fahren wir um kurz nach acht in die Klinik. Unser Team bekommt Kittel, Häubchen und Mundschutz und eine Art von Hausschuhen, jeder eine andere Ausführung, mit und ohne Blümchen, und darüber werden Leinensäckchen gezogen. In diesem Aufzug dürfen wir in den Operationssaal. Tatjana wirkt sehr kompetent, sie strahlt Ruhe aus und scheint ihre Mitarbeiter beinahe nur per Blickkontakt im Griff zu haben. Weniger vertrauenerweckend sind die hygienischen Verhältnisse. Das Tuch, mit dem die Kranke auf dem Operationstisch zugedeckt wird, sieht aus wie ein überdimensionaler Putzlumpen, zerrissen und unglaublich fleckig.

Tatjana wird noch ein Fußbänkchen hingestellt, damit sie überall hinreichen kann; dann beginnt sie die Bauchdecke aufzutrennen. Auf dem Operationstisch liegt eine 39jährige Jakutin aus dem Suntarski-Bezirk, etwa 700 km von der Hauptstadt entfernt. Dort gibt es nur eine Ambulanz, in der nicht operiert wird. Die meisten Patientinnen kommen aus der Provinz und zögern eine Behandlung in der Hauptstadt so lange hinaus, bis es beinahe zu spät ist. Auch diese junge Jakutin, die verheiratet ist und zwei kleine Kinder hat, fand immer wieder Gründe, die längst fällige Operation aufzuschieben. Jakutsk ist weit, man ist dort alleine und weiß so gar nicht, was zu Hause vorgeht. Denn Familienbesuch, das ist bei den Dimensionen dieses Landes nicht drin.

Tatjana operiert eine Stunde lang, bevor sie aus der Wunde eine etwa apfelgroße Geschwulst entfernt. Mit Überwindung

13

und Konzentration ist es mir gelungen, das Geschehen aus nächster Nähe zu beobachten, ohne umzukippen. Nur einmal, als Tatjana – wahrscheinlich um die Organe beiseite zu schieben und sich den Platz frei zu machen – ein nasses großes Tuch in die Wunde stopfte, wurde mir leicht übel.

An diesem Morgen steht noch eine zweite, ähnliche Operation auf dem Programm. Die gesundheitlichen Probleme sowjetischer Frauen haben zwei Hauptursachen. Zum einen unterziehen sich die meisten Frauen mehreren Schwangerschaftsabbrüchen im Laufe ihres Lebens. Funktionierende Verhütungsmittel sind auch heute noch eine Seltenheit. Die Spiralen, die es gibt, sind entweder zu groß oder zu klein, auf jeden Fall nie passend, habe ich mir sagen lassen, und die Antibabypillen, die auf dem sowjetischen Markt verfügbar sind – wenn sie verfügbar sind –, werden hormonell derart hoch dosiert, daß kaum eine Frau sie verträgt. Familienplanung per Schwangerschaftsabbruch – diese Formel trifft in der Sowjetunion zu. Wer allerdings glaubt, Abtreibungen seien in der sowjetischen Gesellschaft als gutes Recht einer Frau anerkannt, der irrt. Frauen, die abtreiben, sind von vornherein Patienten zweiter oder dritter Klasse. Sie versuchen nach Kräften im Familien- und Bekanntenkreis und an der Arbeitsstelle einen solchen Eingriff geheimzuhalten, um der Verachtung und den verletzenden Bemerkungen zu entgehen. Das ist das eine.

Das zweite große Risiko ist die körperliche Schwerstarbeit, mit der Frauen in der Sowjetunion ihre Gesundheit ruinieren. Dazu später mehr. Es existiert zwar ein Erlaß, nach dem Frauen während einer Schwangerschaft zu leichteren Arbeiten eingeteilt werden sollen. In der Praxis funktioniert das aber nur in den seltensten Fällen. Die Frauen schleppen und schuften. Es gibt Untersuchungen, nach denen Frauen in bestimmten Industriebereichen nur zu einem ganz geringen Prozentsatz in der Lage sind, gesunde Kinder zu gebären. Eigentlich bezeichnend, daß es, soviel ich weiß, keine Untersuchungen darüber gibt, wie es um die Gesundheit der Frauen selbst bestellt ist.

Mit Tatjana kann man nicht gut über solche Themen reden. Nach ihrer Auffassung ist bis auf wenige Ausnahmen alles blendend geregelt, und sie hält die Frauen so und so für das stärkere Geschlecht.

Nach den Operationen und der Visite ist Ärztebesprechung. Obwohl bis auf zwei Russinnen alle Frauen aus Jakutien stammen, wird russisch gesprochen und nicht jakutisch. In anderen Republiken der Sowjetunion ist das doch erheblich anders. Hier scheint das Wort Nationalitätenproblem noch unbekannt zu sein.

Tatjana ist zusätzlich so etwas wie eine Notärztin. Dabei ist sie zuständig für ganz Jakutien. Nur um das Größenverhältnis noch einmal ins Gedächtnis zu rufen: Jakutien ist fünfeinhalbmal so groß wie Frankreich, es bedeckt eine Fläche von 3 103 200 Quadratkilometern, wird aber nur von gut einer Million Menschen (ganz genau sind es 1 009 000) bewohnt.

Wir haben Tatjana bereits zwei Tage während ihrer Arbeit im Krankenhaus beobachtet, als tatsächlich ein Notruf eintrifft. Er kommt aus Zyrjanka, einem kleinen Ort etwa 1300 km nordöstlich der Hauptstadt. Für Tatjana steht auf einem Flugplatz bei Jakutsk eine zweimotorige Turbo-Prop-Maschine mit 16 Sitzplätzen bereit, denn ab und zu nimmt die Ärztin jemanden aus ihrem Team mit. Und es kommt auch vor, daß sie von irgendwoher aus dem weiten Jakutien Patienten mit nach Jakutsk zurückfliegen läßt, wenn sie bei ihrer Behandlung doch auf die bessere Ausstattung der zentralen Klinik in der Hauptstadt angewiesen ist.

Gleich am nächsten Morgen soll es losgehen. Am Nachmittag, als der Notruf eintrifft, klappt es nicht mehr, denn die Maschine braucht etwa vier Stunden für die Strecke, und keiner der Flugplätze ist für Nachtflüge ausgerüstet. Nicht zu vergessen, es ist Winter und ohnehin sehr früh dunkel, und in Zyrjanka ist es aufgrund der Entfernung von 1300 km noch einmal zwei Stunden später als in Jakutsk. Also, was immer das Problem ist, die Kranke wird sich bis zum nächsten Tag gedulden müssen.

15

In dieser Nacht beschäftigt mich der Gedanke, wie man diese Dimensionen Menschen verständlich machen soll, die die Grenzen ihres Landes in West-Ost-Richtung in knapp einer Stunde überflogen haben, die jeden Punkt ihres Landes bequem per Auto oder Bahn erreichen können und die bei einem Notruf wie selbstverständlich davon ausgehen, daß nicht erst am nächsten Tag jemand erscheint.

Der Flugplatz, auf dem Tatjanas Dienstmaschine steht, heißt Magan. Von Jakutsk aus fährt man etwa eine Dreiviertelstunde mit dem Auto bis dorthin. Als wir in Magan ankommen, setzt heftiges Schneetreiben ein. Wie durch einen Schleier sind die auf dem Flugplatz abgestellten Maschinen zu erkennen: eine ganze Reihe zweimotoriger Flugzeuge von der Art, wie sie auch Tatjana zur Verfügung steht, dann Doppeldecker, die das Herz jedes Oldtimer-Fans höher schlagen lassen, und Hubschrauber in allen Variationen und Größen. Im eisigen Wind, die Augen zugekniffen, weil der Schnee regelrecht schmerzt, überqueren wir das Flugfeld und steigen in die 16sitzige Turbo-Prop. In den geöffneten Türen liegen dicke Schläuche, die heiße Luft in das Innere der Maschine pusten. Endlich sind wir startbereit, und der Flug kann beginnen.

Für uns ist das natürlich sehr exotisch und aufregend. Für Tatjana ist es Routine, und sie genießt diese Flüge. Einmal kann sie sich während der Flugstunden ein wenig ausruhen, wie sie sagt, und zum anderen ist sie als begeisterte Jakutin sehr stolz auf die bizarre Landschaft ihrer Heimat. Wir überfliegen wieder einige der zahlreichen Windungen der Lena, dann beginnen die Berge.

Das Wetter bessert sich schlagartig, und wir sehen Dreitausender, Viertausender bis zum Horizont. Wer schon mal bei guter Sicht über die Alpen geflogen ist, hat sich sicher auch von diesem Anblick beeindrucken lassen. Nur – ein Flug über die Alpen dauert vielleicht eine gute halbe Stunde mit einer vergleichbaren Maschine, und dann ist es vorbei. Aber hier fliegen und fliegen wir, zwei Stunden, drei Stunden, und in allen Himmelsrichtungen nur schneebedeckte Berge von

16

3000, 4000 m Höhe. Eine faszinierende Landschaft, spärlich bewaldet, manchmal sehen Ebenen oder Hügel zwischen diesen Bergriesen aus wie junge Elefantenhaut mit kleinen Borsten. Wir fliegen mit einer Geschwindigkeit von 350 Stundenkilometern in einer Höhe von 3900 m. Das erschwert das Luftholen, denn Sauerstoffzufuhr oder Druckausgleich gibt es nicht. Zudem bin ich auch etwas unruhig, weil die höchsten Berge hier eben doch noch ein Stück höher sind, als wir fliegen. Ich frage Tatjana, ob sie bei der Fliegerei über diese Einöden nicht manchmal Angst habe. Sie lächelt mich mit ihrem unvergleichlich weichen jakutischen Lächeln an und sagt so, daß man's glaubt: Nein. Und dann erzählt sie, letzten Sommer habe sie mit einer dieser Maschinen irgendwo da unten in den Bäumen gehangen, wegen eines technischen Defekts. Natürlich sei das etwas aufregend gewesen, aber zum Glück sei niemandem etwas passiert und die nächste Ansiedlung sei auch nicht allzuweit weg gewesen.

Wir sind etwa zwei Stunden unterwegs, als wir zum Nachtanken eine Zwischenlandung einlegen müssen. Der kleine Ort heißt Omjakon, und ein Schild begrüßt den Besucher mit »Herzlich willkommen am Kältepol der Erde«. Der Flugplatz, das ist nur eine Piste, auf der hoher Schnee liegt, aber das Fahrwerk unseres Flugzeuges besteht ja zum Glück nicht nur aus Rädern, sondern besitzt auch Kufen. Gott sei Dank fällt mir das noch rechtzeitig ein, so daß mir keine Zeit bleibt, mich zu ängstigen.

Während des Auftankens kommen Kinder und Hunde angelaufen, die bei strahlendem Sonnenschein und klirrender Kälte draußen spielen. Heute früh waren es in Omjakon 39 Grad minus, jetzt, so gegen halb zwei mittags, zeigt das Thermometer immer noch 28 Grad minus. Das Bild, das sich uns darbietet, würde wohl jeder, der es nur auf Fotos sieht und nicht mit eigenen Augen, als kitschig bezeichnen: ein stahlblauer Himmel, eine bereits tiefstehende dottergelbe Sonne, gleißende schneebedeckte Berge ringsum und Holzhäuser unter wulsti-

17

gen Schneehauben. Die lärmenden Kinder sind derart dick eingemummt, daß man Angst haben muß, sie könnten aus eigener Kraft nicht mehr aufstehen, wenn sie beim Spielen einmal umfallen; dazu bellende Hunde, die aussehen wie Wölfe, und ein eigenartig quietschender Schnee. Trotz der Kälte ist es nicht unangenehm, nur die Atemluft gefriert beim Einziehen in der Nase, und die ist dann gleich immer verstopft.

Tatjana bemerkt natürlich, daß die Natur ihrer Heimat ihre Wirkung auf uns nicht verfehlt, und sie ist stolz und zufrieden. Als ich sie frage, wieso in dieser Einöde überhaupt Menschen leben, erzählt sie von einer Wetterstation hier und einem Geologenstützpunkt in der Nähe. Es ist Anfang November, und bald, so heißt es, werden Temperaturen von minus 60, 65 Grad herrschen. »Das ist hier normal«, sagt Tatjana. »Auch das ist zu ertragen, dann allerdings haben die Kinder schulfrei, und die Vögel erfrieren so schlagartig, daß sie tot vom Himmel fallen.«

Wie halten Menschen das bloß aus? Ich denke mir, daß man als Nichtjakute diese Bedingungen schon irgendwie lieben muß, um hier zu leben; denn selbst ein dreifacher Verdienst kann wohl allein nicht ausreichen, sie auf Dauer zu ertragen.

Nach einer Flugzeit von insgesamt etwa vier Stunden haben wir die 1300-km-Distanz überwunden und landen mit dem allerletzten Tageslicht, kurz nach Sonnenuntergang, in Zyrjanka. Diesmal besteht die Landepiste aus einer Art Schotter mit beängstigend großen Steinen. Die paar Lämpchen am Pistenrand reichen für eine Landung bei Dunkelheit sicher nicht aus, aber die beiden Piloten, die schon oft mit Tatjana unter ungünstigsten Wetterbedingungen durch Ostsibirien geflogen sind, schaffen auch diese Landung weich und sicher.

Damit keine Verwirrung um die Uhrzeit entsteht, noch einmal zur Erinnerung: Wir müssen unsere Uhren jetzt zwei Stunden vorstellen. Statt drei Uhr nachmittags, wie in Jakutsk, ist es in Zyrjanka bereits fünf Uhr, und da hat sich die Sonne längst verabschiedet. Übrigens, wir befinden uns jetzt fast 7500 km östlich von Moskau. Vom Flugplatz aus fahren wir sofort zu dem kleinen Ortskrankenhaus von Zyrjanka. 5000 Menschen leben in diesem Städtchen am Fluß Kolyma, der nur in der kurzen Sommerzeit schiffbar ist. Jetzt hängen die Schiffe im Eis fest und warten den Winter ab. Früher war Zyrjanka ein gefürchtetes Straflager am Polarkreis. In der Nähe wird Kohle gefördert.

Im Krankenhaus angekommen, erfährt Tatjana, daß zu dem einen Notfall mittlerweile noch zwei zumindest komplizierte Fälle hinzugekommen sind. Die Frau, derentwegen man Tatjana alarmiert hat, droht zu verbluten, und nach ein paar überprüfenden Untersuchungen steht Tatjanas Entscheidung fest: Heute abend noch wird operiert. Damit hat in dem kleinen Krankenhaus niemand gerechnet. Zwei der Ärzte sind zwar geblieben und haben auf Tatjana gewartet, aber das andere Personal, das zu einer Operation nötig ist, hat bereits Feierabend gemacht. Nun schwärmt man aus, um alle wieder zurückzuholen. Die Anästhesistin war beim Einkaufen und macht einen besonders ungehaltenen Eindruck. Ob das nicht übertrieben sei, heute abend noch zu operieren? Also, sie selbst hätte sicher bis morgen gewartet. Tatjana sagt nur einen Satz: »Wir können nicht bis morgen warten.«

Die Frau, die dringend operiert werden muß, weil sie sonst verblutet, hat große Angst vor dem Eingriff. Der hiesige Frauenarzt und Tatjana reden gemeinsam auf sie ein, sie habe keine andere Wahl, das müsse sie doch begreifen. Die Frau weint. Sie ist 52 Jahre alt und arbeitet als Ingenieurin im Flußhafen von Zyrjanka. Seit fast einem Monat hat sie ununterbrochen Blutungen. Mehrmals hat sie Bluttransfusionen bekommen, aber sie hält es nicht, sagt einer der Ärzte. Die kranke Frau meint, sie sei doch viel zu alt für eine Operation. Tatjana erzählt, daß sie viel ältere Frauen bereits erfolgreich operiert habe und daß kein Grund zur Sorge bestehe. In ihrer ruhigen und bestimmten Art schafft es Tatjana tatsächlich, die Frau einigermaßen zu beruhigen und zu trösten.

19

Während der letzten Vorbereitungen zur Operation schauen wir uns ein wenig um und fragen einen der Ärzte über diese Klinik aus. Es ist das Zentralkrankenhaus von Oberkolyma, sagt er uns, mit einem Einzugsgebiet von etwa 500 km im Umkreis, am Oberlauf des Flusses Kolyma. Achtzig Betten hat das Krankenhaus, insgesamt 14 Ärzte arbeiten hier, darunter zwei Gynäkologen. Sie benutzen Flugzeuge oder Hubschrauber, je nachdem, um die Kranken in den Dörfern zu behandeln oder nach Zyrjanka zu transportieren. Kleinere Operationen führen sie auch selbständig aus, aber in diesem Fall sei es ihnen zu riskant und man habe lieber Tatjana geholt.

Auf dem Weg in den Operationssaal kommen wir im Flur an einem Krankenbett vorbei, in dem eine Frau liegt, die vor einer Stunde ein Mädchen geboren hat. Es ist ihr zweites Kind. Die Frau kommt aus Ugolnyj, dem Kohleabbaugebiet, sechzig km entfernt, und hat es zur Geburt gerade noch rechtzeitig hierher geschafft.

Dann ist es endlich soweit, die Operation kann beginnen. Tatjana muß auf ihr eingespieltes Team verzichten. Hier assistieren ihr einer der beiden Gynäkologen des Krankenhauses und ein Traumatologe, der sich kurz zuvor bei uns bitter über die viele Arbeit beklagt hat, die ihm die nahe gelegenen Kohlegruben wegen der zahlreichen Unfälle bereiten.

Die Kranke kommt zu Fuß, nur gestützt von einer Krankenschwester, in den Operationsraum und legt sich ohne Hilfe auf den Operationstisch. Die Narkose will nicht anschlagen. Die Anästhesistin und die Narkoseschwester, die sich ohnehin irgendwie nicht einig zu sein scheinen, bearbeiten die Kranke abwechselnd mit Spritzen und einer Maske mit betäubendem Gas. Schließlich streiten sich die beiden Frauen so laut, daß Tatjana eingreifen und zur Ruhe mahnen muß. Das sind erschwerte Bedingungen für Tatjana. Den beiden assistierenden Ärzten schlägt sie während der Operation mit den Instrumenten mehrfach auf die Finger, weil die Kollegen sie eher bei der Arbeit behindern, statt ihr zu helfen.

Eine dramatische Situation entsteht, als das Beatmungsgerät, dessen Pumpe die Anästhesistin mit der Hand bedienen muß, auszufallen droht. Sie verlangt nach dem Chefarzt, daraufhin will eine Krankenschwester einfach aus dem Raum laufen, um den Chefarzt zu holen, anstatt, wie es ihre Aufgabe ist, weiter die Instrumente anzureichen, die Tatjana für die Operation braucht. Ich biete mich an, den Chefarzt zu holen, und die Krankenschwester kehrt an ihren Arbeitsplatz zurück. Während der fast zweistündigen Operation wird zusätzlich Blut gebraucht. Zunächst spendet eine der Krankenschwestern, dann holt man noch Blutspender aus dem Ort. Nach allem, was ich dort mitbekommen haben, fürchte ich, daß die Frau das nicht überleben oder Schäden aufgrund der problematischen Narkose davontragen wird. Später erzählt mir Tatjana, die Patientin sei tatsächlich nur sehr schwer wieder zu Bewußtsein gekommen und man habe schon schlimmste Befürchtungen gehegt.

Als ich mich an diesem Abend von Tatjana trenne, weiß ich davon allerdings noch nichts. Tatjana bleibt noch im Krankenhaus, um dazusein, wenn die Patientin erwacht; wir gehen zu unserer Unterkunft.

Ein Hotel im eigentlichen Sinne gibt es in Zyrjanka nicht, aber ein sogenanntes Gästehaus. Ein schönes, gemütlich knarrendes Holzhaus mit einem großen Vorhängeschloß an der Eingangstür. Innen drei Zimmer, Küche, Bad und Toilette. In jedem der drei Zimmer stehen drei Betten. Mein Mann, der mich auf solchen Reisen immer begleitet, und ich, wir bekommen ein Zimmer, das Kamerateam bekommt eines, und das dritte wird für die Ärztin freigehalten, die es dann doch nicht nutzt, weil sie woanders eingeladen worden ist, wie es später heißt. Das wissen wir an jenem Abend allerdings noch nicht, und daher machen wir uns alle große Sorgen um die Patientin. Wir müssen annehmen, es sei tatsächlich etwas schiefgelaufen.

Außerdem waren da ja auch noch die beiden anderen pro-

21

blematischen Fälle. Die eine Frau hatte Tatjana direkt im Anschluß an diese komplizierte Operation medizinisch versorgt, so daß keine Gefahr mehr bestand. Die andere Frau nahmen wir dann später mit nach Jakutsk. Eine Behandlung unter den Bedingungen hier in Zyrjanka wäre selbst Tatjana zu riskant gewesen. Die Frau war bereits im März mit einem durchgebrochenen Blinddarm ins Krankenhaus nach Zyrjanka gekommen, aber erst mit zwei Tagen Verspätung. Sie sei schon ganz schwarz gewesen, erzählen uns die Ärzte, aber man habe ihr helfen können. Nun war sie wiedergekommen und klagte über starke Schmerzen; man stellte eine Geschwulst von 20 cm Durchmesser fest.

Also begleitet uns diese Frau auf unserem Rückflug. Sie ist sehr geschwächt und leidet besonders unter der dünnen Luft. Denn natürlich fliegen wir wieder in großer Höhe, diesmal nicht 3900 m, aber immerhin auch 3700 m, und unsere Kabine ist ja weder klimatisiert noch besitzt sie ausreichenden Druckausgleich.

Bevor wir zum Flugplatz fahren, schaue ich noch einmal im Krankenhaus vorbei. Ich glaube Tatjana, aber ich möchte mich doch lieber selbst davon überzeugen, wie es der frischoperierten Frau geht. Als ich ins Krankenzimmer komme, lächelt sie mich erleichtert an.

Wir starten um halb zwei Ortszeit. Kurz vorher hat sich das Wetter dramatisch verschlechtert. Man kann kaum bis auf die andere Straßenseite sehen. Während des Starts ist das Abfertigungsgebäude am Flugplatz kaum zu erkennen, obwohl es nah an der Piste steht. Die Sicht verbessert sich auch während des Fluges zunächst nicht, und es macht mich erneut nervös, auf dem Höhenmesser die Angabe 3700 m zu lesen und zu wissen, daß ganz in der Nähe ein 3900 m hoher Berg liegen muß. Der Pilot, der meine Sorgen zu erraten scheint, beruhigt mich, wir seien genau auf Kurs und dieser Berg liege querab von uns auf der rechten Seite. Unterwegs bessert sich das Wetter, und die Gebirgslandschaft, die wir überfliegen, ist wieder in allen Einzelheiten zu erkennen. Wir haben jedoch so starken

Gegenwind, daß wir abermals erst in der Dämmerung nach Sonnenuntergang in Jakutsk landen. Tatjana ist unterwegs eingeschlafen, und auch die Patientin hat schließlich den langen Flug gut überstanden.

Der nächste Tag ist ein Samstag. Tatjana hat ein freies Wochenende vor sich. In der Regel sind ihre Wochenenden immer frei, nur in Notfällen fordern die diensthabenden Ärzte ihre Hilfe an. Tatjana hat uns zu sich nach Hause eingeladen. Ihr Mann, der auf einer Dienstreise war, sei auch wieder zurück und würde sich freuen, uns kennenzulernen, sagt sie. Er ist ebenfalls Mediziner, und zwar Dozent für Chirurgie in Jakutsk. Zwei Söhne haben die beiden. Tit, mit 19 Jahren der jüngere, will wie seine Eltern Arzt werden. Er ist bereits im dritten Studienjahr an der medizinischen Fakultät in Jakutsk. Sein älterer Bruder Pjotr, 21 Jahre alt, dient zur Zeit in der Armee, irgendwo in Westsibirien. Kann sein, daß seine Eltern wirklich nicht so genau wissen, an welchem Ort ihr Sohn sich aufhält. Diese Dinge fallen in der Sowjetunion zum Teil immer noch unter das Staatsgeheimnis, und die Menschen haben das zu akzeptieren gelernt, sie haben sich zumindest daran gewöhnt. Kann aber auch sein, daß Tatjana und ihr Mann immer noch darauf geeicht sind, daß diese Art von Informationen nicht in die Hände von westlichen Ausländern gehören. Wie auch immer: Irgendwo in Westsibirien muß Pjotr noch ein paar Monate Wehrdienst leisten, bevor auch er sein Medizinstudium wiederaufnehmen kann.

Tatjana lebt mit ihrer Familie in einer Dreizimmerwohnung, die einen relativ frisch renovierten Eindruck macht. Sie hat sich für die Essensvorbereitung Hilfe ins Haus geholt, und so können wir uns in Ruhe unterhalten. Ich mache noch einmal einen Versuch, mit ihr über Probleme zu reden, die Frauen in der Sowjetunion haben, zum Beispiel im Zusammenhang mit Familienplanung und Empfängnisverhütung.

So sympathisch und auf ihrem Gebiet kompetent Tatjana ist, so unkritisch oder vielleicht auch ängstlich ist sie gegenüber Ausländern. Für Tatjana steht alles zum Besten, die

Gesundheitsfürsorge, die Krankenpflege, alles ist kostenlos und einwandfrei. Abtreibungen, die gibt es natürlich, aber Verhütungsmittel kann sich jede Frau besorgen, und zwar alles, was sie will. Tatjana zählt auf: Spirale, Pille und andere Mittel. Und selbstverständlich wird jede Abtreibung unter Betäubung durchgeführt, betont sie mehrfach, als ich sie auf entsprechende Berichte in sowjetischen Zeitungen anspreche, in denen von der barbarischen Praxis die Rede war, Schwangerschaftsabbrüche ohne Betäubung vorzunehmen. Narkose- und Betäubungsmittel brauche man für die »wirklich« Kranken, und die Frauen, die abtreiben lassen, hätten es auch nicht besser verdient, hieß es da. Solchen Themen ist Tatjana nicht zugänglich, und sie lächelt sich unbeirrt darüber hinweg. Schade, daß sie so unaufrichtig ist, denke ich enttäuscht. Aber vielleicht verlange ich ja auch zuviel von ihr.

Ich versuche über einen anderen Themenkomplex näher an sie heranzukommen und frage sie etwas, das man Frauen, die einen verantwortungsvollen, zeitintensiven Beruf und eine Familie haben, immer fragt: Wie schaffen Sie es, beides miteinander zu verbinden? Ich will wissen, wie sich die Familie verhält, ob Tatjana irgendwelche Hilfen hat, wie sie den Alltag bewältigt. Ich bin ganz perplex, als Tatjana so antwortet: »Wissen Sie, die Arbeit im Krankenhaus stört mich nicht bei der Arbeit zu Hause.« Mit einer harmonisierenden Antwort habe ich ja durchaus gerechnet, aber in umgekehrter Reihenfolge, etwa so, daß die Belastungen durch Hausarbeit etc. sie bei der Ausübung des Arztberufs nicht stören. »Ich schaffe das«, fährt Tatjana fort, »die Kinder sind erwachsen, die können schon gut für sich selbst sorgen. Mein Mann ist auch in der Lage, mal sein Essen selbst zuzubereiten. Wenn ich allerdings zu Hause bin, dann bin ich auch im Einsatz. Aber Schwierigkeiten habe ich damit nicht.«

Ich hake nach, bringe den Begriff »Doppelbelastung« ins Spiel und die Frage, ob das denn immer nur die Frauen treffen müsse. Tatjana weicht aus: »Auf jeden Fall soll eine Frau einen Beruf haben und arbeiten. Ich kann mir mein Leben ohne berufliche Arbeit nicht vorstellen. Wenn man nicht arbeitet, ist das Leben doch völlig uninteressant. Jede Frau möchte doch auch im Kollektiv sein, in der Gesellschaft. Sicher, was die Erleichterung der Hausarbeit angeht, so würde ich mir mehr halbfertige Nahrungsmittel wünschen, und man sollte irgendwo waschen lassen können. Das meine ich.«

Ich frage nach der Rolle des Mannes in der Sowjetunion. Mit ihrem unnachahmlichen Lächeln versichert sie mir, daß es da in ihrer Familie überhaupt keine Probleme gebe:»Für mich und meinen Mann ist das Thema Gleichberechtigung kein Thema. Mein Mann hat dieses Thema noch nie erwähnt oder etwas dazu gesagt, ob man Gleichberechtigung zwischen Mann und Frau brauche oder nicht. Wir sind es so gewohnt, wie wir leben. Im Grunde macht jeder das, was seine Lieblingsbeschäftigung ist.«

Nach einer Pause, in der sie meine Hilflosigkeit bemerkt, fährt sie fort:»Eine Frau kann immer einen Ausweg finden, und sie darf Beruf und Familie nicht voneinander trennen. Wenn sie einen Beruf gefunden hat, der ihr Spaß macht, der sie ausfüllt, wird sie sich immer den Bedingungen anpassen und hier wie da arbeiten. Denn wenn einem der Beruf Freude macht, dann merkt man doch die Zeit gar nicht, die man dort verbringt, und man arbeitet mit einem solchen Schwung, daß man kaum spürt, wie die Stunden vergehen. Daß einer Frau Haushalt und Familie Spaß machen, das ist doch selbstverständlich.«

Mit meiner Erziehung und meinen westeuropäischen Vorstellungen bin ich hier wohl völlig auf dem falschen Dampfer. Tatjana ist offenbar eine begnadete Ärztin, die um keinen Preis auf ihre Arbeit verzichten möchte und die es einfach nicht anders kennt, als daß der Haushalt ganz selbstverständlich zu den Pflichten einer Frau gehört. Insofern ist die Situation in Tatjanas Familie beinahe revolutionär, denn Ehemänner, die sich selbst versorgen, sind in der Sowjetunion nicht so leicht zu finden.

Es ist Essenszeit. Wir gehen ins Wohnzimmer, wo der Tisch

reich gedeckt ist. Es gibt rohen gefrorenen Fisch, von dem man dünne Späne abhobelt, die sich dann kräuseln wie Schillerlocken, nur dünner. Hartgekochte Eier, angerichtet wie kleine Körbchen, gefüllt mit rotem Kaviar. Tomaten und Zwiebeln; was mich wundert und gleichzeitig freut, denn so was ist in Moskau im Winter durchaus nicht selbstverständlich. Fleisch von jungen Pferden, Fisch in Teig gebraten, Pilze, diverse Salate. Zum Schluß eine Tundra-Beerentorte mit Kaffee oder Tee. Und an alkoholischen Getränken Wodka oder Cognac.

Die beiden Gehälter mit Nordzuschlag sichern schon einen gewissen Lebensstandard, und man kann zweifellos sagen, daß es Tatjana und ihrer Familie gutgeht. Obwohl man nicht ausschließen sollte, daß die örtliche Parteileitung noch ein wenig nachgeholfen hat, damit die westlichen Besucher optimal versorgt werden und mit einem guten Eindruck nach Moskau zurückkehren. Denn gerade in der Provinz läuft noch sehr viel unter Anleitung oder zumindest mit Unterstützung der kommunistischen Partei. Doch in diesem Buch werden auch Beispiele zur Sprache kommen, wo die Partei überhaupt keine Rolle gespielt und sich völlig rausgehalten hat.

Während des Essens kommt es zu einer interessanten Unterhaltung. Tatjana und ihr Mann streiten sich plötzlich über ein juristisches Problem: Muß ein minderjähriges Mädchen, das eine Schwangerschaft abbrechen lassen will, die Einwilligung der Eltern oder des Mannes einholen oder nicht? Tatjana meint, das Mädchen könne ganz selbständig entscheiden, ihr Mann ist der Auffassung, mindestens die Eltern müßten zustimmen. Es geht eine Zeitlang hin und her, ohne daß die Rechtslage geklärt werden kann.

Tatjanas Mann erzählt, daß Mädchen oder junge Frauen vom Lande, die außerehelich ein Kind kriegen, keinen Mann mehr abbekämen. Deshalb führen sie wegen einer Abtreibung in die Stadt, zum Teil bis nach Moskau, um sie geheimzuhalten. Tit, der Sohn, mischt sich ein und protestiert heftig, als seine Mutter meint, eine Frau solle sich nur mit einem Mann einlassen, wenn sie Kinder wolle. Tatjana wechselt das Thema und fragt, ob wir morgen nicht mit zum Eisfischen fahren wollen. Natürlich wollen wir.

Als wir uns am nächsten Morgen bereits um acht Uhr treffen, sind allerdings nur Tatjana und ihr Sohn Tit mit von der Partie. Ihr Mann sei plötzlich verhindert, sagt sie. Wenn ich da gewußt hätte, was ich später wußte, wäre mir auch klar gewesen, warum er verhindert war. Aber eins nach dem anderen. Tatjana dirigiert unseren Wagen auf eine Ausfallstraße und sagt, wir sollten ein wenig warten, es komme noch jemand mit. Wir warten auf den Intendanten des staatlichen sowjetischen Fernsehens in Jakutsk, der mit einem nicht näher bezeichneten Mitarbeiter schließlich in einem geländegängigen Jeep angefahren kommt. Ich stutze und werde immer stutziger, als wir auf die Frage, wie weit es denn zum Eisfischen sei, nur sehr unklare Antworten bekommen. Auf die Auskunft »160 km« reagieren wir offensichtlich sehr erschreckt, und es wird sofort nachgeschoben: Nein, es seien nur 80 km. Als wir dann allerdings bereits 130 km hinter uns haben, stoppt der Intendanten-Jeep vor uns, und der Mitarbeiter raunzt unseren Fahrer an, wieso er denn so krieche, wir hätten schließlich noch 70 km vor uns und die Straße werde ja noch schlechter. Dabei bewegt sich der kleine Bus, in dem wir – also unser Kamerateam und Tatjana mit ihrem Sohn – fahren, ohnehin ständig an seiner Leistungsgrenze. Auf den Straßen, die sich gleich hinter Jakutsk in Pisten verwandeln, schwimmen und rappeln wir mühsam hinter dem vierradgetriebenen Jeep her; mehr als einmal rutschen wir aus der Richtung und stehen quer.

Erst viel später begreife ich, was wirklich Sache ist. Was ich für einen Familienausflug in die nähere Umgebung von Jakutsk gehalten hatte, entpuppt sich als eine von Partei und staatlichem Fernsehen organisierte Tour zu einer Fischereikolchose am Weißen See, gut 200 km nordwestlich von Jakutsk in der Wildnis. Man wollte uns etwas Besonderes und Exotisches bieten, und die Verantwortlichen besaßen wohl ein feines Gespür dafür, daß wir bei voller Information auf diese Gewalt-

27

tour verzichtet hätten, die aber auch so gar nichts mit dem Alltag und dem Leben »unserer« sibirischen Ärztin zu tun hatte. Wie sich dann unterwegs herausstellt, ist der Intendant, auch ein Jakute, im Sommer ein begeisterter Bärenjäger und im Winter ein ebenso begeisterter Eisfischer.

Nach dem anfänglichen Ärger, so überrumpelt worden zu sein, fangen wir an, uns auf dieses Abenteuer einzulassen. Jetzt wird mir auch klar, warum Tatjanas Mann so kurzfristig verhindert war. Er hatte am Sonntag etwas Besseres zu tun, als sich insgesamt acht Stunden durch die Wildnis schaukeln zu lassen, nur um ein paar Ausländern die Fischkolchose am Weißen See vorzuführen. Auch Tatjana hätte, schon gar nach den anstrengenden Operationen der vergangenen Woche, besser ein erholsames Wochenende verbracht, als sich mit uns zusammen diese Gewalttour anzutun. Ich hätte ihr diese Anstrengung gerne erspart, aber keine Minute lang habe ich den Eindruck, sie sei ungehalten oder böse.

Unterwegs treffen wir mehrmals auf Herden zotteliger Wildpferde, die in ihrer Statur eher an Ponys erinnern. Dann machen wir in einem kleinen Ort halt. Tatjana meint, ich solle mit ihr aussteigen und sie begleiten, dabei zeigt sie auf das örtliche Parteihaus. Sie will mir nicht erklären, wieso, und ich kann mir absolut keinen Reim darauf machen. Irgendwo auf der zweiten Etage führt sie mich zu einer Toilette. Fürsorglich, wie sie nun mal ist, hatte sie Angst, ich halte nicht so lange durch. Die Toilette in diesem Partei- und Gemeindehaus ist durchaus ein Erlebnis: Neben dem WC stehen zwei Papierkörbe voll von zerknülltem, bedrucktem und beschriebenem Büropapier, das offenbar als Toilettenpapier dient. In einem Korb liegt das sozusagen frische, im anderen das benutzte. Man muß es halt nur wissen.

Mittlerweile ist die Piste so urwüchsig geworden, daß unser kleiner Bus immer wieder steckenbleibt. Die Fahrbahn ist mittlerweile ein ausgefahrener Waldweg mit großen Bodenwellen, üppigen Baumwurzeln und tiefen Fahrspuren, von Eis und Schnee bedeckt. Ein paarmal hängen wir quer und beinahe im Graben, wir schaffen es gemeinsam, den Bus wieder flottzumachen. Als wir uns dann endgültig und hoffnungslos festfahren, bleiben immer noch etwa 5 km bis zum Weißen See übrig. Der Intendant fährt in seinem Jeep voraus und kommt mit einem anderen Geländefahrzeug wieder, das uns endlich an unser Ziel bringt.

Auf dem Weißen See sind die Fischer einer Kolchose ganz professionell mit Eisfischen beschäftigt. Zweimal am Tag hacken sie das Eis auf, bugsieren an einer Stelle ein 500 m langes Netz in den See und ziehen es in einem ausgeklügelten Verfahren mit Hilfe vieler kleiner Löcher in der Eisdecke an einer anderen Stelle wieder heraus. Dort ist das Loch groß und breit, denn da müssen die gefangenen Fische durch, und das sind immerhin bei jedem Fang etwa eine Tonne.

Die Fischer, die dieser harten Arbeit nachgehen, sehen schon recht wild aus. Urige Pelzkleidung, vereiste Schnurrbärte, exotische Gesichtszüge. Alle sind Jakuten oder Angehörige der anderen hier ansässigen Stämme. Nur wer das seit Generationen gewohnt ist, hält wohl eine Arbeit in diesen Temperaturen aus. Das Thermometer sinkt heute bis auf minus 45 Grad. Ich habe mitunter das Gefühl, meine Augen werden enger, weil sie langsam zufrieren.

Wenn die Fische aus dem Wasser geholt und auf das Eis geworfen werden, dann schnicken die kleineren von ihnen höchstens noch einmal. Die größeren halten ein wenig länger durch, bevor sie alle sozusagen schockgefrostet sind.

Gegen halb drei ist die Arbeit beendet. Wir sind bis auf die Knochen durchgefroren, auch Tatjana, der der Intendant aus Jakutsk zwischenzeitlich seine Rentierfelljacke angeboten hat, weil sie gar so friert. Wir fahren auf eine kleine Waldlichtung, an der drei Holzhütten stehen. Vor einer der Hütten brennt ein offenes Feuer. Darüber hängt ein Eimer, aus dem Knochen ragen und etwas, das wie Gestrüpp aussieht. Das Gestrüpp entpuppt sich später als Gewürzkräuter, und die Knochen stammen von Rentieren und Fohlen, ja sogar von Bären. Wir werden in eine der Hütten gebeten, die aus nur einem Raum besteht. In der Ecke ein Ofen, auf dem Tee kocht, dann ein Tisch längs vor einer erhöhten Ebene, auf der Bärenfelle und eine Art Matratze liegen, dann ein paar Hokker. Von den Deckenbalken hängen alle möglichen Gerätschaften herunter. Drei Jäger wohnen hier, die uns jetzt beköstigen. Ab und zu geht einer von ihnen vor die Tür, um wieder einen Eimer Fleisch zu holen. Jedesmal wenn die Tür knarrend aufgeht, kann man vor lauter Kältedampf kaum noch was sehen. Brillengläser und auch unser Kameraobjektiv haben sich gleich bei unserem Eintritt mit einer Eisschicht überzogen, die mehrere Millimeter dick ist und auch in der Hütte, in der wir es beinahe als heiß empfinden, nur ganz allmählich wieder taut. Die vereisten Kabel an unserer Kamera stehen senkrecht in die Höhe wie bei einem indischen Seiltrick.

Nach dem Mahl aus Fohlen-, Rentier- oder Bärenfleisch, je nach Geschmack (ich gebe zu, ich habe mich um alles gedrückt und mich mit Brot und Tee zufriedengegeben), bringt man uns zu unserem steckengebliebenen Bus. Der Heimweg von insgesamt vier Stunden kann beginnen. Tatjana sinkt in sich zusammen und schläft.

Wie sich denken läßt, ist es stockfinster. Der Weg hat sich in der Zwischenzeit auch nicht verbessert. Irgendwann frieren die Gänge ein. Dann müssen wir uns um Benzin kümmern, weil man sicherheitshalber nicht mal unserem Fahrer gesagt hat, wie weit es wirklich bis zu den Eisfischern ist. Nachdem wir uns mit 76 statt mit 93 Oktan zufriedengegeben haben, ist auch das Benzinproblem zunächst gelöst.

Unterwegs am Straßen- oder besser am Wegesrand sehen wir immer mal wieder Fußgänger, die per Anhalter mitfahren wollen. Dabei ist es doch schon nach acht Uhr abends, und die nächsten Häuser sind manchmal verdammt weit weg.

Gegen zehn Uhr erreichen wir endlich wieder Jakutsk. Ich bin zufrieden und glücklich über dieses Erlebnis, mit dem ich so gar nicht gerechnet hatte. Tatjana ist müde und kaputt, dabei bereits voll konzentriert auf den nächsten Tag und den Beginn einer neuen Arbeitswoche. Sie lädt uns ein, doch im

Sommer wiederzukommen. Der August und vor allem der September seien herrlich hier und sie würde uns gerne mehr von ihrer Heimat zeigen. Auch der Intendant des staatlichen Fernsehens in Jakutsk fängt an, von der Bärenjagd zu schwärmen, das wäre doch ein Thema für die bundesdeutschen Zuschauer – nichts gegen Tatjana, eine bewundernswerte Frau, aber Bärenjagd, das sollten wir uns auf keinen Fall entgehen lassen.

Die Verabschiedung, vor allem von Tatjana, aber auch von ihrer ganzen Familie, fällt sehr herzlich aus. Wir haben ja nun ein paar Tage miteinander verbracht, doch im Grunde haben wir Tatjana nur belastet dadurch, daß wir sie beobachtet und begleitet haben. Aber spüren lassen hat sie uns das nie. Im Gegenteil, sie war eher bemüht, mir mein schlechtes Gewissen zu nehmen, wenn sie merkte, daß ich darunter litt. Vor allem dieser letzte gemeinsame Sonntag am Weißen See bei den Eisfischern, den ich wirklich nicht missen möchte, kam mir aus unserer Sicht schon extrem egoistisch vor. Aber Tatjana verstand es immer wieder, mir mein Unbehagen zu nehmen, indem sie sehr glaubwürdig versicherte, wie stolz sie darauf sei, daß uns das jakutische Land so beeindruckt.

Ich bitte Tatjana zum Abschied, sich doch unbedingt zu melden, wenn sie mal in Moskau sei. Sie verspricht es. Einige der Männer in unserem Team halten mich für naiv, weil ich wirklich überzeugt bin, daß Tatjana mindestens anrufen wird, wenn sie das nächstemal in Moskau ist.

Anfang März rief Tatjana an, sie hatte beruflich in Moskau zu tun und extrem wenig Zeit, außerdem wisse sie ja, wieviel Arbeit ich habe, und sie wolle bestimmt nicht stören, aber sie habe doch versprochen, sich zu melden . . .

Natürlich haben wir uns getroffen, und auch Tatjana geht wirklich davon aus, daß ich sie noch mal besuchen werde. Das habe ich auch vor.

Sachalin: *Anna*

Von Jakutsk aus wollen wir direkt weiterfliegen nach Sachalin, der großen Insel nördlich von Japan – so direkt das eben geht. Zunächst müssen wir die Maschine nach Chabarowsk nehmen, das ist unmittelbar an der chinesischen Grenze. Wir erfahren zu unserer Freude, daß es eine tägliche Flugverbindung gibt. Schließlich sind wir doch nicht so begeistert, als wir begreifen: Diese Verbindung wird von einer einzigen Maschine aufrechterhalten, die ausgerechnet mitten in der Nacht fliegt. Aber was soll's. In den wenigen Tagen haben wir es ohnehin noch nicht geschafft, die sechs Stunden Zeitunterschied zwischen Moskau und Jakutsk zu verkraften – dazu kommen noch zwei weitere Stunden vom Abstecher nach Zyrjanka. Was heißt da also mitten in der Nacht? Zudem trennen Sachalin wiederum zwei Zeitzonen von Jakutsk.

Als wir Jakutsk dann nachts um halb zwölf verlassen, zeigt das Thermometer 37 Grad minus. Wir steigen ins Flugzeug und stellen fest, daß unsere Plätze oder die, die wir dafür halten, besetzt sind. Die Stewardessen erkennen blitzschnell die Situation, führen uns zu den besten Plätzen ganz vorne, wo die Beinfreiheit in diesen Maschinen besonders groß ist, und bedeuten den dort sitzenden Passagieren, daß sie ihre Plätze schnell zu räumen hätten. Kein einziger wehrt sich. Kein Wort, nicht einmal ein böser Blick. Wir aber wissen mal wieder nicht, wo wir vor lauter Peinlichkeit hinschauen sollen.

Ich stelle dann fest, daß an meinem Sitzgurt auf der einen Seite die Schnalle fehlt. Mein Mann, der im Improvisieren mindestens so pfiffig ist wie Bürger der Sowjetunion, knotet mich kurz entschlossen fest. So geht's auch. Ich kippe die Rückenlehne zurück und entspanne mich. Auch als ich merke, daß sich die Lehne nicht mehr nach vorne holen und arretieren läßt, bleibe ich ruhig. Es gibt Schlimmeres, denke ich mir und döse halbwegs angenehm vor mich hin, mal abgesehen von dem pausenlosen Geschnatter der Stewardessen, die unmittelbar vor uns hinter einem Vorhang ihren gemeinsamen Bekanntenkreis durchhecheln, in einer unglaublichen Lautstärke.

Kurz vor drei Uhr nachts Ortszeit – also zwei Uhr Jakutsker Zeit – landen wir in Chabarowsk. Die Stewardessen haben sich offenbar bei ihrer Unterhaltung derart verausgabt, daß sie alles durcheinanderbringen. Sie erklären den Passagieren, man sei nun gerade in Jakutsk gelandet, und geben zu allem Überfluß auch noch beim Tip fürs Uhrenumstellen eine Stunde zuviel an. Zunächst also große Verwirrung, bis einer der Passagiere im Brustton der Überzeugung erklärt, Jakutsk und Chabarowsk trennten wirklich nur eine und nicht zwei Stunden.

Der Chabarowsker Flughafen ist unerwartet groß, kein Vergleich mit Jakutsk, und hat einen ungewöhnlich hohen, sehr modern aussehenden Tower sowie ein Verwaltungsgebäude, wie ich vermute, das auf den ersten Blick genausogut irgendwo in den USA stehen könnte. Der Abfertigungssaal für Ausländer – in der Sowjetunion wird man ja immer getrennt abgefertigt, man kommt als Ausländer erst im Flugzeug mit den Einheimischen zusammen, selbst das Gepäck wird in der Regel gesondert ausgegeben –, dieser Abfertigungssaal bietet sich als reich geschmückte Säulenhalle mit üppigem Deckenstuck dar. Ich kann nicht glauben, daß dieses Gebäude von Anfang an ein Flughafengebäude gewesen sein soll, lasse mich dann aber von den Flughafenbediensteten aufklären: Es verhalte sich in der Tat so und das Bauwerk mit seiner gesamten Innenausstattung stamme noch aus der Stalinzeit.

Selbstverständlich haben wir von Jakutsk aus bereits ein

Auto bestellt, das uns vom Flughafen in Chabarowsk abholen und ins Hotel bringen soll, aber niemand ist da. Und mitten in der Nacht ist auch niemand zu erreichen. Wir entdecken auf dem Platz vor dem Hauptgebäude einen mittelgroßen Bus, so ein schöner alter mit spitzer Schnauze. Hinter dem Steuer sitzt jemand und schläft. Nach kurzer Verhandlung ist er bereit, uns zu fahren, denn die Gäste, auf die er wartet, kommen erst am frühen Morgen.

Das Hotel in Chabarowsk hat durchaus internationalen Standard, mit einer großen aufwendigen Lobby, bimmelnden Aufzügen und vielen amerikanischen Touristen. Der riesige, nach rein ästhetischen Gesichtspunkten wunderschöne Vorplatz ist in einem bestimmten Muster gepflastert, allerdings derart, daß zwischen den einzelnen Platten bis zu zehn cm breite und recht tiefe Fugen liegen. Ideal zum Beinebrechen, aber schön.

Am selben Tag gibt es keine Möglichkeit mehr, nach Sachalin weiterzufliegen. Die nächste Maschine auf die Insel soll nach Auskunft des Hotels am nächsten Tag um 17 Uhr starten, nach Auskunft des Flughafens um 20 Uhr. Wir glauben dem Fughafen und liegen richtig.

Von unserem Hotel aus können wir auf den Amur sehen, der an dieser Stelle 2,5 km breit und auch schon stark vereist ist. Die Temperaturen liegen um diese Jahreszeit nachts bei etwa acht bis zehn Grad minus, nach unserem von sibirischer Kälte geprägten Empfinden nahezu warm. Aber die große Kälte kommt auch in diese Gegend, nur ein bißchen später. Angeblich hat man in der Chabarowsker Gegend Obstbäume gezüchtet, die vierzig Grad minus vertragen sollen. Ich kann mir das kaum vorstellen. Chabarowsk, das ist auch das Gebiet, in dem Tiger und Bären leben. Im letzten Sommer, so erzählt man uns, kamen die Bären wegen eines Waldbrandes bis in die Stadt.

Am nächsten Abend um acht Uhr geht es dann weiter. Wir hatten die gesamte Reiseroute von Moskau aus beantragt, wie wir das immer tun. Sachalin bedeutete zunächst eine zusätzliche Komplikation, weil diese Insel bislang für westliche Ausländer komplett gesperrt war. Ich hatte in Moskau mit DDR-Kollegen gesprochen, die bereits einige Monate zuvor die Gelegenheit bekamen, nach Sachalin zu reisen, und ich dachte mir, fragen lohnt auf alle Fälle. In der Sowjetunion ist zur Zeit so vieles im Fluß, und so vieles ändert sich. Möglicherweise sind viele Bereiche nur deshalb noch für westliche Ausländer gesperrt, weil man schlicht vergessen hat, die im Zeitalter der Satellitenaufklärung unsinnigen Beschränkungen aufzuheben. Es dauerte ein paar Wochen, aber dann bekamen wir die Erlaubnis. Insofern dürfen wir davon ausgehen, daß vom »genehmigungsrechtlichen Standpunkt« aus alles in Ordnung ist. Um so erstaunter sind wir über das, was uns dann in Chabarowsk passiert. In diesem prächtigen Säulensaal des Abfertigungsgebäudes für Ausländer will man plötzlich von uns zusätzliche Papiere sehen, die uns dazu berechtigen, nach Sachalin zu fliegen. Ein besonderes Visum sei nötig. Solche Papiere haben wir nicht. Davon war in Moskau nie die Rede.

Wir versuchen, Überzeugungsarbeit zu leisten, indem wir auf die gängige Praxis hinweisen: Ohne Berechtigung erhält man doch sowieso kein Ticket. Da wir aber alle unbestreitbar im Besitz gültiger Tickets sind, lohnt doch die Aufregung nicht. Der Hinweis darauf, daß sich zudem die Zeiten im Sinne von Perestroika und Glasnost geändert hätten, wirkt wenig hilfreich und bringt uns nur eisige Blicke ein. Eine Zeitlang sieht es so aus, als könnten wir unsere Sachalin-Reise in den Wind schreiben. Was wir auch anführen, wir reden gegen eine Wand. Wir probieren die Bandbreite zwischen freundlich und böse aus. Auch das hilft uns nicht weiter. Die herbeigerufene Vorsteherin verweist ständig auf irgendwelche Vorschriften. Wir bestehen darauf, diese Vorschriften zu sehen. Sie will oder kann sie uns nicht zeigen, und so drehen wir uns ständig im Kreis. Irgendwann begreife ich, daß wir dringend die Entscheidung von jemandem brauchen, der mutig genug ist, die Verantwortung für diesen ungewöhnlichen Fall zu übernehmen, denn so etwas hat es bislang ja noch nie gegeben. Und sollte wirklich was faul sein mit diesen Ausländern hier, wer wollte sich da schon freiwillig den Ärger einhandeln? Das verstehe ich irgendwie auch. Erschwerend kommt natürlich hinzu, daß die Bürozeit längst vorbei ist und offenbar ein Vorgesetzter der diensthabenden Vorsteherin nicht zu erreichen ist.

Plötzlich kommt mein Mann auf die glorreiche Idee, in Moskau anzurufen. Da ist es sieben Stunden früher, der Arbeitstag also noch voll im Gange und die Chance groß, jemanden im Außenministerium zu erreichen, der für die Reisegenehmigungen zuständig und von seiner Funktion bzw. seinem Rang her in der Lage ist, der armen Vorsteherin in Chabarowsk Anweisungen zu geben.

Es wird telefoniert. Wir erreichen die Phase, in der es heißt: Alle mit bundesdeutschem Paß – also mein Mann, der Kameramann und ich – dürfen fliegen; die Sowjetbürger – der Tonmann und ein Begleiter des staatlichen sowjetischen Fernsehens – müssen bleiben, bis sie eine schriftliche Sondergenehmigung vorweisen können. Dann endlich scheint die Verständigung mit Moskau geklappt zu haben, denn plötzlich ist für uns fünf alles in Ordnung. Ein Glück, daß wir so rechtzeitig am Flughafen waren, sonst hätten wir durch diese langwierige Prozedur unser Flugzeug wohl versäumt.

Etwas entnervt nehmen wir die Entschuldigungen des Abfertigungspersonals entgegen und werden wie üblich an allen Wartenden vorbei ins Flugzeug geleitet. Das Verfahren ist diesmal deshalb zusätzlich unangenehm, weil es angefangen hat, in dicken Flocken zu schneien; und am Fuß der Gangway, die wir ungehindert passieren dürfen, wartet schon einigermaßen aufgeweicht eine Gruppe von elf-, zwölfjährigen Jungen, denen ich wirklich nicht erklären kann, warum sie da stehen müssen und ich durchgehen darf.

Die nächste Irritation entsteht, als die Stewardessen Tüten verteilen, für den Fall, daß sich jemand übergeben muß. Das habe ich während meiner gesamten Zeit in der Sowjetunion noch nicht erlebt. Diese Dinger stecken normalerweise weder im Vordersitz, noch wurden sie bislang irgendwann einmal ausgegeben. Hängt das wirklich mit dem zu erwartenden Wetter zusammen, oder gab es eben einfach eine Lieferung dieser Tüten, die, wenn sie denn schon mal da sind, auch verteilt werden müssen? Tatsache ist: Sachalin ist eine windige Ecke; und Moskauer Freunde haben mich gewarnt, ausgerechnet im November dorthin zu fliegen. Es sei schon vorgekommen, daß gerade im November drei Wochen lang gar nichts mehr ging; man konnte die Insel weder erreichen noch sie verlassen. Wir fliegen ziemlich genau eine Stunde, und es schaukelt nicht übermäßig, trotzdem macht in der Reihe hinter uns jemand ausgiebig von seiner Tüte Gebrauch.

Noch kurz vor der Landung ist kaum etwas oder, besser gesagt, überhaupt nichts zu sehen, keine Lichter, rein gar nichts. Ganz plötzlich und unvermittelt merken wir, daß das Flugzeug schon ganz tief ist. Dann Bodenberührung, aber so schief – statt des Flugzeugrumpfes weist fast die rechte Tragfläche in Landerichtung –, daß es mich kräftig gegen das Fenster drückt. Ich rechne fest damit, daß die Maschine ausbricht. Sie bricht nicht aus.

Die Landebahn ist hoch verschneit, es herrscht Schneetreiben mit einem kräftigen, böigen Wind. Unsere Maschine hat ihre endgültige Parkposition erreicht, wie es auch in sowjetischen Flugzeugen immer so schön heißt. Wir sammeln unsere Sachen ein und wollen aussteigen, als uns auf der Gangway drei Militärpolizisten entgegenkommen und uns unfreundlich bis barsch wieder in die Maschine zurückkomplimentieren. Jetzt werden erst einmal alle Pässe kontrolliert, nicht nur unsere, sondern wirklich alle, von jedem einzelnen Passagier an Bord dieses Flugzeuges. Mit unseren Pässen, sprich den bundesdeutschen, sind die Kontrolleure allerdings besonders lange beschäftigt. Sie schreiben sehr viel auf, begucken jeden Stempel einzeln, und wir haben viele Stempel in unseren Pässen. Wir sind die letzten, die die Maschine verlassen dürfen.

Das ist der erste deutliche Hinweis darauf, daß wir uns hier in einem sensiblen Grenzgebiet befinden. Von der Südspitze Sachalins sind es nur 48 km nach Japan, und der südliche Teil der Insel gehörte immerhin vierzig Jahre lang zu Japan. Der nächste Hinweis ergibt sich aus der Betreuung, die man uns in Sachalin angedeihen läßt. Auf den Reisen durch die Sowjetunion ist es üblich – und in den meisten Fällen auch sehr hilfreich –, daß man als ausländisches Kamerateam an Ort und Stelle einen Begleiter gestellt bekommt. Der oder die ist in der Regel beim staatlichen sowjetischen Fernsehen angestellt oder bei der sowjetischen Nachrichtenagentur Nowosti. Diese örtlichen Betreuer haben für den Fremden den Vorteil, daß sie sich in ihrem Bereich auskennen und einem eine Menge umständlicher Sucherei ersparen können. Sie verfügen auch oft über gute Kontakte, die bei mancher Drehgenehmigung helfen, weil sie eben die Leute, die man dafür kennen muß, persönlich kennen. Natürlich bin ich nicht so blauäugig zu glauben, dieses Betreuungssystem habe nicht auch einen gewissen Kontrollcharakter. Aber damit kann ich gut umgehen. In Sachalin erwarten uns bereits an der Maschine auf dem Flugfeld zwei Begleiter, beide vom staatlichen Fernsehen der Insel, eine Frau und ein Mann: Ludmilla und Sascha. Sie bringen drei rote Rosen zur Begrüßung mit, die den Frost allerdings nicht lange überleben. Auch hier herrschen Temperaturen zwischen zehn und fünfzehn Grad minus, und ein eisiger Wind läßt einen glauben, es sei mindestens doppelt so kalt.

Nun sind wir also als erstes westliches Kamerateam auf Sachalin. Von Moskau trennen uns acht Stunden Zeitunterschied, von der Bundesrepublik sogar zehn. So weit weg war ich noch nie. Selbst San Francisco, das mir schon sehr weit entfernt vorkam, ist »nur« neun Stunden von der Bundesrepublik entfernt.

Dies ist vielleicht eine gute Gelegenheit, ein wenig darüber zu erzählen, wie ich die Frauen gefunden habe, die in meinem

39

Film und in diesem Buch eine Rolle spielen. Welche Kriterien sollten bei meiner Suche den Ausschlag geben? Es war ja klar, daß ich mich auf keinen Fall nur in Moskau aufhalten durfte, wenn ich über sowjetische Frauen berichten wollte. Die Frage war nur: Wie wähle ich aus, um ein wenig mehr als zufällige Fallstudien zu erreichen? In welche Gebiete der Sowjetunion muß ich reisen, in welchen Berufsgruppen muß ich mich umsehen?

Mir fiel bald auf, daß in der Sowjetunion die Mehrzahl der Ärzte Frauen und nicht Männer sind. Ich wollte also auf jeden Fall nach einer Ärztin Ausschau halten. Und wenn ich gleichzeitig auch Informationen über die Sowjetunion vermitteln wollte, warum dann nicht eine Ärztin, die einen Arbeitsbereich hat, den man sich in der Bundesrepublik so nicht vorstellen kann? Auf diese Weise bin ich an Tatjana gekommen. Das staatliche Fernsehen war dann mit ihren Mitarbeitern bei der konkreten Suche vor Ort, also in Jakutsk, behilflich.

Was ist noch auffällig beim Thema Frauen in der Sowjetunion? Die große Zahl der Industriearbeiterinnen und der körperlich schwer arbeitenden Frauen. Welche Industriebereiche bieten sich da an? Da sind vor allem die Textil- und die Fischindustrie. Wieder mit Blick auf die ungeheuren Ausdehnungen der Sowjetunion habe ich mich dann für die Fischindustrie entschieden, da sie der Haupterwerbszweig im Fernen Osten ist. Und so kamen wir an Anna auf Sachalin. Auch hier war Gosteleradio, das staatliche sowjetische Fernsehen, behilflich. Allerdings konnten wir auf Sachalin zwischen mehreren Frauen wählen. Wir waren nicht wie in Jakutsk auf eine Kandidatin angewiesen.

Die Hauptstadt von Sachalin heißt Jushno-Sachalinsk und liegt, wie der Name schon sagt, im südlichen Teil der Insel, denn »jushnyj« oder »jushno« heißt »südlich«. Hier ist der Flughafen, und hier in der Hauptstadt sind wir auch im Hotel untergebracht, obwohl Anna direkt an der Küste arbeitet und wohnt, in einer kleinen Stadt namens Korsakow, ein Ort mit etwa 30 000 Einwohnern. Aber dort gebe es keine Unterbringungsmöglichkeit für uns, heißt es. Wir werden also jeden Tag die Strecke von etwa fünfzig km zwischen Jushno-Sachalinsk und Korsakow hin- und herfahren müssen.

Als wir am nächsten Morgen zum erstenmal nach Korsakow unterwegs sind, werden wir von der Miliz angehalten. Papiere werden kontrolliert, es dauert ein wenig, dann dürfen wir unsere Fahrt fortsetzen, vorbei an Dörfern und Kasernen, Panzern und anderem Kriegsgerät. Ludmilla und Sascha bitten dann schon im vorhinein um Verständnis dafür, daß sich aus der Grenzlage Sachalins die eine oder andere Beschränkung für unsere Filmaufnahmen ergeben könnte. Ich habe den Eindruck, es sei ihnen dabei irgendwie unangenehm. Wahrscheinlich, denke ich im nachhinein, weil den beiden im Gegensatz zu mir schon zu diesem Zeitpunkt klar ist, daß wir aufgrund der Grenzlage und der militärischen Bedeutung der Hafenstadt Korsakow keine einzige Außenaufnahme machen werden können, die das Panorama der Stadt mit ihrem Hafen zeigt.

Um einen praktikablen Modus für unsere weitere Arbeit zu finden, mache ich den Vorschlag, immer direkt zu sagen, was ich will. Ludmilla und Sascha sollen mir ebenso direkt sagen, was ich darf und was nicht, dafür werde ich dann nicht lange nachfragen und mich auf jeden Fall nach ihren Angaben richten. Die beiden scheinen erleichtert. Natürlich bin ich nicht begeistert, daß mir wegen der im Zweifel unsinnigen Beschränkungen wohl elementare Aufnahmen zu meinem Film fehlen werden, aber was bleibt mir anderes übrig? Ludmilla und Sascha können nichts dafür, weshalb soll ich ihnen also unnötig das Leben schwermachen? Schließlich kriegen sie einen auf den Deckel, wenn ich was Verbotenes tue.

Wir besuchen Anna und ihre Familie erst einmal zu Hause. In Korsakow angekommen, fällt uns auf, wie sehr – weit mehr als in Moskau – das Straßenbild von Transparenten und Parolen bestimmt wird. Das ist oft so in der Provinz. Da hängt etwa an Plätzen und an Hausfassaden die Aufforderung:»Einwohner von Korsakow: Perestroika ist die Sache aller und jedes einzelnen«, obwohl Perestroika doch auch bedeutet oder zumindest bedeuten sollte, daß die Parteileitung von den Menschen nicht mehr erwartet, solche Transparente aufzuhängen. Es dauert eben ein Weilchen, bis in der Provinz das Motto angekommen ist, das man in Moskau ausgibt; und im Zweifelsfalle beläßt man es doch lieber so wie früher. Damit kann man am wenigsten falsch machen, so denken immer noch viele, die mit eigenständigen und abweichenden Entscheidungen schlechte Erfahrungen gemacht haben.

Die meisten der 30 000 Einwohner von Korsakow sind wie Anna in der Fischindustrie beschäftigt, dem Hauptindustriezweig im Süden der Insel. Im Norden gibt es Bodenschätze: Kohle, Gas und Öl, aber auch Quecksilber, Gold und Platin. Die Einwohnerzahl von Korsakow steigt ständig. Viele junge Leute werden von den guten Verdienstmöglichkeiten angezogen, denn auch in Sachalin gibt es den begehrten Nordzuschlag und alle Vergünstigungen, die damit zusammenhängen, etwa mehr Urlaub.

Anna wohnt noch im alten Teil von Korsakow, in einem Viertel mit Holzhäusern. Sie ist 39 Jahre alt, verheiratet und hat zwei Kinder, einen Sohn von 18 Jahren namens Schenja und eine Tochter, Katja, die 14 Jahre alt ist. Ihr Mann heißt Anatolij oder Tolja, wie sie ihn nennt, ist 41 Jahre alt und arbeitet als Dockarbeiter. Anna stammt aus dem Tschitaer Gebiet in Sibirien, östlich des Baikalsees. Sie wollte ursprünglich studieren, im Baufach, und ging nach Chabarowsk. Mit der Zulassung zur Hochschule hat es aber nicht geklappt, sie sagt nicht genau, warum. Auf jeden Fall ist sie in Chabarowsk geblieben und hat dort in einer Baumaterialfabrik gearbeitet, in der chemischen Abteilung, wo sie für PVC-Platten zuständig war. In Chabarowsk hat sie dann ihren Mann kennengelernt, der dort im Grenzgebiet seinen Wehrdienst ableistete. Nach der Militärzeit ging Anatolij zur Arbeitsvermittlung in Chabarowsk und hatte die Wahl zwischen Sachalin und Murmansk, der Stadt auf der Kola-Halbinsel, im äußersten Nordwesten der

Sowjetunion. Er entschied sich für Sachalin, wo er dann als Dockarbeiter eingestellt wurde; und so lebt die Familie schon seit 1970 in Korsakow auf Sachalin. Anna fand sofort eine Anstellung in der Fischindustrie und hat sich systematisch hochgearbeitet. Seit ein paar Monaten ist sie Brigadeleiterin in der Fischverarbeitung, ihr unterstehen etwa 120 Beschäftigte, ausschließlich Frauen. Es ist Sonntag gegen Mittag, als wir sie zu Hause besuchen. Wieder mal schneit es kräftig. Anna ist damit beschäftigt, Kohl einzumachen. In der kalten Jahreszeit ist die Auswahl an Gemüse gering, oft sind nur Kohl oder Möhren zu bekommen. Das wird dann eingemacht und hält für den Winter vor. Anna schimpft, weil es nur wenig Kohl zu kaufen gab; und überhaupt lohne sich der ganze Aufwand kaum, aber was soll man machen. Tolja sitzt in einem kleinen Zimmer direkt neben der Küche und bereitet sein Angelzeug vor, denn nun kann man wieder eisfischen. Und im Wohnzimmer am Ende des Flures sitzen die beiden Kinder und spielen Schach, beobachtet vom kleinen Hund der Familie, einem Pinscher namens Lada, wie die sowjetische Automarke. Eine richtige Sonntagsidylle, die dadurch noch perfekter wird, daß Annas Mutter zu Besuch kommt, eine alte Frau mit Kittel und Kopftuch, die gleich nebenan wohnt. Sie ist damit zufrieden, im Wohnzimmer, das Hündchen auf dem Schoß, neben den Kindern zu sitzen und ihnen beim Schachspielen zuzuschauen.

Ich gehe zu Anna in die Küche und frage, wie sie mit ihrem Alltag zurechtkommt: die ganze Woche über die Arbeit in der Fischfabrik und dann zu Hause der Haushalt. Schließlich ist heute ja auch Sonntag, und alle Familienmitglieder gehen ihrem Hobby nach, bis auf Anna, die mit dem Einmachen beschäftigt ist.

Zunächst erhalte ich die Standardantwort: »Zu Hause schaffe ich alles mit Hilfe meiner Familie, meines Mannes, meiner Tochter und meines Sohnes, und im Kombinat [sie meint die Fischfabrik] schaffe ich alles mit Hilfe meiner Mitarbeiter. Wir machen alles zusammen, den Plan, die Qualität ...« Ich unterbreche sie und erzähle davon, wie in der Bundesrepublik die Frauen darüber klagen, daß an ihnen in der Regel alles hängenbleibt. Auch wenn sie berufstätig sind, gehören Haushalt und Kinder zunächst zum Aufgabenbereich der Frauen. Ich frage sie, ob es für sie nicht schwierig sei, beides – Beruf und Familie – miteinander zu vereinbaren. Darauf Anna:»Nein, es gibt da für mich keine Schwierigkeiten, weil wir alle arbeiten können, jeder an seiner Stelle. Jeder erfüllt seine Aufgaben, weil jeder weiß, daß er abhängig ist von der Arbeit des anderen, zum Beispiel in der Brigade. Und das vereint uns irgendwie, diese Einheit.«

Ihre Antwort läßt mich hilflos zurück. Drücke ich mich so mißverständlich aus, gehe ich mit völlig falschen Erwartungen an diese Frau heran, bin ich vielleicht völlig schief gewickelt mit meiner Fragestellung?

Mein nächster Versuch. In der Regel ist es ja so, daß die Frauen die Doppelbelastung tragen, die sich aus der Kombination von Berufstätigkeit und Familie ergibt; ich möchte von Anna wissen, ob sie das für richtig oder falsch hält, ob das ihrer Meinung nach so bleiben kann oder ob man da was ändern sollte. Anna sagt:»Ich weiß nicht, ob das mit der Doppelbelastung richtig oder falsch ist, aber die Hausarbeit scheint mir die richtige Arbeit für eine Frau zu sein; trotzdem möchte ich unter keinen Umständen auf meine Arbeit im Betrieb verzichten. Das einzige, was mir dazu noch einfällt, wäre der Wunsch, die Arbeit nach Möglichkeit zu erleichtern. Ich meine die Hausarbeit. Küchengeräte wie ein Hobel für den Kohl oder ein Fleischwolf, diese Dinge sollten besser werden, damit man nicht alles mit der Hand machen muß. Es wäre auch eine große Hilfe, wenn wir halbfertige Nahrungsmittel kaufen könnten. Ich stelle mir das zum Beispiel so vor: Ich gehe in die Betriebskantine, bestelle was, gehe nach Hause, mache alles nur noch warm und fertig. Das wäre natürlich eine Erleichterung. Darin sehe ich auch das einzige wirkliche Problem, alles andere ist eigentlich prima.«

Wie es denn mit der Gleichberechtigung im Alltag aussieht,

möchte ich wissen. Anna reagiert sofort und kann gar nicht so schnell reden, wie sie ihre Gedanken loswerden möchte. So etwas wie »Ungleichberechtigung«, das gebe es in ihrer Familie auf gar keinen Fall. Sätze wie »Du bist ja nur eine Frau«, das komme in ihrer Familie nicht vor. »Alles ist bei uns auf einem bestimmten Niveau der Gleichberechtigung«, so drückt Anna sich aus. »Aber eins möchte ich noch sagen«, fügt sie hinzu, »man sollte sich schon bemühen, zur Leitung im ganzen Land mehr Frauen und auch mehr jüngere Menschen einzusetzen, das wäre sicher wichtig, aber eine richtige ›Ungleichberechtigung‹ sehe ich eigentlich nicht.«

Anna und ihre Tochter decken den Mittagstisch. Es gibt lecker gewürzte Kartoffeln mit Fleischstückchen, Seetang, Farnsprossen, auch Kaviar und Lachs – nicht umsonst arbeitet man ja in einer Fischfabrik – und selbsteingelegte Tomaten und Gurken. Im Laufe der Unterhaltung während des Essens stellt sich heraus, daß Anna ein höchst aktives Parteimitglied ist und zur 19. Parteikonferenz im Sommer 1988 als Delegierte nach Moskau geschickt wurde. Mitglied allerdings ist sie erst seit 1982. Sie habe sich vorher nicht reif genug dafür gefühlt. Jetzt sei sie fest davon überzeugt, daß sich jeder aktiv engagieren müsse, um die Lebensbedingungen für alle zu verbessern. Das könne man am besten, indem man aktiv Parteiarbeit leiste und diejenigen, die nicht so tätig seien, kräftig motiviere und mit gutem Beispiel vorangehe. Alles wie im Bilderbuch.

Ich merke, daß Schenja, der Sohn, unruhig auf seinem Platz hin und her rutscht, und frage ihn, ob er heute denn noch etwas vorhabe, es ist ja schließlich Sonntag. Da rückt er dann mit der Sprache raus. Er und ein paar Freunde wollen heute einen aus ihrer Clique verabschieden, der morgen zum Militär muß. Er weiß bis jetzt noch nicht, wohin genau er geschickt wird, und Militärzeit, das heißt zwei Jahre von zu Hause weg. Im ersten Jahr ganz ohne Heimaturlaub, was dazu führt, daß im zweiten Jahr viele freiwillig darauf verzichten, nach Hause zu fahren, weil sie es nicht ertragen, sich wieder trennen zu müssen.

Ohnehin sind nach dieser Zeit die meisten Bindungen in die Brüche gegangen. Es wird also ein schwerer Abschied werden, und das ist Schenjas Stimme auch anzumerken.

Seine Eltern wußten von diesem Termin, aber es gehört sich nicht, sich früher zu verziehen, wenn Gäste da sind; ganz gleich, aus welchen Gründen. Ein Glück, daß ich gefragt habe, damit ist es dann in Ordnung, daß sich Schenja verabschiedet.

Wir sitzen noch lange zusammen, und Anna erzählt, daß sie sich auf Sachalin sehr wohl fühle – wie auch anders bei einer Frau, die im Grunde fast alles prima findet, allerdings auch den Eindruck macht, als könne sie so schnell nichts umwerfen. 18 Jahre lebe sie nun schon auf dieser Insel, und sie könne sich gar nichts anderes mehr vorstellen. Nach Sachalin kommen viele, vor allem junge Leute, um hier gut zu verdienen, erzählt Anna, aber die fahren dann auch wieder, oft sogar bevor ihr Vertrag abgelaufen ist. Man muß das Meer und den Wind schon lieben, um sich hier wohl zu fühlen, Sachalin ist eine eigenartige Insel, sagt sie. Ich glaube ihr. Auch auf mich hat Sachalin eine eigenartige Wirkung: Es fasziniert und ängstigt mich zugleich. Vielleicht wäre der Eindruck im Sommer ein anderer. Aber so denkt man an die Naturgewalten, denen man ausgeliefert ist. Viermal am Tag kann sich das Wetter drastisch ändern, erzählt man uns. Und immer wieder diese verheerenden Stürme.

Möglicherweise wirkt die Insel auch wegen ihrer Vergangenheit so unheimlich und bedrückend. Von den Europäern wurde Sachalin erst im 17. Jahrhundert entdeckt und diente zur Zarenzeit, ab der zweiten Hälfte des 19. Jahrhunderts, als Straflager und Verbannungsort. Wer hierherkam, für den gab es kein Zurück mehr. Der traurige Ruf und die unwirtliche Natur prägen auch die Lieder der Insel. Der russische Dichter Anton Tschechow, von Haus aus Arzt, verbrachte drei Monate hier und kümmerte sich um die Kranken in dieser Höllengegend. 1890 war das. Tschechow, selbst bereits an Schwindsucht erkrankt, hatte sich aus einem diffusen Schuldgefühl, einer von ihm empfundenen Mitverantwortung, heraus entschlossen, die Sträflingsinsel zu besuchen, um sich diesen Ort »unerträglicher Leiden« anzuschauen. Seinem Verleger gegenüber begründete Tschechow seine Entscheidung so: »Sie schreiben, niemand brauche Sachalin, es sei für niemanden von Interesse. Sollte das wahr sein? Sachalin nicht brauchen und uninteressant finden kann nur eine Gesellschaft, die Menschen nicht zu Tausenden dorthin verbannt und nicht Millionen dafür ausgibt . . . Aus den Büchern, die ich gelesen habe und noch lese, geht hervor, daß wir in den Gefängnissen Millionen von Menschen haben verfaulen lassen, umsonst verfaulen, ziellos, barbarisch; wir haben die Menschen in Ketten Zehntausende von Werst durch die Kälte getrieben, sie mit Syphilis infiziert, demoralisiert, Verbrecher vermehrt und all das auf die rotnasigen Gefängnisaufseher abgewälzt. Heute weiß das gesamte gebildete Europa, daß nicht die Aufseher schuld sind, sondern wir alle.«

Nach dem Russisch-Japanischen Krieg 1904/05 kam die Südhälfte Sachalins, genauer gesagt, das Gebiet südlich des 50. Breitengrades, an Japan. Als die Straflager dann zerstört wurden, blieben nur wenige Menschen hier.

Die hohen majestätischen Berge, die Pflanzen, die auf Sachalin fast alle größer sind als anderswo, der ständige Wind und das trügerische ruhige Meer, das Sachalin im Westen vom sowjetischen Festland, im Süden von Japan trennt, verbunden mit den Gedanken an das unvorstellbare Leid, das Menschen hier angetan wurde . . . Sachalin hat mich in gewisser Weise eingeschüchtert, ohne daß ich es näher erklären könnte. Die Südspitze Sachalins, wo Anna wohnt, liegt etwa auf der gleichen Höhe wie die Riviera, ist aber rauh und unberechenbar und klimatisch in keiner Weise mit einer Gegend wie der Riviera zu vergleichen, obwohl die vielen Datschen an der Küste davon zeugen, daß der Sommer auf Sachalin sehr schön sein muß.

Am nächsten Morgen sind wir mit Anna in der Fischfabrik verabredet, in der sie seit 18 Jahren arbeitet. Auf dem Weg von

Jushno-Sachalinsk nach Korsakow werden wir wieder mal von der Miliz kontrolliert, und ich kriege diesmal mit, wie das Verfahren ist: Der Fahrer muß ein Papier bei sich haben, auf dem die beabsichtigte Reiseroute vermerkt ist. Wenn diese Eintragungen nicht genau stimmen, gibt es Probleme. So ist das eben in Grenznähe, in einem Gebiet, das mit Militär vollgestopft ist.

Die Fischfabrik hat aus unserer Sicht, die wir einen Film drehen wollen, den Vorteil, daß sie weit genug vom militärischen Hafen in Korsakow entfernt liegt. Wir können also Außenaufnahmen machen, denn hier im Hafenbecken liegen nur Fischerboote. Es taucht allerdings eine andere Schwierigkeit auf.

Der freundliche Direktor möchte nicht, daß wir die heruntergekommene Fabrik auch noch von außen filmen. Was sei da schon zu sehen außer lauter Dingen, die man in allernächster Zeit verbessern müsse? Diese Haltung begegnet uns nicht selten. Ich treffe oft auf Menschen, die mich zwar in meiner Arbeit als Korrespondentin im Prinzip unterstützen, aber sehr sensibel reagieren, wenn bei den Filmaufnahmen irgend etwas im Bild erscheint, das zu alt, zu schmutzig oder auf andere Weise nicht in Ordnung ist. Ich kann das mittlerweile verstehen, denn die Zeiten sind noch nicht so lange her, als westliche Journalisten gezielt immer nur nach den Dreckhaufen gesucht haben, um belegen zu können, wie untauglich das Sowjetsystem doch sei. Bis jetzt habe ich es, zum Teil erst nach langen Gesprächen, letztendlich immer geschafft, dann doch drehen zu dürfen. So auch diesmal.

Als wir die Fabrik betreten, wundere ich mich über die Entscheidung des Direktors: Warum hat er uns nicht lieber draußen statt drinnen filmen lassen? Mit vorsintflutlichen Maschinen rechnet man ja, wenn man sowjetische Fabriken besucht, aber die Zustände, auch die hygienischen, sind hier so, daß in der Bundesrepublik wohl Gewerbeaufsicht und Gesundheitsamt gleichzeitig einschreiten würden. An den Wänden laufen Kakerlaken entlang, und wer will da garantieren, daß sie sich nicht auch in die eine oder andere Konservenbüchse verirren. Der Geruch des alten Öls, in dem die Fischstücke kurz gegart werden, ist penetrant und ekelerregend.

Die Arbeit der Frauen, die hier mit der Fischverarbeitung beschäftigt sind, und es sind überwiegend Frauen, sieht so aus: Die Fische, ob gerade aufgetaut oder frisch, kommen vom Hof per Fließband in die Halle. In jedem Fall sind die Fische eiskalt. Die Frauen stehen an diesem Fließband, schneiden den Fischen mit einer Art Kreissäge Kopf und Schwanz ab und nehmen sie aus. Dazu benützen sie ein Messer, an dessen Spitze vorne ständig Wasser herausläuft, das die ausgeputzten Innereien gleich wegspült. Natürlich stehen die Arbeiterinnen mit ihren Gummistiefeln im Nassen, auf einzelnen rutschigen Holzrosten. Das Wasser kommt mit kaum 18 Grad aus der Leitung. Die Frauen haben zwar Handschuhe an, aber aus einem Material, das das Wasser durchläßt. Alles ist naß, kalt und glitschig. Überall spritzt die Fischbrühe herum.

Die gesäuberten und zerteilten Fische fallen dann in diesen übelriechenden Öltopf, werden kurz gegart und per Hand in Konservendosen gepackt. Die Soßenabfüllmaschine ist heute ausgefallen, was dazu führt, daß die Frauen mit Hilfe einer Kelle und einer Waage die vorgesehene Soßenmenge in die Fischkonserven praktizieren. Als Brigadeleiterin ist Anna so was wie ein Springer. Sie arbeitet immer an den Stellen, wo gerade Not am Mann bzw. an der Frau ist. Heute ist es eben die erwähnte Soßenabfüllmaschine, die sie ersetzen helfen muß. Am liebsten arbeitet sie ganz am Anfang des Produktionsprozesses, also beim Ausnehmen und Zurechtmachen der angelieferten Fische. Für mich schwer nachvollziehbar.

In der Fischfabrik in Korsakow arbeiten im Durchschnitt insgesamt 400 bis 450 Menschen. In der Fischfangsaison, die etwa drei Monate dauert, nämlich von Juni bis August, sind bis zu 700 Beschäftigte hier tätig. Pro Jahr werden etwa 15 Millionen Fischkonserven produziert und siebzig bis achtzig Tonnen roter Kaviar, der vom Lachs stammt – im Gegensatz zum schwarzen Kaviar vom Stör. Die Fische werden entweder nur

49

eingesalzen oder aber auch geräuchert. Und verarbeitet wird hier alles an Fisch, was rund um Sachalin vorkommt, vom Hering bis zum Lachs.

Der Direktor ist stolz auf die Bandbreite der Produktion und erzählt uns, daß man die Fabrik ab 1. Januar 1989 vom Staat gepachtet habe und nun nach der sogenannten wirtschaftlichen Rechnungsführung arbeiten könne. Das heißt, es gibt zwar nach wie vor einen Plan, und man muß auch nach wie vor auf Staatsauftrag arbeiten und die Produkte dann abliefern, aber alles, was darüber hinausgeht, das kann man frei und auf eigene Rechnung verkaufen. Von den erarbeiteten Profiten werden verschiedene Fonds gebildet, und die Belegschaft stimmt darüber ab, ob zuerst der Betrieb oder die Wohnungen der Betriebsangehörigen renoviert werden sollen, um nur ein Beispiel zu nennen. »Das ist für uns natürlich alles neu, und wir lernen erst allmählich, mit diesem Freiraum und der Demokratie umzugehen. Aber alle sind mit Begeisterung bei der Sache«, sagt der Direktor. »Wir haben einen sogenannten Rat des Arbeitskollektivs, und mit diesem Rat lösen wir gemeinsam die Fragen, die die Entwicklung und die Zukunft unseres Werkes betreffen. Eine enorme Chance«, erzählt er weiter. »Wir können uns jetzt auch mehr darum kümmern, das alltägliche Leben unserer Beschäftigten zu erleichtern. Wir haben eine Sauna gebaut, wir haben gute Erholungsräume eingerichtet für die Arbeitspausen. Aber die Arbeit der Frauen bleibt weiterhin schwer, natürlich.«

Ich möchte von ihm wissen, warum in dieser Fabrik fast ausschließlich Frauen arbeiten. Darauf der Direktor: »In unserem Staat ist es so üblich, daß das die Arbeit der Frauen ist. Männer arbeiten in den Eisenhüttenwerken, dort, wo wirklich körperlich schwere Arbeit anfällt. Und sie fangen die Fische, selbstverständlich.« Meinen Einwand, daß hier die Frauen auch die schweren Kisten mit den Fischen wuchten, läßt er nicht gelten. Aber er bringt noch einen anderen Gesichtspunkt ein. »Es existiert in unserer Gesellschaft so eine Meinung, daß das Fischeputzen keine Arbeit für Männer sei, noch deutlicher gesagt, in der öffentlichen Meinung ist es nahezu eine Schande, wenn ein Mann was mit Fischverarbeitung zu tun hat.« Er selbst halte das zwar für Blödsinn, fügt er schnell hinzu, aber das seien nun mal Gegebenheiten, nach denen man sich richten müsse.

Die wenigen Männer, die ich in diesem Betrieb entdecke, das sind der Direktor, die Gabelstaplerfahrer auf dem Hof, die den Fisch von den Schiffen in die Fabrik und fertig verpackt von der Fabrik auf die Lkws transportieren, und die Elektriker und Mechaniker, die versuchen, die Maschinen instand zu halten.

In der Fabrik wird während der Saison im Sommer rund um die Uhr gearbeitet. Jetzt im Winter beginnen die ersten um acht Uhr früh ihre Schicht, die letzten sind um halb zwei Uhr nachts mit der Arbeit fertig. Anna hat diese Woche Frühschicht. Von zehn bis Viertel nach zehn ist Frühbesprechung, da steht das Fließband, und das Arbeitskollektiv trifft sich. Als Brigadeleiterin ist Anna für die Gestaltung dieser Viertelstunde zuständig. Heute berichtet sie von der letzten Parteiversammlung, auf der es auch um spezielle Kuren und Heilmaßnahmen ging, die für die Arbeiterinnen in der Fischverarbeitung besonders sinnvoll sein sollen. Anna erzählt von Ölschlammbädern im fernen Aserbaidschan: offenbar das beste Heilmittel bei den rheumatischen Beschwerden, die die gesundheitlich belastende Arbeit in diesem Betrieb mit sich bringt. Ihre Kolleginnen, die ihr aufmerksam zuhören, stammen aus allen Teilen der Sowjetunion. Aber nur wenige sind schon so lange auf Sachalin wie Anna.

Anna erzählt mir, daß alle Frauen zu den üblichen 24 Tagen Urlaub noch sechs Tage zusätzlich bekommen, wegen der Arbeitsbelastung hier. In der Regel arbeitet man hier drei Jahre durch und nimmt dann den ganzen Urlaub auf einmal. Das nennt man »Materik«, was soviel heißt wie »Mutterland«. Denn man ist ja ganz schön lange unterwegs bis nach Moskau, wo ja doch das eine oder andere zu erledigen ist, oder auch bis ans Schwarze Meer oder zu den Ölschlammbädern in Aserbaidschan. Das ist verdammt weit weg und teuer, also legt man lieber alle drei Jahre den Urlaub zusammen, dann lohnt es sich.

Nachdem mir der Direktor auseinandergesetzt hat, warum nach seiner Meinung hier nur Frauen arbeiten, frage ich auch Anna danach. Sie weiß nicht, daß ich über dieses Thema bereits mit dem Direktor gesprochen habe. Prompt antwortet Anna so: »Ganz einfach: Das ist deshalb so, weil diese Arbeit irgendwie besser zu Frauen paßt. Sie werden keinen Mann dazu kriegen, Fische auszunehmen. Man muß doch jeden Fisch in die Hand nehmen, abschuppen usw. Ich meine, das ist keine Arbeit für Männer. Auch Fische zu sortieren und zu stapeln, das ist genau dasselbe. Dort, wo die Arbeit wirklich körperlich schwer ist, da arbeiten bei uns die Männer.«

Ich sehe mir Anna an, wie sie in ihrer Gummischürze, mit dem weißen Häubchen, den vorwitzigen dunklen Locken auf der Stirn und den etwas zu groß geratenen Gummistiefeln vor mir steht und eine unglaubliche Energie und Entschlossenheit ausstrahlt. Ich frage sie, was sie sich wünschen würde, wenn eine gute Fee jetzt zu ihr sagen würde: Anna, du hast drei Wünsche frei. Ohne zu überlegen, antwortet Anna lächelnd, sie glaube nicht an gute Feen. »Ich glaube nur an Menschen«, sagt sie, »ich glaube, die ganze Kraft, das ganze Glück und alles Gute auf der Welt hängt nur von den Menschen ab. Das muß man wissen, und davon muß man ausgehen.«

Ein richtiges Prachtexemplar, diese Frau. Das verrückte daran ist nur: Man nimmt ihr das ab. Was sie sagt und tut, ist zu spontan, um aufgesetzt zu sein. Dazu noch ein kleines und, wie ich finde, aussagekräftiges Beispiel: Um Anna in den verschiedensten Situationen mit der Kamera einzufangen, begleiten wir sie natürlich auch auf der Straße beim Einkaufen oder auf ihrem Weg von zu Hause in die Fabrik und umgekehrt. Ich habe meine Handschuhe im Auto vergessen, und obwohl ich die Hände tief in den Manteltaschen vergrabe, sind sie eiskalt, als ich mich von Anna am Ende der Dreharbeiten auf der Straße verabschiede. Sie gibt mir sofort, und ohne zu überlegen, ihre Handschuhe, die sie zur Verabschiedung gerade ausgezogen hat, und meint, ich solle sie behalten, als Geschenk. Es sind gute weiche, gefütterte Lederhandschuhe, die man nicht überall kaufen kann. Das muß schon ein Schnäppchen gewesen sein. Erst als ich Anna erkläre, meine Handschuhe lägen ja bloß im Auto, und so ein teures Geschenk könne ich doch wirklich nicht annehmen, ist sie bereit, ihre eigenen Handschuhe wieder anzuziehen.

Den letzten Abend in Jushno-Sachalinsk verbringen wir zusammen mit Ludmilla und Sascha, unseren beiden Begleitern von Gosteleradio. Wir sind in ein – ehrlich gesagt, unerwartet – gepflegtes Restaurant gegangen, alles in dezentem Blau gehalten, mit viel weißem Stuck an den Decken und Wänden. Im Nachbarsaal ist Tanz mit einer ausgezeichneten Band, und es hat schon was Eigenes, in Sachalin zu sitzen, mehrere tausend Kilometer östlich von Moskau und eine Band akzentfrei das Lied spielen zu hören:»I just call to say I love you . . .« Es wird ein angenehmer, entspannter Abend, an dem wir natürlich auch das eine oder andere Glas Wodka ex trinken müssen. Denn wer will schon riskieren, die Erfüllung der guten Wünsche zu gefährden, nur weil er sich nicht an die Regeln hält, wenn er auf die Gesundheit, auf Sachalin und auf das Vertrauen trinkt? Abergläubisch sind sie fast alle, die Russen; und halbe Gläser bei Trinksprüchen, das bringt Unglück. Aber Trinksprüche müssen sein – denn trinken ohne Trinkspruch, das ist bloß saufen.

Am nächsten Morgen lassen wir beim Einpacken unserer Sachen im Hotelzimmer den Fernsehapparat laufen und wundern uns nicht wenig, als einer der Videoclips, die die Morgennachrichten des Frühstücksfernsehens unterbrechen, die Schweizer Schlagersängerin Paola mit einem neuen Lied zeigt. Der anschließende Spielfilm im Vormittagsprogramm ist ein deutscher, über Liebknecht – und zwar den Sozialdemokraten Wilhelm Liebknecht – und den russischen Erzähler Iwan Gontscharow. Bei der eigentümlichen Art der Synchronisation im sowjetischen Fernsehen ist der deutsche Text ein

wenig zu verstehen, bevor immer ein und dieselbe Sprecher-
stimme auf russisch berichtet, was in der Szene vorgeht.

Auf dem Weg in die Hotelhalle treffe ich auf dem Flur unser
Zimmermädchen Swetlana. Sie strahlt mich an und sagt, jetzt
wisse sie endlich, warum ich ihr so bekannt vorkomme: Ich sei
doch die Deutsche aus dem Fernsehen. Das muß ich kurz
erklären. Anfang Oktober hat das sowjetische Fernsehen
in seinem ersten, landesweit ausgestrahlten Programm einen
sogenannten ARD-Abend veranstaltet. Es wurden Ausschnit-
te aus Informations- und Unterhaltungsprogrammen gezeigt,
u. a. auch ein synchronisierter »Tatort«, und ich hatte die
Gelegenheit, als Moderatorin durch diesen Abend zu führen
und ein wenig über das bundesdeutsche Fernsehen und unsere
Arbeit im Studio Moskau zu erzählen. Da alles, was aus dem
Westen kommt, nahezu gierig aufgesogen wird, hatte dieses
Programm eine recht ansehnliche Einschaltquote. Das führte
dazu, daß mich an den unterschiedlichsten Orten in der
Sowjetunion Menschen auf diese Sendung ansprachen: in
Odessa am Schwarzen Meer genauso wie in Jakutsk in Ostsibirien, in Chabarowsk an der chinesischen Grenze und jetzt
eben sogar in Sachalin im Fernen Osten. Eine überraschende
und auch angenehme Erfahrung für mich. Swetlana hat mich
also auch wiedererkannt. Ihre Freude darüber, jemanden »aus
dem Fernsehen« zu treffen, noch dazu jemanden aus einem
weit entfernten Land, ist so groß, daß sie ihre Ohrringe
abnimmt und sie mir gibt, damit ich sie, Swetlana, auch nie
vergesse, denn sie werde mich sicher nie vergessen. Ich bin
gerührt und fühle mich hilflos. Schließlich gebe ich es auf, sie
dazu zu bringen, die Ohrringe wieder zurückzunehmen, weil
ich merke, daß ich sie damit wohl nur beleidigen würde. An
diese Form, menschliche Regungen auszudrücken, kann ich
mich aus der Bundesrepublik nicht erinnern. Da ist uns irgend
etwas abhanden gekommen.

Unsere Maschine für den Rückflug nach Moskau startet mittags. Wir fliegen elf Stunden lang parallel zur untergehenden

Sonne. Elf Stunden Flug und immer noch dasselbe Land – es ist wirklich kaum zu beschreiben.

In Chabarowsk müssen wir zwischenlanden, denn die kurze Startpiste auf Sachalin erlaubt es nicht, die Maschine vollzutanken. Das passiert jetzt hier und ist mit einer knappen Stunde Aufenthalt verbunden. Wir treffen die Frau wieder, die uns auf dem Hinflug ohne zusätzliche Bescheinigung nicht nach Sachalin lassen wollte. Sie ist sehr freundlich zu uns und meint, jetzt, nachdem sie wisse, daß alles in Ordnung sei, würde sie für uns sogar ein Flugzeug aufhalten, wenn es sein müßte. Es muß zum Glück nicht sein, und wir fliegen planmäßig um halb vier Uhr nachmittags Ortszeit weiter. Über 9000 km liegen noch vor uns und laut Angaben des Piloten acht Stunden und fünfzig Minuten Flugzeit.

Wir lassen Chabarowsk hinter uns. Der beinahe ganz zugefrorene Amur, hier ja über zwei Kilometer breit, ist deutlich zu erkennen. Dann überfliegen wir eine wüstenreiche Gegend. Wir fliegen und fliegen, und das Bild unter uns wandelt sich kaum: eine große leere beige Fläche. Dann verändert sich die Landschaft zur Tundra. Ich rufe mir in Erinnerung, daß dies wohl die Gegend sein muß, in der die Sibirischen Tiger leben. Dann wieder Wüste. Stellenweise wirkt sie wie ein überdimensionaler Sandkasten, ab und zu etwas darin, was wohl Oasen sein müssen. Dann sieht es plötzlich aus wie eine Bouillon mit vielen Fettaugen: zugefrorene Seen in den unterschiedlichsten Größen und Formen. Es ist ein Jammer, daß man von oben nicht filmen darf, aber warum soll ausgerechnet das gestattet sein? Das ist in der Bundesrepublik ja auch nur auf Antrag und mit Spezialgenehmigung erlaubt.

Wir fliegen weiter, keine Besiedlung, nur Landschaft, Berge, viele Flüsse. Wenn man diese unermeßlichen, menschenleeren Weiten an Wüsten, Steppen und unwirtlichen Gebirgen unter sich vorüberziehen sieht, dann stellt man sich irgendwann die Frage: Was hat dieses Land eigentlich von seiner Größe? Im Grunde doch nichts als Schwierigkeiten. Und daran sind nicht nur die vielen verschiedenen Nationalitäten schuld, die unter dem gleichen Dach miteinander auskommen sollen, sondern es liegt eben auch daran, daß man in einem Land mit diesen Dimensionen und diesen extremen Temperaturen an das, was andere Länder reich macht – Bodenschätze, Land –, so ohne weiteres gar nicht herankommt.

Nach insgesamt elf Stunden Flug stellen wir unsere Uhren, in Moskau angekommen, wieder um acht Stunden zurück.

Moskau: *Galina*

Zum Straßenbild in Moskau gehören schicke Frauen ebenso wie die in wattierte Arbeitsanzüge eingepackten. Ich habe mich in meiner Anfangszeit in Moskau über junge Mädchen mit grell gefärbten Punkfrisuren gleichermaßen gewundert – weil ich das im Sowjetreich nicht erwartet hatte – wie über die Bauarbeiterinnen auf den Gerüsten und im Straßenbau. Natürlich hatte ich davon gehört, aber es ist doch etwas anderes, wenn man dann wirklich fünfzig- oder sechzigjährige Frauen oder vielleicht auch nur 45jährige, die wie sechzig aussehen, mit Steinblöcken rumwuchten sieht. Ich werde sicher auch nie die Szene vergessen, als ich an einem liegengebliebenen Lkw vorbeifuhr und eine alte Frau mit Kopftuch und grauschwarzem Arbeitsanzug und darüber einen Rock sah, die halb im Motorblock verschwunden war auf der Suche nach der Ursache für die Panne. Wenn das die Errungenschaften der Gleichberechtigung sind . . .

Tatsache ist, daß in keinem anderen zivilisierten Land Frauen körperlich so schwer arbeiten wie in der Sowjetunion. Man muß nur einen Blick auf die Riesenbaustellen am Rande von Moskau werfen, um einen Eindruck davon zu bekommen, was Frauen hier leisten. Wie sähe es wohl aus, wenn von diesen Baustellen wie im Zaubertrick plötzlich alle Frauen verschwinden würden? Unvorstellbar.

Die Wohnungsnot in Moskau ist bekannt. Trotz Zuzugsbeschränkungen platzt die Neun-Millionen-Stadt aus allen Nähten, und an der Peripherie entstehen immer neue, immer noch wuchtigere Wohnblocks. Der Wald um Moskau weicht immer mehr den sechzehn-, siebzehnstöckigen, manchmal mehrere hundert Meter langen Wohnklötzen. Eine unglaubliche Gigantomanie, die man erst dann ansatzweise verstehen könnte, wenn man sich die krasse Wohnungsnot in allen Konsequenzen vor Augen führen würde. Aber dafür reicht die Phantasie eines Westlers nicht aus. Das kann man nur erleben und erleiden.

Die Bauarbeiterinnen in Moskau kommen oft aus der Provinz. Ursache dafür sind die strengen Zuzugsbestimmungen. Will ein Mann nach Moskau, so bewirbt er sich bei der Miliz, will eine Frau in die Hauptstadt, so geht sie auf den Bau. Das ist der Preis dafür, in der sowjetischen Metropole zu wohnen, die von der Lautsprecherstimme auf einem Aeroflot-Inlandsflug als »Heldenstadt Moskau« tituliert wird. Das mag eine Ahnung von der Bedeutung geben.

Wir fahren auf den Baustellen rund um Moskau umher, auf der Suche nach einer Frau, die bereit ist, sich von uns beobachten und ausfragen zu lassen. Kein einfaches Unterfangen, denn natürlich ist den Frauen klar, daß die Beschreibung ihres Arbeitsalltags bei einer westlichen Frau – und wohl auch bei westlichen Männern – eher Entsetzen als Anerkennung auslöst. Man nimmt es hin, das ist eben so und war immer so, aber man muß es den Ausländern ja nicht direkt auf die Nase binden.

Auf einer der Baustellen, wo ganz besonders große Wohnblocks entstehen, treffen wir Galina. Sie ist bereit, mit uns zu reden. Galina ist 31 Jahre alt – sie kommt mir älter vor –, verheiratet und hat zwei Kinder, Dima, der Sohn, ist zehn Jahre, ihre Tochter Sweta sieben. Auch Galina kommt aus der Provinz, aus einem Dorf in Weißrußland. Ursprünglich wollte sie an der polytechnischen Hochschule in Minsk Bauwesen studieren, aber mit der Immatrikulation hat es nicht geklappt. »Ich hab's einfach nicht geschafft«, sagt Galina kurz dazu. Dann ist sie zu ihrer Tante nach Moskau gekommen. Im Autowerk Moskwitsch hat man sie nicht genommen, weil sie noch nicht achtzehn war. Schließlich landete sie auf einer Fachschule für Bauwesen, die sie mit dem Diplom »Bauarbeiter-Anstreicher« abgeschlossen hat.

Seit 1976 arbeitet Galina als Anstreicherin. Was das allerdings sonst noch so alles beinhaltet, erfahren wir erst später. 1977 hat sie ihren Mann geheiratet, anderthalb Jahre danach wurde Dima geboren. Galina und ihre Familie sind ein gutes Beispiel, um die Moskauer Wohnungsnot zu illustrieren. Die junge Familie hat zunächst einmal bei den Schwiegereltern gelebt. Das ist nichts Ungewöhnliches, eher die Regel. Dann bekamen sie nach vier Jahren Wartezeit ein eigenes Zimmer in einer Gemeinschaftswohnung, das heißt, Küche, Bad und Toilette mußten sie sich mit anderen, fremden Mitbewohnern teilen. Aber ein eigenes Zimmer hatten sie wenigstens. Dima, der kleine Sohn, kam in den Kindergarten, und das Leben ging seinen Gang. Doch dann wurde Dima krank, in den Kindergarten konnte er nicht mehr gehen, und zu allem Überfluß bekam die mittlerweile geborene Tochter eine beidseitige Lungenentzündung. Was blieb also anderes übrig, als der Kinder wegen wieder zu den Schwiegereltern zu ziehen. Wer hätte sich auch sonst um die Kleinen kümmern sollen, wenn Galina und ihr Mann den ganzen Tag arbeiten. Galinas Mann ist Ingenieur bei der Eisenbahn. Also wohnen sie jetzt zu sechst in einer Zweizimmerwohnung von 27 Quadratmetern. Der Antrag auf eine eigene Wohnung, den Galina und ihr Mann gleich bei ihrer Heirat vor zwölf Jahren gestellt hatten, läuft noch.

Galinas Tag beginnt um sechs Uhr früh, wenn sie aufsteht. Um halb sieben verläßt sie das Haus. Um sieben fährt von einer Sammelstelle aus der Bus los, der sie und ihre Kolleginnen zur jeweiligen Baustelle bringt, wo sie um acht Uhr mit der Arbeit anfängt. Ihre jetzige Arbeitsstelle liegt ungünstig, sehr weit draußen und beinahe in der entgegengesetzten Richtung zur Wohnung. Und das wird wohl auch mindestens noch zwei Monate so bleiben, seufzt Galina. Galina steht einer Jugendbaubrigade vor, sie ist verantwortlich für 22 Jungarbeiter. Jungarbeiter ist man bis zum Alter von 35 Jahren. Galinas

Brigade besteht bis auf drei Männer nur aus Frauen. Allerdings, zur Zeit ist sogar nur ein Mann in ihrer Gruppe, die beiden anderen sind bei der Armee. Die Hauptarbeit der Brigade ist das Anstreichen und Tapezieren, aber zu ihren Aufgaben gehört auch das Verputzen von Fassaden, die schlimmste und schmutzigste Arbeit, wie Galina mir sagt. Deshalb ist sie in gewisser Weise froh, daß sie noch zwei weitere Monate auf dieser Baustelle im Innendienst arbeitet, auch wenn sie leider so ungünstig liegt. Fürs Fliesenlegen ist Galina auch noch zuständig, aber das macht Spaß, sagt sie.

Um halb fünf ist Arbeitsschluß. Um Viertel vor fünf fährt der erste Bus in die Stadt zurück. Diesen ersten, meist hoffnungslos überfüllten Bus hat sie heute verpaßt. Aber daran sind nicht wir schuld. Es gab noch ein internes Problem, um das sich Galina als Brigadeleiterin kümmern mußte, bevor sie gehen konnte. Irgendein blöder Formalkram, antwortet Galina nur kurz auf meine Frage.

Sie ist in Eile. Der Heimweg dauert etwa eine Stunde, und sie muß noch einkaufen, in einem Supermarkt. Was es da gibt? Tütensuppen, Salz, Milch, ausnahmsweise auch Zucker, Nudeln. Die Schlangen an den Kassen sind gewaltig. Wenn es denn was Vernünftiges zu kaufen gäbe, stünde man ja vielleicht noch ganz gerne an. Aber nur für ein Brot und eine Tüte Milch oder ein Paket Smetana, das ist so etwas wie saure Sahne, nur für Dinge dieser Art fast eine Stunde in der Reihe zu stehen ... Ich betrachte die Menschen, die sich da geduldig Schritt für Schritt nach vorne warten: eine alte Frau, der der Schweiß im Gesicht steht, auch nur Brot und Nudeln in der Hand; eine junge Frau mit einem kleinen Buben auf dem Arm, blaß und mit dunklen Rändern um die unnatürlich großen Augen. Dazwischen Galina, die die Warterei mit stoischer Gelassenheit erträgt und ab und zu amüsiert in unsere Richtung blickt. Was für uns Westler zu einem Horrorerlebnis ausartet, ist für sie und all die anderen normaler Alltag, und unser Interesse daran hält Galina irgendwie für überdreht und komisch.

60

Galina bringt die paar Sachen nach Hause, schnappt sich ihren Sohn, der seit einiger Zeit wieder kränkelt, und fährt mit ihm zur Poliklinik. Es ist April, der Winter war lang und grau. Für Kinder ist der Winter ohne Licht und ohne frisches Gemüse besonders hart. Galina hat sich einen Termin in der Klinik besorgt, aber warten muß sie trotzdem. Eine ganze Reihe von Müttern mit Kindern sind noch vor ihr dran. Endlich werden sie aufgerufen, und nach kurzer Untersuchung bekommt Dima Inhalationen und UV-Bestrahlungen verordnet.

Galina bringt ihren Sohn wieder zur Oma nach Hause, die ja dort auch das Töchterchen beaufsichtigt, und macht sich erneut auf den Weg. Galina ist seit vier Jahren Parteimitglied und Abgeordnete im Moskauer Stadtsowjet. In dieser Funktion stellt sie sich einmal im Monat den Fragen und Problemen der Bürger. Meist sind es Frauen, die zu ihr kommen. Der ersten, die sie heute abend aufsucht, verspricht man seit sechs Jahren eine Wohnungsrenovierung, und bis heute ist nichts passiert. Die nächste Frau, die Galina um Rat bittet, lebt mit zwei Kindern in einem acht Quadratmeter großen Raum, und niemand hilft. Galina hört sich alles geduldig an, bleibt freundlich, aber viel ändern kann sie letztlich auch nicht. Die nächste Ratsuchende ist eine alte Frau, die zuerst vor uns nichts sagen will, dann aber doch erzählt. »Sie haben mich doch schon wieder vollgeschüttet, Kätzchen«, klagt sie Galina ihr Leid. Seit vier Jahren setzen defekte Rohre immer wieder ihre Wohnung unter Wasser, und niemand fühlt sich zuständig. Ich frage mich, wie Galina das aushält. Zustände zum Aus-der-Haut-Fahren, und für Abhilfe kann Galina so ohne weiteres auch nicht sorgen. Nach dieser Sprechstunde ist der Arbeitstag für Galina endlich zu Ende, und sie fährt nach Hause.

Als ich noch nicht wußte, unter welch beengten Verhältnissen Galina wohnt, hatte ich gebeten, sie doch auch zu Hause besuchen zu dürfen. Sie reagierte ausweichend. Später war mir dann klar, wieso. Es war ihr peinlich, daß sie zu sechst in einer so kleinen Wohnung hausen müssen. Ich habe sie gut verstanden. Natürlich ist es unangenehm, eine solche Wohnsituation ausgerechnet westlichen Ausländern vorzuführen. Im Laufe unserer Bekanntschaft war Galina dann schließlich doch mit einem Besuch einverstanden, aber nur Sonntag nachmittag zum Tee.

Der Tisch ist schon gedeckt, als wir kommen, es gibt Kekse und Torte und heißen, würzigen Tee aus einem reich verzierten Samowar. Alle sitzen im Sonntagsstaat herum, und die Atmosphäre ist schon ziemlich verkrampft. Ich habe sie wohl doch zu sehr bedrängt, denke ich mir. Das war ein Fehler.

Galinas Schwiegervater ist Pensionär, trotzdem arbeitet er aushilfsweise noch im Sil-Autowerk; Sil, diese Nobelmarke, die man nicht kaufen kann, die einem nur ab einem bestimmten Rang in der Partei- bzw. Regierungsspitze zusteht. Die Schwiegermutter war als Verkäuferin tätig, ist aber auch schon pensioniert und kümmert sich hauptsächlich um die Enkelkinder, die jeden Morgen in den Kindergarten bzw. in die Schule gebracht werden müssen.

Ich frage Galina, wie das überhaupt geht: jung und alt auf so engem Raum beieinander. Die Frage stelle ich ihr selbstverständlich erst, als wir beide alleine in der Küche stehen. »Natürlich träumen mein Mann und ich von eigenen vier Wänden«, sagt sie, »aber man muß das auch mal so sehen, daß die Schwiegereltern wegen der Kinder eine große Hilfe sind.«

Auf dem Weg von der Küche zurück ins Wohnzimmer über den kleinen Flur, an dem nur noch ein winziges Zimmer liegt, ist es mir ein Rätsel, wie diese sechs Menschen auf dem engen Raum ihre Schlafprobleme lösen – aber ich traue mich nicht, danach zu fragen.

Ein paar Tage später telefonieren wir miteinander, und ich versuche, Galina zu erklären, daß wir eigentlich auch mal zu Hause bei ihr Aufnahmen machen müßten, an einem ganz normalen Wochentag ohne die künstliche Besuchsatmosphäre. Sie wird beinahe heftig und lehnt ein zweites Treffen in ihrer Wohnung kategorisch ab. »Außerdem, was soll denn das«, meint Galina. »Mein Mann arbeitet von neun bis sechs, und wie lange ich arbeite, wissen Sie ja. Wenn mein Mann so um Viertel nach sieben zu Hause ist, dann wird gegessen, wir machen noch ein bißchen Schularbeiten mit Dima, und nebenbei wird ferngesehen. Also, was ist daran so spannend?« Aus ihrer Sicht hat sie recht.

Hinterher habe ich erfahren, daß sie für unseren ersten Besuch einen Teil der Möbel auf den Balkon und zu Nachbarn bugsiert haben, damit alles etwas aufgeräumter und freundlicher aussieht. Kein Wunder, daß sie diesen Aufwand nicht noch einmal betreiben möchte. Ich mache mir Vorwürfe. Wer weiß, welche Auseinandersetzungen es möglicherweise wegen uns in der Familie gegeben hat; wer weiß, wieviel Zeit sie investieren mußten, um die Wohnung für uns herzurichten und sie danach wieder in den Zustand zu versetzen, der es ihnen möglich macht, zu sechst darin zu wohnen.

Irgendwann ruft Galina mich wieder an und erzählt mir, man habe ihr, ihrem Mann und den Kindern endlich eine Dreizimmerwohnung zugewiesen, in einem Neubaugebiet am Rande der Stadt. Nun stünde einem neuerlichen Besuch nichts mehr im Wege. Ich solle ihr nur noch etwas Zeit lassen, weil sie die Wohnung natürlich selbst renovieren wolle. Da lasse sie keinen anderen ran, denn sie wisse selbst am besten, wie manchmal auf dem Bau geschludert wird.

In den nächsten Tagen und Wochen versucht sie, Tapeten und die anderen notwendigen Materialien zu ergattern. Für die Wohnzimmertapete stellt sie sich vier Stunden an. Jedes freie Wochenende – sie hat in der Regel samstags und sonntags frei, mit Ausnahme von sieben oder acht Samstagen im Jahr –, jedes freie Wochenende also und oft auch die Abende verbringt Galina, meist allein, in der Neubauwohnung. Sie tapeziert, legt die Fliesen in Bad und Küche und arbeitet sehr präzise und unglaublich schnell. Sie ist auch sehr erfindungsreich im Ausdenken von irgendwelchen Hilfskonstruktionen, denn bei manchen Arbeitsgängen wäre eine zweite Person sicher kein Fehler. Aber sie beklagt sich nicht und rechnet auch nicht damit, daß ihr Mann ihr bei der Wohnungsrenovierung hilft.

»Der versteht sowieso nichts davon«, meint Galina, »er weiß selbst, daß er zwei linke Hände hat. Er kümmert sich dann lieber um die Kinder, und das ist ja auch gut so.« Die liebevoll und beinahe im deutschen Sinne ordentlich renovierte Wohnung ist also ganz allein Galinas Werk. Nur das Parkett läßt sie von einem Arbeitskollegen verlegen.

Sie sind gerade eingezogen, da dürfen wir kommen. Bei Tee und Kuchen im neuen Wohnzimmer sprüht sie vor Lebensfreude. Alles ist jetzt ideal. Gleich nebenan sind der Kindergarten und die Schule. Jetzt können sie oder ihr Mann die Kinder dort vorbeibringen, und eigentlich können die beiden da auch bald alleine hingehen; es ist ja nur um die Ecke. Und wenn wirklich mal Not am Mann ist, dann kommt eben die Oma; jetzt hat man ja Platz genug: »Drei Zimmer nur für uns vier.« Das klingt für mich wie: »Ist das nicht der Himmel auf Erden?« – wenn sie denn an so was wie den Himmel glauben würde.

Ich erzähle ihr, daß ihr Beruf in der Bundesrepublik ein ausgesprochener Männerberuf ist und daß Frauen auf dem Bau bei uns in der Bundesrepublik so was wie Exoten sind und Grund genug für kleine Porträts im Fernsehen oder in der örtlichen Presse. Galina kann das gar nicht glauben und fragt sofort, wie wir das ohne Frauen schaffen. In der Sowjetunion könne man die meisten Baustellen ohne die weiblichen Arbeitskräfte gleich schließen. »Außerdem«, sagt sie nachdenklich, »meinen Sie nicht, daß das Arbeiten mit Farbe mehr Sache der Frauen ist? Die Männer gehen lieber mit dem Hammer um und arbeiten als Tischler oder Parkettleger. Das möchte ich als Frau auch nicht. Was ich mache, das machen meistens Frauen. Es gibt nur ganz wenige Männerbrigaden in diesem Bereich. Also ich wüßte wirklich nicht, wie das ohne die Frauen gehen sollte. Verstehen Sie das nicht falsch, aber ohne Frauen auf dem Bau – da bräche wirklich alles zusammen.«

Mit Farbe umgehen, schön und gut, sage ich, aber es sei doch wohl nicht ganz ehrlich, wenn man ihre Tätigkeit nur so betrachte und ganz außer acht lasse, daß es körperlich harte

Arbeit sei. Ich habe sie doch selbst auf der Baustelle schwere Leimbottiche schleppen sehen oder die Gerüste aufbauen, wenn sie Decken streicht. Das sei doch weit weg von der schönen Überlegung, Frauen hätten möglicherweise mehr Sinn für Farbe. Abgesehen davon, daß ganz andere und im Zweifel Männer bestimmen, welche Farbe sie wohin zu bringen habe.

Sie stimmt mir tatsächlich zu und sagt: »Natürlich ist die Arbeit schwer, aber das war für Frauen hier immer so. Daran ist nichts besonders oder außergewöhnlich. Nur für Sie ist es ungewohnt, weil Sie das aus Ihrem Land nicht kennen. Schwere Arbeit, ja, aber so ist das nun mal. Das muß ja auch gemacht werden. Man könnte einiges erleichtern, wenn man bestimmte Arbeitsprozesse mehr mechanisieren würde, also bessere Werkzeuge und Maschinen, zum Beispiel zum Anrühren der Farbe, zum Ausgleichen der Wände und Decken. Da gäb's schon was, was man tun könnte, um die Arbeit speziell für die Frauen zu erleichtern. Ein paar Veränderungen gab es schon in den letzten Jahren, aber alles auf einmal geht eben nicht.«

Ich spreche auch mit Galina über die Doppel- und Dreifachbelastung. Sie hat ja neben ihrem körperlich anstrengenden Beruf eine Familie zu versorgen und zusätzlich noch die Belastungen durch ihre Funktion als Parteimitglied und Abgeordnete im Stadtsowjet zu tragen. Wie schafft sie das alles? Ist es ihr nicht doch manchmal zuviel?

»Im großen und ganzen schaffe ich das, ja«, sagt sie direkt. »Ohne meine Schwiegereltern, an denen ich auch sehr hänge, sähe das wahrscheinlich anders aus. Die sind beide schon eine sehr große Hilfe bei den Kindern, ganz klar. Auf meine Arbeit als Abgeordnete möchte ich auf keinen Fall verzichten. Das ist eine große, gesellschaftlich wichtige Arbeit. Ich bin ja nicht zufällig erst vor vier Jahren in die Partei eingetreten. Jetzt haben wir eine Zeit, in der man was bewirken kann, und da darf man nicht abseits stehen, schon gar nicht als Frau. Natürlich tut es mir manchmal leid, wenn ich darüber meine Familie vernachlässige, aber sie versteht das, und wir sind eine gute Familie, alle sechs.«

Von ihrer Arbeit auf der Baustelle hat sie jetzt nicht gesprochen. Daher frage ich sie, ob sie – wenn es finanziell reichen würde, was nicht der Fall ist, wie ich weiß – lieber zu Hause bleiben würde, statt weiter in einer Baubrigade zu schuften. Wie steht sie dazu, Hausfrau zu sein? Ihr gesellschaftliches Engagement als Abgeordnete müsse das ja nicht unbedingt beeinträchtigen. Im Gegenteil.

»Was für eine Frage«, sagt Galina, und ich komme mir in dem Moment schon ziemlich westlich und etwas dämlich vor, »wenn ich wählen könnte, würde ich natürlich lieber zu Hause bleiben bei den Kindern. Es wäre wundervoll, wenn ich mich ihnen mehr widmen, ihnen mehr Aufmerksamkeit schenken könnte, als ich es jetzt kann. Aber wie soll das denn gehen? Vom Verdienst meines Mannes und der Rente meiner Schwiegereltern können wir nicht leben. Ich verdiene gut, sehr gut sogar, auf jeden Fall mehr als mein Mann. Wie könnten wir darauf verzichten?«

Wenn sie mal nur an sich selber denke, soweit sie das überhaupt könne, welche Wünsche habe sie denn für sich selbst, möchte ich wissen. Bei der Antwort glänzen ihre Augen: »Ich hab' doch alles. Wir haben die Wohnung jetzt. Wir sind mit dem Leben zufrieden. Ich bin auch froh, daß wir in Moskau leben. Da gibt's Theater und Museen, und da ist was los. Ansonsten wünsche ich mir Sonne und daß die Menschen sich freuen und daß es Glück und Frieden gibt für alle.«

Turkmenistan: *Ogultjatsch*

Wir machen uns erneut auf den Weg. Die Reise geht diesmal in den Süden, in eine der mittelasiatischen Republiken. Wir fliegen etwa 3000 km nach Aschchabad, der Hauptstadt Turkmenistans, unmittelbar an der iranischen Grenze. Dort werden uns wieder zwei Stunden Zeitunterschied von Moskau trennen, denn Aschchabad liegt nicht nur südlich, sondern auch östlich von Moskau.

Aschchabad wurde 1948 durch ein Erdbeben nahezu vollständig zerstört. 160 000 Menschen fanden bei dieser Katastrophe den Tod. Dieses Beben war also noch gigantischer als das in Armenien im Dezember 1988, auch wenn man sich das nur schwer vorstellen kann. Damals gab es außerdem so gut wie keine Hilfe aus dem westlichen Ausland. Der Zweite Weltkrieg war gerade zu Ende, die Länder Europas hatten mit sich selbst zu tun, und die Sowjets hatten zudem kein Interesse, westliche Ausländer ins Land zu lassen.

Bei diesem entsetzlichen Erdbeben von 1948 blieben in Aschchabad nur das Lenindenkmal und ein Mädchengymnasium stehen, alles andere wurde dem Erdboden gleichgemacht. Nach dieser traumatischen Erfahrung begannen die Turkmenen, anders zu bauen. Wenn man durch die Stadt fährt, fällt gleich auf, wie niedrig die Häuser sind. Die meisten Gebäude haben nicht mehr als zwei Stockwerke. Erst in letzter Zeit werden auch wieder höhere Wohnhäuser errichtet.

Von Moskau aus irgendwo im mittelasiatischen Raum eine Frau zu finden, die sich von uns filmen und ausfragen läßt – das war mindestens so schwierig wie unsere Suche in Ostsibirien. Während wir dort die Hilfe des staatlichen sowjetischen Fernsehens in Anspruch genommen hatten, versuchten wir in Mittelasien unser Glück mit der Nachrichtenagentur Nowosti, kurz APN. Die haben in Aschchabad auch eine kleine Filiale, und ich hatte erfahren, daß von den drei Mitarbeitern dort eine weiblichen Geschlechts ist. Sie hieß Larissa. Ich erklärte Larissa schon von Moskau aus – über Telefon, und wenn das schwierig wurde, per Fernschreiber – den Sinn und Zweck des Unternehmens: Indem wir über einzelne Frauen in der Sowjetunion berichteten, wollten wir zugleich – quasi in einer Abfolge von Schlaglichtern – die Gesamtsituation beleuchten. In unserer Sammlung für den Film fehlte uns noch der mittelasiatische Raum, wo Frauen aufgrund der islamischen Tradition vor einer Reihe von Sonderproblemen stehen. Uns fehlte eine »typische« Frau, die auf dem Lande lebte und arbeitete und viele Kinder hatte. Larissa versprach, sich auf die Suche zu machen und sich wieder zu melden. Als sie sechs Frauen zur Auswahl gefunden hatte – keine geringe Mühe, wie später klar wurde –, benachrichtigte sie mich in Moskau, und wir flogen los.

Larissa kannte ich also vom Telefon als junge, entschlossene Stimme, aber als sie uns am Flughafen abholt, bin ich mehr als überrascht. So eine Frau habe ich in Turkmenistan wirklich nicht erwartet: eine flotte 27jährige, schlank, schick gekleidet, gut geschminkt, mit einer wüsten Lockenmähne im Afrolook, Tochter einer Russin und eines Turkmenen. Larissa bringt uns in unser Hotel, läßt uns ein wenig Zeit zum Frischmachen und fährt uns dann durch Aschchabad. Mir fallen sofort die niedrigen Häuser auf und – im Vergleich zu Moskau – eine gewisse Sauberkeit und Akkuratesse, die ich in Mittelasien nun wirklich nicht erwartet hatte.

Die ganze Stadt ist durchzogen von ausgedehnten, gepflegten Parks. Larissa zeigt uns zwei riesige Märkte: einen offenen »turkmenischen«, sozusagen unter freiem Himmel, und einen »russischen« *betonnyj*-Markt, ein Betongebäude mit mehreren Stockwerken. Die Ausstattung und auch das bunte Treiben sind auf beiden das gleiche. Warum der eine Markt der turkmenische und der andere der russische genannt wird, kann uns Larissa auch nicht sagen. Wir aus Moskau sind überwältigt vom Angebot, das beide Märkte zeigen – es ist schließlich erst Anfang April. Soviel Gemüse und Obst haben wir lange nicht gesehen. Hier gibt es überall »grün satt«, und wir beschließen gleich am ersten Tag, uns auf jeden Fall kurz vor unserem Rückflug kräftig einzudecken mit Tomaten, Zwiebeln, Salat und was sonst noch in die Koffer paßt.

Auch die Wurst, die auf dem Markt angeboten wird, macht einen erheblich besseren Eindruck als die in Moskau. Dort gehört schon eine gewisse Überwindung dazu, in die wabbelige, oft gelbgrünliche Masse zu beißen – ich habe diese Überwindung nie aufgebracht. Mit dem Fleisch geht man südlich locker um; das liegt eben da, zum Teil noch mit Fell daran, und ein paar Kuhbeine ab Knie sind fein säuberlich an der Wand entlang aufgereiht.

Larissa führt uns dann zu einem der Lenindenkmäler dieser Stadt, und zwar zu jenem, das bereits im Todesjahr des Revolutionärs errichtet wurde. Da es sonst keine Bronze gab, schmolz man Kanonen ein, verkündet Larissa mit einem gewissen Stolz. Der Künstler, der seine Leninstatue ursprünglich auf einen großen schwarzen Granitblock stellen wollte, hat unter dem Eindruck der vielfältigen prächtigen Teppichmuster hier in Turkmenistan umdisponiert und den Sockel mit den verschiedensten Teppichmustermosaiken verziert. Eine gute Idee.

Wir essen an diesem Abend in unserem Hotel, und es ist wie in Moskau, wie in Jakutsk und wie in Sachalin: Zu einem Restaurant gehört auch eine Band, und die muß nicht nur gut, sondern vor allem laut sein. Wir haben – eine Geste gegenüber den ausländischen Gästen – einen Tisch in unmittelbarer Nähe der Kapelle, die gute Tanzmusik mit etwas orientalischem Einschlag spielt. Auf der Tanzfläche vor uns sind alle denkbaren Kombinationen zu finden: Männer, die eine Frau im Arm halten; Frauen, die mit Frauen tanzen und – das ist die Mehrzahl

– miteinander tanzende Männer. Sie fassen sich dabei höchst selten an, allenfalls berühren sich mal die Hände. Meist stampfen sie rhythmisch auf der Tanzfläche herum, mit erhobenen Armen und im Takt der Musik sich drehenden Händen. Dabei hat man den Eindruck, daß es allen – vor allem den Männern – ganz besonderen Spaß macht. Diese Art zu tanzen und aus sich herauszugehen, haben deutsche Männer nur sehr selten drauf.

Am nächsten Morgen sind wir mit Larissa verabredet. Wir wollen unsere Besuchstour bei den Frauen beginnen, die sie für uns ausgesucht hat. Larissa erscheint mit ihrem Chef Batir, der uns natürlich auch kennenlernen will; und weil es sich so gehört, möchte er uns am ersten Tag begleiten. Nun haben wir aber für diesen Tag nur einen Wagen bestellt, denn wir würden ja zunächst unsere ganze Apparatur, Kamera usw. nicht brauchen. Unser Team und dazu Larissa, das hätte problemlos funktioniert; doch die zusätzliche Person schafft Probleme. Einen zweiten Mietwagen kann man auf die schnelle nicht organisieren, und wir sind auch nicht bereit, aus lauter Höflichkeit ein zusätzliches Taxi zu bezahlen. Notwendig oder gar unentbehrlich ist Batir, Larissas Chef, für uns wirklich nicht. Und ich bin gar nicht so begeistert, mit noch mehr Leuten über die armen Frauen auf dem Land herzufallen. Aber so einfach läßt er sich nicht abwimmeln. Batir, ein Turkmene, schaltet von russisch auf turkmenisch um, so daß ich der Unterhaltung nicht mehr folgen kann, und beauftragt Larissa, in Aschabad heute dies und jenes dringend zu erledigen, wie mir Larissa später erzählte. Er selbst werde das bundesdeutsche Fernsehteam begleiten.

Es ist mir nicht recht. Ich habe durchaus nichts gegen den höflichen, sympathischen Mann, aber Larissa hat alles vorbereitet; es geht um einen Film über Frauen, und da nimmt ihr dieser Typ einfach ihre Aufgabe weg. Wenn ich gewußt hätte, daß Batir nicht mal den Weg kennt – woher auch, Larissa hatte sich ja bisher um alles gekümmert –, hätte ich, Höflichkeit hin oder her, doch noch einmal auf Larissas Begleitung bestan-

den. Es kam, wie es kommen mußte, wir verfuhren uns x-
mal. Unser Fahrer hat zudem eine höchst unorthodoxe Fahrwei-
se: Auf jedes Hindernis fährt er entschlossen zu, um kurz vorher wie wild zu bremsen. Radfahrern oder Fußgängern weicht
er grundsätzlich so aus, daß er fast den Graben auf der anderen Straßenseite streift, und den stärksten Eindruck hinterläßt
er bei uns während eines Überholmanövers. Nach längerem
Zögern entschließt er sich endlich zum Überholen, obwohl
uns mittlerweile ein Lkw entgegenkommt. Als er die Situation
erkennt, irrt sein Blick hektisch hin und her, schließlich richtet
er ihn nach oben: Allah wird's schon richten. Allah hat es dann
auch irgendwie gerichtet.

Als wir in dem Dorf Keledschar am Rande der Wüste
ankommen, wo Larissa eine Frau für uns aufgetan hat, halten
wir zunächst alle die Falsche für die Richtige. Anders ausgedrückt, unsere »Heldin« wirkt neben den anderen umherste-
henden Frauen eher wie eine Großmutter und nicht wie eine
Frau von 35 Jahren, wie Larissa sie uns angekündigt hat. Aber
das klärt sich dann schnell auf.

Ogultjatsch, so heißt sie, wohnt hier in Keledschar zusammen mit ihrem Mann und sechs Kindern in einem geräumigen
Haus mit vier großen Zimmern. Das Dorf, vor gut dreihun-
dert Jahren gegründet, wurde nach dem entsetzlichen Erdbeben von 1948 vollkommen neu aufgebaut.

Es ist später Vormittag, als wir bei ihr eintreffen. Auch
Ogultjatschs Mann, Aga Murat, ist zu Hause, obwohl er
eigentlich in der Schule sein müßte, wo er als Lehrer arbeitet.
Aber er will erst mal die Leute sehen, die da über seine Frau
einen Film drehen wollen. Wir werden ins Haus gebeten. Vor
der Tür ziehen wir alle unsere Schuhe aus. Jedes Zimmer ist
dick mit Teppichen belegt, Möbel fehlen fast ganz. In einem
Zimmer gibt es einen Wohnzimmerschrank, wie er auch in
Gelsenkirchen stehen könnte, sonst weiter nichts; in einem
anderen Zimmer zwei Sessel und ein Schreibtisch. Im nächsten Zimmer, dem größten im Haus, steht nur ein Doppelbett

in einer Ecke, und im vierten Zimmer schließlich, dem einzigen mit einem Ölofen mittendrin, läuft auf einer Anrichte ein Fernseher, ihm gegenüber sind auf einer kunstvoll verzierten Truhe Decken und Matratzen gestapelt. In der Diele arbeitet ein Kühlschrank lautstark vor sich hin, und an einem Ständer hängen Jacken und Kleider.

In dem mit Ölofen und Fernsehapparat ausgestatteten Zimmer ist auf dem Teppich ein Tischtuch ausgebreitet. Erst mal sollen wir Tee trinken. Wir hocken uns alle auf den Boden, dabei erfahre ich gleich, daß sich eine Frau nur mit seitlich angewinkelten Beinen hinhocken darf. Schneidersitz ist den Männern vorbehalten, und auf die Unterschenkel hockt man sich nur, wenn einer gestorben ist. Ich habe so meine Probleme mit dieser Form des Sitzens, weil mir abwechselnd das rechte und das linke Bein einschlafen. Und um einen Krampf in der Hüfte zu vermeiden, stütze ich mich seitlich mit den Händen ab, was seinerseits auf die Dauer für die Handgelenke eine höchst ungewohnte und unangenehme Belastung ist.

Noch eine Erfahrung am Rande: Daß ich mit meinem recht kurzen Haarschnitt immer mal wieder auffalle, negativ wie positiv, das weiß ich ja nun, aber hier in Turkmenistan werde ich besonders intensiv gemustert. Nach meinem Eindruck verrät der Blick mancher Mädchen, die sich bei der Hitze mit einer von mir wiederum bewunderten langen, schweren Haarpracht herumquälen, daß sie mich wegen der praktischen kurzen Haare ein wenig beneiden. Aber nachmachen, das können sie nicht riskieren, denn lange Haare zu haben ist geradezu eine der Pflichten turkmenischer Frauen. Agdscha, eine russisch sprechende Nachbarin von Ogultjatsch, sagt mir ganz unverblümt, daß ich mit der Frisur hier nie einen Mann bekäme.

Wir sollen mit der Familie essen – das hatte ich befürchtet. Es gibt Reis mit Hammel, Hühnchen und Gemüse, in viel Fett gekocht und gebraten. Gegessen wird mit den Fingern. Bei den Getränken haben wir die Wahl zwischen einer intensiv grünen Limonade und saurer Kamelmilch. Nun ist sowieso

72

schon alles egal, denke ich mir, und entscheide mich für die Kamelmilch, eine wäßrige Brühe mit weißen Flecken, die unerwartet gut und angenehm säuerlich schmeckt und erfrischt.

Gekocht wird das alles außerhalb des Hauses; die Küche ist ein paar Schritte über den Hof separat untergebracht – einmal wegen der Brandgefahr, und zum anderen ist das ein Ort für Frauen; das muß sich nicht unbedingt im Haupthaus abspielen. An die Küche schließt sich gleich einer der beiden offenen Ställe an. Hier werden zwei Hammel gehalten, im anderen Stall, weiter hinten im Garten, zwei Stück Rindvieh. Der Brunnen, eigentlich eine Art Wasserleitung im Freien, ist von der Küche nur durch den Hammelstall getrennt. Das Plumpsklo steht mitten im Garten, mehr in Richtung zum Kuhstall. Wasserstelle und Plumpsklo sind knapp zwanzig Meter voneinander entfernt, was unserem sowjetischen Mitarbeiter ein »o gospodi« entlockt, das heißt soviel wie »Du lieber Himmel« oder »Mein Gott«. Auf der anderen Seite der Küche steht der selbstgebaute Lehmofen zum Backen der Fladenbrote, und eine offene Feuerstelle außerhalb der Küche gibt es auch noch.

Auf halbem Weg zwischen Wohnhaus und Küche ist auf dem Hof eine hölzerne Plattform auf etwa sechzig cm hohen Stelzen aufgebaut, sie wirkt wie ein überdimensionales Doppelbett. Das ist in erster Linie der Platz für die Männer zum Ausruhen. Dann werden hier Teppiche ausgebreitet und Kissen dazugelegt, und dem Teegenuß oder einem kleinen Schachspiel in aller Ruhe steht nichts mehr im Wege.

So etwa sieht der häusliche Lebensraum von Ogultjatsch aus. Die Familie kann beinahe autark leben: Im Garten haben sie Gemüse, Grünfutter fürs Vieh wächst dort auch, die Kuh gibt Milch, und in regelmäßigen Abständen werden Hammel geschlachtet. Ogultjatsch hat ein besonderes Rezept, wie man Fleisch so zubereitet und einlegt, daß es sich ohne Kühlschrank über den ganzen Winter hält. Und dann bewirtschaftet die Familie, oder besser Ogultjatsch und ihre Töchter, ein paar Felder, auf denen sie Gurken, Tomaten, Kohl und auch Wein anbauen. Aber das schauen wir uns erst später an. Den heutigen Tag verbringen wir damit, uns gegenseitig ein bißchen zu beschnuppern. Nach ein paar Stunden hat Aga Murat auch nichts mehr dagegen, daß ich mich mit seiner Frau in eine Ecke zurückziehe. Während er sich mit den Männern unseres Teams beschäftigt, kann ich mich mit Ogultjatsch unterhalten. Das heißt, ganz so stimmt es nicht, denn die Verständigung ist ungewöhnlich kompliziert. Ogultjatsch kann außer »ja«, »nein«, »bitte«, »danke«, »guten Tag« und »auf Wiedersehen« kein Wort Russisch, und ich spreche natürlich nicht Turkmenisch. Aber Larissa hatte vorgesorgt und die Nachbarin Agdscha um Hilfe gebeten – ebendie, welche mich über meine schlechten Heiratsaussichten in Turkmenistan aufgeklärt hatte. Agdscha arbeitet in einem Nachbarort als Lehrerin und spricht außer Turkmenisch ein ausgezeichnetes Russisch.

Ogultjatsch ist also 35 Jahre alt und seit fünfzehn Jahren verheiratet. Noch vor gar nicht langer Zeit mußte eine Frau spätestens mit zwanzig verheiratet sein, andernfalls hatte sie kaum noch eine Chance, einen Mann zu finden. Aber das sei heute nicht mehr ganz so streng, meint Agdscha, und es gebe immer mehr Frauen, die mit Mitte oder gar erst mit Ende zwanzig heiraten. Vor fünfzehn Jahren lag Ogultjatsch mit ihrem Hochzeitstermin also eher an der oberen Grenze.

Ogultjatsch war in der vierten Klasse, als ihr Vater starb. Ein Jahr später verlor sie auch ihre Mutter. Erzogen wurde sie vom älteren Bruder ihres Vaters. Bis zum Ende der Schulzeit, also bis zum achten Schuljahr, verbrachte sie die eine Hälfte des Tages im Unterricht und die andere Hälfte bei der Landarbeit auf einer Kolchose. Ogultjatsch hat vier Schwestern, eine älter und zwei jünger als sie. Einen Bruder hat sie nicht, gesteht sie zögernd auf Nachfrage, und sie hatte immer Angst, wie ihre Mutter keinen Sohn zu gebären. Zum Glück hat sie einen Sohn, und sie erzählt mir von ihren Kindern. Die ersten vier sind Mädchen, und Ogultjatsch war schon in

Panik, als dann doch endlich der ersehnte Sohn kam. Leider sei das sechste Kind nun schon wieder ein Mädchen, aber mal sehen, vielleicht werde das nächste ja noch mal ein Junge. Ich frage mit meiner westlichen Naivität, ob Mädchen denn weniger wert seien als Jungen, und schwärme von ihren hübschen Töchtern. Ogultjatsch bedankt sich artig für das Kompliment, aber es sei doch klar, meint sie, daß eine Familie ohne Söhne eine Schande sei. Wie wenig Frauen in dieser Gesellschaft tatsächlich zählen, zeigen die Namen der Kinder. Mir war aufgefallen, daß sie fast alle mit Ogul . . . beginnen, genau wie der der Mutter. Ich frage, ob man diese Namen vielleicht übersetzen könne. Ogultjatsch schlägt die Augen nieder, lächelt etwas verlegen und verrät mir schließlich, daß Ogultjatsch Muttermal heißt. Wo sie das Muttermal habe, werde sie mir aber nun nicht auch noch sagen. Dafür habe ich natürlich Verständnis. Also wieder zu den Namen der Kinder. Ich kann es kaum fassen, was ich nun mit Agdschas Hilfe von Ogultjatsch erfahre.

Die Erstgeborene, mittlerweile dreizehn Jahre alt, heißt Ogulbakth, »Sohn des Glücks«. Die Tochter, die ein Jahr später geboren wurde, nannten sie Ogulbachar, »Sohn des Frühlings«. Dann kam Ogultscherek auf die Welt, heute ist das Mädchen sieben Jahre alt und heißt auf deutsch »Sollte Sohn sein«. Auch das vierte Kind, wieder ein Jahr später, war ein Mädchen und bekam den Namen Oguldschachan, was etwa »Sohn heißt Leben« bedeutet. Dem heißersehnten Sohn, der im Jahresabstand folgte, gaben sie den Namen Azat, »Freiheit«, und nur seiner Existenz verdankt die jüngste Tochter, heute anderthalb, einen eigenen Namen. Sie heißt Tavus, »Feuervogel«.

Auf meine Fragen hin erzählt Ogultjatsch dann weiter von sich. In der Kolchose, wo sie als Schulmädchen schon halbtags arbeitete, wohnte eine Tante, die Schwester ihres Vaters. Ogultjatschs Ehemann, Aga Murat, gehörte zum Bekanntenkreis dieser Tante, und die beiden lernten sich dort kennen. Aga Murat studierte zu dieser Zeit. Sie trafen sich zwei Jahre lang in allen Ehren, und als er im Alter von 24 das Institut abgeschlossen hatte, wurde die Hochzeit ausgerichtet.

Ich weiß, daß in den mittelasiatischen Republiken durchaus noch der sogenannte Brautkauf üblich ist, also das Verkaufen einer Frau an einen (oft ungeliebten) Mann. Offiziell ist Brautkauf im Kommunismus natürlich unmöglich und verboten, dennoch ist es immer noch eine weitverbreitete Praxis, Frauen auf diese Weise zur Ehe zu zwingen. Mir brennt die Frage auf der Zunge, aber das Thema ist zu heikel, und wir sind ja gerade erst dabei, Vertrauen zueinander zu fassen. Ich werde später danach fragen. Und ich werde auch danach fragen, warum zweimal zwischen den Geburten ihrer Kinder mehrere Jahre liegen. Später.

Für heute lassen wir es erst mal dabei. Nur noch eine Frage: Wieviel Kinder wünscht sie sich? Also, einmal würde sie gerne noch probieren, ob es ein Sohn wird. Den würde sie dann Bessir nennen, was soviel heißt wie »Jetzt ist's genug«.

Batir, Larissas Chef, hat derweil mit Aga Murat, Ogultjatschs Mann, eine Partie Schach gespielt und ist mit dem heutigen Tag zufrieden. Auf der Rückfahrt nach Aschchabad möchte er uns noch etwas zeigen. Wir biegen von der Hauptstraße ab und fahren auf die Kopetdag-Gebirgskette zu, die Turkmenistan vom Iran trennt. Am Fuße der Berge sind Ruinen zu erkennen: Nissa, eine zweieinhalbtausend Jahre alte Festung, oder besser die bescheidenen Überreste davon, die der eigenen Phantasie keine große Hilfe mehr bieten. Dennoch sind wir beeindruckt: Nissa war eine zentrale Stätte des alten Partherreiches, nach neuesten sowjetischen Untersuchungen soll hier die Urheimat der Skandinavier gewesen sein. Dafür sprechen nach Ansicht der sowjetischen Wissenschaftler die frappanten Übereinstimmungen zwischen der Götterstadt Asgard in den skandinavischen Sagen und den tatsächlichen Gegebenheiten an den Orten des ehemaligen Partherreiches. Die Parther waren ein kriegerisches iranisches Reitervolk, das einen eigenen Staat errichtete, der im 6. Jahrhundert v. Chr. persische Provinz wurde. 250 v. Chr. gewannen die Parther dann selbst die Oberhand in Persien. Seit der ersten Berührung mit den Römern (92 v. Chr.) bildeten sie eine ständige Gefahr für das Römische Reich.

Gleich neben den Ruinen des alten Nissa liegt ein Militärflughafen, der von hier oben gut einzusehen ist und auf dem reger Betrieb herrscht. Vor kurzer Zeit noch war es undenkbar, daß man westliche Ausländer in solche Gegenden läßt, geschweige denn sie selbst dort hinführt. Wie wir später erfahren, wird diese alte Festung mittlerweile regelmäßig von ausländischen Reisegruppen besucht. In erster Linie kommen Amerikaner, die die Sowjetunion heute in einem ähnlichen Tempo durchreisen wie früher »good old Europe«, und es kann durchaus passieren, daß man in der Hotellobby im Vorbeigehen hört: »Today is Sunday, must be Aschchabad« – heute ist Sonntag, dann muß das Aschchabad sein.

Am folgenden Tag wollen wir uns die Schule ansehen, wo Aga Murat, der Mann von Ogultjatsch, arbeitet. Den Weg in die Provinz treten wir jeden Tag aufs neue von unserem Hotel in Aschchabad aus an, denn dort, wo Ogultjatsch mit ihrer Familie wohnt, gibt es für uns keine Wohnmöglichkeit.

Auch an diesem Tag haben wir unser spezielles Fahrerlebnis. Amman, unser Fahrer, erklärt uns, er müsse kurz in die Autowerkstatt, das sei nur ein kleiner Umweg. Es ist wirklich nicht weit, aber niemand von uns begreift, was Amman bzw. unserem Auto fehlt. Amman kommt mit einer Handvoll verschiedener Werkzeuge zurück, murmelt etwas von Scheibenwischer und fährt los. Der Himmel macht in der Tat den Eindruck, als könne es heute noch regnen, und erst jetzt stelle ich fest, daß bei unserem Auto die Scheibenwischer fehlen. Die entdecke ich schließlich vorne auf der Mittelkonsole. Ich kombiniere, daß Amman das Werkzeug braucht, um die Scheibenwischer anzubringen, und bin ganz begeistert von seiner Weitsicht. Es fängt tatsächlich bald an zu regnen, und zwar wolkenbruchartig, aber Amman fährt erst rechts ran, als man wirklich nicht mehr durch die Scheibe sehen kann. Es dauert nicht lange, und die Scheibenwischer sind montiert. Trotzdem ist

Amman bis auf die Knochen naß geworden. Mit dieser Aktion ist das Problem aber nicht gelöst. Es stellt sich heraus, daß im Wageninneren kein Knopf zum Anstellen der Scheibenwischer existiert. An seiner Stelle ragt nur ein dünner Stift aus dem Armaturenbrett, der sich, wie sich schnell herausstellt, nur mit Hilfe einer Zange drehen läßt. Während des Fahrens sich auch noch mit einer Zange zu belasten, die man von Zeit zu Zeit einsetzen muß, erscheint unserem Fahrer nicht so ideal. Amman ist ein pfiffiges Kerlchen. Entschlossen dreht er während der Fahrt an einer anderen Stelle des Armaturenbretts einen Knopf ab – der Knopf paßt, und das Scheibenwischerproblem ist gelöst.

Amman ist im übrigen nicht nur pfiffig, sondern auch sehr belesen. Überall kennt er die örtlichen Buchläden, und jede freie Minute, wenn wir arbeiten, liest er, meist Turkmenisch. Irgendwann frage ich ihn, was denn seine Frau mache, darauf seine Antwort:»Das, was ich ihr sage.« Und das meint Amman ernst. Und dann erzählt er mir, daß er acht Kinder habe, daß seine Frau 33 Jahre alt sei und daß er, Amman, noch mehr Kinder wolle.

Aga Murat arbeitet als Lehrer in einer landwirtschaftlichen Berufsschule in Güokdüpe, 20 km von Keledschar entfernt. Güokdüpe heißt soviel wie»grüner Hügel«, ein wunderschöner Name in einem Land, das zu achtzig Prozent aus Wüste besteht. Aga Murat erzählt mir, daß er seit 1981 schon »stellvertretender Direktor für den Lernprozeß« sei. Ich weiß nicht, was ich mir darunter vorstellen soll, und er hat Probleme, es mir zu erklären. Wenn er keine Stunden zu geben habe – sein Fachgebiet ist im übrigen Mathematik –, dann sei er mit der Kontrolle der Lern- und Lehrtätigkeit beschäftigt. Ich beschließe für mich, daß er so etwas wie Vizeschulrat sein muß, und frage nicht weiter nach. Aga Murat spricht zwar russisch, aber mit einem so starken Akzent, daß selbst meine sowjetischen Kollegen in unserem Team Schwierigkeiten haben, ihn zu verstehen.

Aga Murat ist 38. Unmittelbar nachdem er die Schule abgeschlossen hatte, starb sein Vater. Aga Murat mußte arbeiten gehen, obwohl er eigentlich studieren wollte. Er arbeitete dann ein Jahr lang auf dem Land in einer Kolchose und schaffte es schließlich doch, in Aschchabad die Universität zu besuchen und Mathematik zu studieren.

Die Schule, an der Aga Murat jetzt unterrichtet, war zunächst in Keledschar. 1984 wurde sie nach Güokdüpe verlegt, und nun muß Aga Murat jeden Tag 20 km fahren. Aber dafür ist die Schule jetzt in einem Neubau untergebracht, auf den der Lehrer sehr stolz ist. 350 Schüler kommen aus der Umgebung hierher, davon 180 Mädchen. Die Mädchen sind also leicht in der Überzahl. Wer zu weit weg wohnt, kann in der Schule auch übernachten. Schulsaison ist im Winter, wenn keine Feldarbeit ansteht. Den Sommer über wird nur ein »Rumpfunterricht« durchgezogen, erzählt Aga Murat.

Jetzt ist Anfang April, und die Schulsaison ist gerade zu Ende gegangen. Aber in einigen Klassenzimmern ist noch Betrieb. Gleich im Erdgeschoß schauen wir in einen Raum, in dem Mädchen Handarbeitsunterricht bekommen. Es ist ein überwältigendes Bild, wie sie da alle in ihren langen bunten Kleidern und den farbenprächtigen Kopftüchern sitzen. Mädchen werden hier außerdem noch in Hauswirtschaft und in den Grundlagen der »höheren Mathematik«, wie Aga Murat sich ausdrückt, unterwiesen; immer streng getrennt von den Jungen. An Koedukation wird nicht einmal gedacht. Die eigentliche Schulausbildung bekommen sowohl die Mädchen als auch die Jungen auf den jeweiligen Grundschulen. Danach können sie diese weiterführende landwirtschaftliche Berufsschule besuchen.

Mädchen werden erst nach dem zehnten Schuljahr aufgenommen, Jungen bereits nach dem achten. Eine einleuchtende Begründung dafür kann mir Aga Murat auch nicht geben. Er meint lediglich:»Für die Mädchen reicht ein Jahr Ausbildung bei uns, denn die wollen ja nicht Traktoristin oder so was werden. Die Jungen bilden wir zwei oder drei Jahre aus. Die unterrichten wir intensiver in Mathematik, Physik und was sie sonst noch alles brauchen, um später mit den Maschinen auf den Kolchosen umgehen zu können.«

Ich frage Aga Murat, was denn geschieht, wenn sich ein Mädchen für Mathematik und Physik interessiert. Unsere Mädchen interessieren sich dafür nicht, ist seine knappe Antwort. In der Regel haben die Mädchen auch weibliche Lehrkräfte, nur hin und wieder unterrichten Aga Murat oder einer seiner männlichen Kollegen in einer Mädchenklasse. Umgekehrt – Lehrerinnen vor einer Jungenklasse –, das kommt nicht vor.

Aga Murat läßt uns mit der Lehrerin und den etwa dreißig Mädchen im Alter von vierzehn, fünfzehn Jahren allein. Der Handarbeitsunterricht spielt sich auf turkmenisch ab. Zur Zeit ist Theorie an der Reihe. Die Mädchen lernen, selbst Schnittmuster herzustellen und mit fertigen Schnittmustern umzugehen. Plötzlich erkenne ich in diesem fremdartigen Singsang der turkmenischen Sprache ein bekanntes Wort: Die Handarbeitslehrerin erzählt etwas von einem »Abstandmeter«, damit ist ein Lineal gemeint.

Die Mädchen reagieren auf mich recht unterschiedlich. Manche lachen mir offen und freundlich ins Gesicht und halten auch lange Blickkontakte mit Freuden aus; andere schlagen die Augen nieder und trauen sich kaum, die Lehrerin anzusehen. Nach einiger Zeit meine ich festzustellen, daß die Art und Weise, wie die Mädchen jeweils ihr Kopftuch tragen, damit zusammenhängt. Wer das Kopftuch tief in die Stirn gezogen hat, wagt kaum aufzublicken. Wo eine frei und fast ein wenig keß dem Besucher mitten ins Gesicht schaut, da sitzt das Kopftuch weit hinten und wirkt beinahe wie ein lästiges Zugeständnis an die turkmenische Kleiderordnung für Frauen. Die turkmenische Frau trägt nun mal lang, muß lange Haare haben und auf jeden Fall ein Kopftuch umbinden. Wer sich auf dem Land nicht danach richtet, hat nichts zu lachen. Und ein junges Mädchen hält es kaum durch, sich derart von der Gemeinschaft abzusetzen.

Wir verlassen die Mädchenklasse. Vor der Tür hat Aga

80

Mit der Gynäkologin Tatjana, die im zentralen
Krankenhaus von Jakutsk arbeitet.

Bei Tatjana zu Hause.

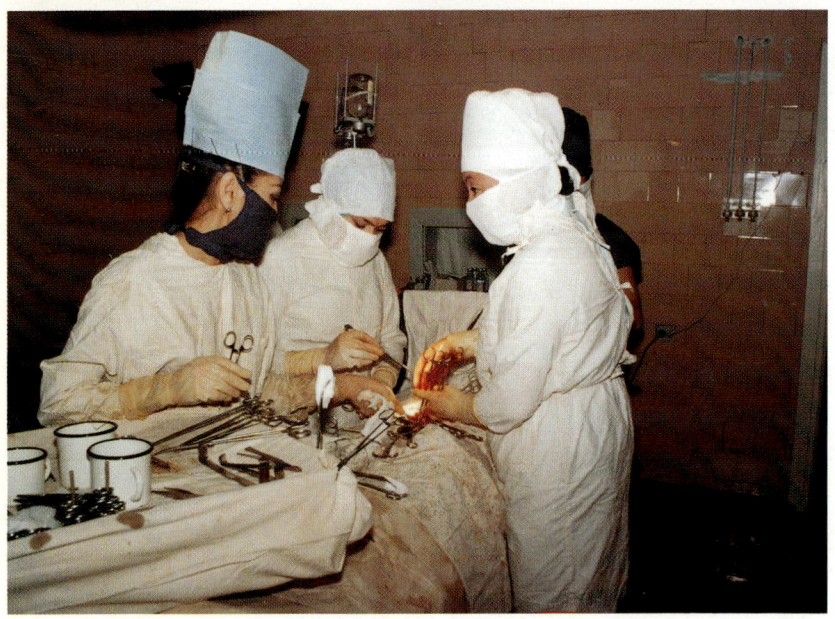

Eines der für Jakutsk typischen Häuser. Sie stehen auf
Stelzen, damit der dauerhaft gefrorene Boden nicht auftaut –
was die Stabilität der Gebäude gefährden würde.

Tatjana bei der Operation.

Zwischenlandung im Omjakon:
»Herzlich willkommen am Kältepol der Erde!«

Eisfischer am Weißen See, 200 km nordwestlich von Jakutsk.

Einladung in der Jagdhütte am Weißen See – zu Fohlen-,
Rentier- und Bärenfleisch!

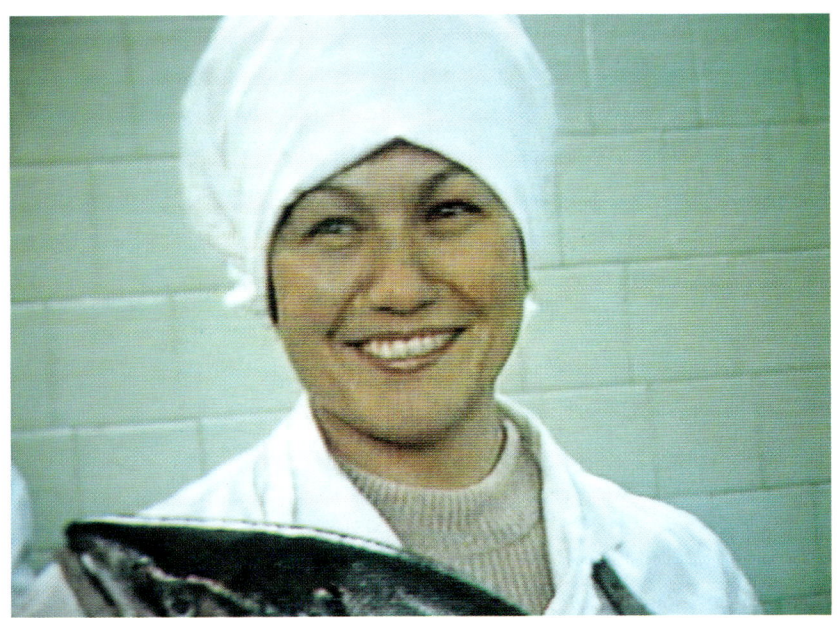

Anna, Brigadeleiterin in der Fischfabrik von Korsakow
auf der Insel Sachalin.

In der Fabrik: Ausnehmen und Filetieren der Fische.

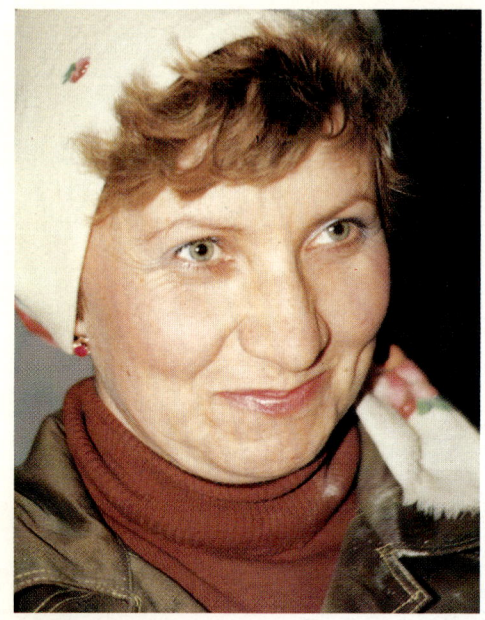

Galina, Bauarbeiterin
und Anstreicherin
in Moskau.

Der Bus, mit dem Galina von der Arbeit nach Hause fährt,
ist meist hoffnungslos überfüllt.

Galina mit einer Arbeitskollegin auf der Baustelle.

Auf dem Markt in Aschchabad, der Hauptstadt Turkmenistans.

Murat auf uns gewartet. Wir sollen den Direktor begrüßen, der gerade eingetroffen ist. Auf dem Weg zum Direktorat erzählt Aga Murat von sich aus, daß die Arbeit nicht leicht sei, denn das schlimmste sei das Alter der Schüler. Mit vierzehn bis sechzehn Jahren, da seien die Jungen ganz schön aufmüpfig und schwierig. Es sei manchmal schon recht schwer, sich Respekt zu verschaffen. Mit den Mädchen habe man da weniger Probleme.

Der Direktor ist ein älterer, dicklicher Turkmene, mit einem Mund voller Goldzähne. Während wir Tee trinken und uns über das Leben unterhalten, taucht er immer wieder neue Zuckerstückchen in den Tee und lutscht sie nebenbei. Kein Wunder, daß er so viele Goldzähne hat, denke ich mir.

Aga Murat hat dem Direktor wohl von meinen Fragen nach den Möglichkeiten für Mädchen erzählt, die sich für Mathematik und Physik interessieren. Denn plötzlich berichtet der Direktor unaufgefordert, man habe früher mal Mädchen auch als Traktoristinnen ausgebildet, aber das habe sich nicht bewährt. Die habe niemand genommen, sie hätten trotz guter Ausbildung keine Arbeit gefunden. Deshalb habe man sich von diesem Ausbildungszweig für Mädchen verabschiedet. Er erzählt von zwei neuen Fachrichtungen, nämlich Gemüse- und Weinanbau, das sei ein Unterrichtsfach für Jungen und Mädchen. Bei den Mädchen aber habe man sich im Grunde auf Handarbeit spezialisiert, denn die Schule unterhalte eine Filiale, die als Nähfabrik fungiert. Das sei für alle Beteiligten sehr praktisch.

Ich habe gehört und gelesen, daß die Menschen in Mittelasien, vor allem in Usbekistan, aber auch hier in Turkmenistan, so begeistert von der Politik der Perestroika nicht sind. Demokratisierung und Offenheit passen nicht so recht zu den islamischen Traditionen. Ich frage also den Direktor, was er denn von Perestroika halte. Ihm fehle da sicher der Überblick, um das richtig beurteilen zu können, antwortet er schlau, aber eines könne er sagen, die Perestroika habe ihnen ein neues, modernes Schulgebäude beschert. Das sei eine konkrete Auswirkung der Politik der Perestroika und sicher ein Vorteil. Vor zwei Monaten habe man die neuen Räumlichkeiten beziehen können und dadurch jetzt auch für den Unterricht und die Betreuung der Schüler und Schülerinnen viel mehr Möglichkeiten. Daraufhin zeigt er uns die Kantine der Schule und die gut ausgestattete Turnhalle.

Ich frage mehr oder weniger der Form halber: »Mädchen haben hier, in der Turnhalle, ja wohl keinen Unterricht...?« Verwundert und beschämt zugleich erfahre ich, daß für die Mädchen aus der Handarbeitsklasse heute mittag um zwei Uhr Sport auf dem Stundenplan steht. Das möchte ich unbedingt sehen.

Zunächst ist große Pause. Der Direktor meint, uns in dieser Zeit irgendwie beschäftigen zu müssen, und fragt, ob wir vielleicht etwas Musik hören wollten. Ich denke, daß nun wieder irgendwelche armen Schüler daran glauben müssen und den Ausländern was vorsingen sollen, und bin gleichzeitig gespannt, was für eine Musik das sein wird. Zwei Lehrer führen uns im dritten und letzten Stockwerk der neuen Schule in ein Klassenzimmer, das als Sprachlabor eingerichtet ist. Dort wird Russisch unterrichtet, sagt man uns. Auf dem Pult des Lehrers steht ein Plattenspieler. Die Schüler haben also Glück gehabt und müssen uns nichts darbieten, denke ich, aber schade ist es natürlich schon, daß wir nur eine Platte zu hören bekommen. Die Nadel nähert sich der bespielten Rille auf der ein wenig eiernden Langspielplatte, und aus dem Lautsprecher dröhnt... »Modern Talking«. Daß diese bundesdeutsche Popgruppe in der Sowjetunion höchst beliebt ist, wußte ich ja. Aber in einem Dorf mitten in Turkmenistan, wo die Mädchen mit langen Kleidern und Kopftüchern herumlaufen müssen, auf solche Musik zu stoßen, das hat mich doch sehr verblüfft.

Die nächste Schulstunde beginnt, und wir sitzen nun als Beobachter in einer Jungenklasse, in der Aga Murat Mathematik unterrichtet. Als ich sehe, auf welchem Niveau die vierzehn-, fünfzehnjährigen Landjungen Algebra und Geometrie betreiben, schäme ich mich schon ein wenig, daß ich ihnen das nicht zugetraut habe. Sie sind alle konzentriert bei der Sache, nur Aga Murat ist etwas nervös. Ich habe den Eindruck, daß er mit mir, der ausländischen Fernsehkorrespondentin, nicht ganz klarkommt. Er ist höflich und hilfsbereit, reagiert aber jedesmal sehr irritiert, wenn ich die Männer in unserem Team mit etwas beauftrage und diese den Auftrag dann tatsächlich ausführen. So ganz richtig kann das alles nicht sein, die ist doch auch nur eine Frau, meine ich in seinem Gesicht zu lesen. Für ihn ist das ein Widerspruch, und der macht ihm offensichtlich zu schaffen, ganz besonders, wenn ich mich für ihn und seine Arbeit interessiere, statt mich weiter mit seiner Frau zu beschäftigen.

Nach der Unterrichtsstunde mache ich keinen Hehl daraus, wie sehr mich das Niveau beeindruckt hat, und Aga Murat ist zufrieden.

Um zwei also beginnt der Sportunterricht für die Mädchen. Früher selber Schülerin in einer Nonnenschule, weiß ich, wie man Mädchen durch Kleidung verunstalten kann in der Absicht, ihren Körper beim Turnen »anständig« zu verhüllen, und ich bin gespannt auf den Turndreß hier. Die Mädchen erscheinen in ganz normalen Trainingsanzügen, immerhin. Es ist zwar heiß, etwa 30 Grad im Schatten, aber Shorts, das wäre wohl doch zuviel verlangt.

Unterrichtet werden sie von einem älteren grauhaarigen, drahtigen Mann, der selbst in einem Trainingsanzug steckt und die Schülerinnen mit unnötigem Gebrüll herumkommandiert wie auf einem Kasernenhof. Beim Sportunterricht sind die Mädchen von ihren Kopftüchern befreit, und ihre hüftlangen Haare, meist zu dicken Zöpfen gebunden, fliegen durch die Luft. Nach dem Warmlaufen stehen zunächst gymnastische Übungen auf dem Programm und zum Schluß ein Volleyballspiel.

Während ich in der Tür der Turnhalle lehne und zuschaue, gesellen sich nach und nach drei Lehrerinnen zu mir. Sie unterhalten sich auf turkmenisch und kichern. Schließlich spricht mich eine auf russisch an und fragt, immer wieder von verlegenen Lachern unterbrochen, ob ich denn nicht vielleicht mal die Landestracht probieren wolle. Warum denn nicht, ist meine spontane Antwort. Sie schauen sich ungläubig an, weil sie offenbar nicht mit meinem sofortigen Einverständnis gerechnet haben, verfallen dann in aufgeregtes Geschnatter und komplimentieren mich ziehend und schiebend den Flur entlang.

Im Umkleideraum der Mädchen herrscht ein unbeschreiblicher Geruch: eine Mischung aus Schweiß und – ich frage mich, wo das herkommt, denn eine Toilette kann ich auf Anhieb nicht ausmachen – Jauche. Es fällt mir schwer, in diesem wirklich unbeschreiblichen Gestank zu atmen. Die drei Lehrerinnen wühlen hektisch in den Kleidern der Mädchen herum, und ich fange an zu begreifen, daß sie aus dieser Auswahl etwas für mich zusammenstellen wollen. Endlich haben sie etwas Passendes gefunden. Ein dunkelrotes langes Kleid und ein farblich abgestimmtes – ja, was eigentlich? Eine Art Mantel mit kurzen Ärmeln oder, anders ausgedrückt, ein Bolero in Überlänge. Meine Jeans und die Turnschuhe behalte ich an. Meine Bluse ziehe ich aus und schlüpfe zunächst in das Kleid, das – bei den Temperaturen natürlich kein Wunder – total durchgeschwitzt ist. Das ist vielleicht ein Gefühl, die nassen Stellen an den Achselhöhlen auf der Haut zu spüren, vom Geruch gar nicht zu reden. Die drei Frauen sind ganz begeistert, setzen mir noch ein rundes Käppchen auf, das die Mädchen als Alternative zum Kopftuch tragen dürfen, und nun muß ich mich unbedingt so den anderen zeigen. Auch ein Erinnerungsfoto wäre doch schön... Das wird dann auch gemacht, dabei achten wir darauf, daß die unpassenden Turnschuhe nicht mit draufkommen. Ich muß wohl nicht betonen, daß ich heilfroh bin, als ich die im Grunde sehr schönen turkmenischen Kleider wieder ausziehen kann.

Mit Mühe schaffe ich es, die Einladung zum Essen in der Schulkantine abzulehnen. Das ist immer eine mühsame Gratwanderung. Einerseits möchte ich natürlich nicht unhöflich

84

sein, andererseits will ich bitte auch nicht immer Dinge essen müssen, deren hygienischer Zustand und deren Art der öligen, fettigen Zubereitung mir zuwider sind.

Diesmal hilft mir bei der Ablehnung der Hinweis auf unseren nächsten Termin. Ogultjatsch hatte mir erzählt, daß ihre Schwiegermutter sich für diesen Nachmittag zur gemeinsamen Handarbeit mit der ältesten Tochter mit Namen »Sohn des Glücks« angesagt hat. Ogultjatschs Schwiegermutter ist eine schlanke, gelenkige alte Frau, fast zahnlos und mit einem zerfurchten Gesicht, von dem ich kaum meine Blicke abwenden kann. Von den Furchen, die sich auch in eigentümlicher Weise um die spitz vorstehenden Backenknochen ziehen, lenken nur die Augen ab. Beinahe kreisrunde, unglaublich wache und gütige dunkelblaue Augen. Eine Frau, die Vertrauen einflößt und die mir auf Anhieb sympathisch ist. Ich schätze ihr Alter auf gut und gerne 75, liege aber wieder kräftig daneben, denn sie ist gerade 63 Jahre alt geworden.

Großmutter, Mutter und Tochter setzen sich in einem der Zimmer auf den Boden und beginnen mit ihrer Arbeit. Nur wenige Kleidungsstücke werden fertig gekauft, das meiste wird selbst genäht, vor allem die Kleider der Frauen und die Festtagskleider sowieso. Ogultjatsch ist zur Zeit mit einem Kleid für festliche Anlässe beschäftigt. Sie bestickt die Kragenborte in bestimmten, von der Tradition festgelegten Mustern. Töchterchen »Sohn des Glücks« stickt am Saum des Kleides, und Ogultjatsch kontrolliert sehr genau, ob auch alles richtig und exakt genug gearbeitet ist. Bei komplizierten Stichwechseln übernimmt sie selbst für kurze Zeit die Arbeit und erklärt beinahe flüsternd, worauf es ankommt. Die Großmutter spinnt mit einer frei hängenden Spindel einen Faden in dem warmen Dunkelrot, das mir hier schon öfter aufgefallen ist. Wie die drei da so sitzen, das strahlt eine wohltuende Ruhe aus. Jede hat eine Schale Tee neben sich stehen. Von Hetze oder Eile keine Spur. Eine richtige Idylle, die aber wohl an Reiz verliert, wenn man sie nicht nur von außen betrachtet, wie ich das tue und tun kann.

Auch die kleineren Kinder stören diese Ruhe nicht. Wie überall auf der Welt kümmern sich die älteren um ihre jüngeren Geschwister. Drei spielen draußen auf dem Hof, und die sechsjährige »Sollte Sohn sein« sitzt im Nebenzimmer und guckt Fernsehen. Sie hält eine Schnur in ihren Händchen, die sie abwechselnd ein wenig anzieht und dann wieder lockerläßt. Auf diese Weise schaukelt sie beinahe mühelos »Feuervogel«, das jüngste Schwesterchen, das in der Wiege liegt.

Am anderen Morgen sind wir schon sehr früh in Keledschar, denn Ogultjatsch muß Brot backen, und das möchte ich mir ansehen. Alle zwei, drei Tage backt sie frisches Fladenbrot; so lange etwa reicht der Vorrat. Den Teig bereitet sie in einem Zimmer, auf dem Boden kniend, zu, vor sich ein Tuch auf dem Teppich ausgebreitet, auf dem sie mit viel Kraft die schwere Masse bearbeitet. Zum Anheizen des Lehmofens benutzt sie abgeschnittene Rebenstöcke. Diese Zweige liegen haufenweise hinter dem Haus herum. Sie haben den Vorteil, eine besonders große Hitze zu entwickeln, aber den Nachteil, daß sie sich nur schwer brechen lassen. Es ist schon harte Arbeit, auf diese Weise den Ofen zu heizen. Es hat ein wenig geregnet, und Ogultjatsch bringt die Zweige kaum zum Brennen. Irgendwann holt sie entschlossen eine Kanne mit Heizöl, kippt sie hinein, weicht vor der herausschlagenden Flamme geschickt zurück, und der Ofen brennt. Es dauert nicht lange, bis die richtige Hitze für die Fladenbrote erreicht ist. In dieser kurzen Zeit formt Ogultjatsch die Fladen und verziert sie, indem sie mit einem Löffelstiel rundherum drei, vier Reihen Löcher hineindrückt. Sie macht das in einer solchen Geschwindigkeit, daß man nicht genau ausmachen kann, ob sich ihre Hand nun gerade oben oder unten befindet. Angefeuchtet mit ein wenig Wasser, werden die Brote an die heiße Ofenwand geklebt.

Während die Brote im Ofen hängen, kümmert sich Ogultjatsch ums Viehfutter; aufs Feld muß sie heute nicht. Zwischendurch bereitet sie das Essen. Die Kinder kommen aus der Schule zurück, das Brot wird herausgeholt. Mittagessen.

Das Kleinste auf dem Schoß – so hockt Ogultjatsch zusammen mit ihren sechs Kindern auf dem Boden um das Tischtuch herum, auf dem die Teller mit dem turkmenischen Nationalgericht »Ploff« stehen: Reis mit Möhren und Hühnerfleisch. Auch das Kleinste bekommt davon zu essen. Aber zuerst gibt Ogultjatsch dem anderthalbjährigen Töchterchen noch die Brust.

Daß Ogultjatsch mit ihren Kindern allein am Tisch sitzt, ist keine Seltenheit, und zwar auch dann, wenn ihr Mann zu Hause ist. Sind Verwandtschaft oder Bekannte zu Besuch, dann ist es üblich, daß in einem Raum die Männer zusammensitzen und in einem anderen die Frauen und Kinder das Essen einnehmen. Allenfalls der kleine Sohn »Freiheit« darf dann an der Seite seines Vaters sitzen. So sind hier die Bräuche.

Ogultjatsch ist heute zwar nicht darauf eingerichtet, daß wir alle bei ihr essen – die Dreharbeiten haben sich länger hingezogen –, aber sie besteht darauf, daß wir bei ihr eine warme Mahlzeit zu uns nehmen. Ich frage mich, wie das gehen soll. Aber ehe wir uns versehen, kommen Frauen aus der Nachbarschaft mit Schüsseln und Töpfen. Sie bringen Essen von einer Hochzeitsfeier am anderen Ende des Dorfes. Die haben in Hülle und Fülle vorbereitet, auch Ploff, diesen Gemüsereis mit Hühnchen.

Auf unserer Fahrt zurück nach Aschchabad machen wir heute einen kurzen Abstecher in die Wüste. Keledschar liegt wie Aschchabad direkt am Rande der Wüste. Die Karakum ist eine der größten Sandwüsten der Erde und bedeckt Turkmenistan zu achtzig Prozent. Natürlich wollen wir das auch sehen und mit der Kamera einfangen.

Kaum sind wir von der Hauptstraße abgebogen, beginnt der Sand. Ich denke bereits an eine Fata Morgana, als ich schräg vor uns einen großen See liegen sehe, aber es ist keine Täuschung, sondern tatsächlich ein See, ein Stausee. Hier hat man Ferienhäuser errichtet, um eine Naherholungszone für Aschchabad zu schaffen. Ein merkwürdiges Bild ist das schon, so ein See mit schilfbedecktem Ufer, eine verlorene Ansiedlung unbewohnter Ferienhäuser, ein verlassener Kinderspielplatz – und das alles mitten in der Wüste.

Kurz danach wird (wieder einmal) die Straße zur Piste. Wir machen auf einer kleinen Anhöhe halt. Hier haben wir einen guten Überblick für unsere Aufnahmen. Beim Aussteigen weist uns der Fahrer darauf hin, daß wir ein wenig aufpassen und die Dornengestrüppe meiden sollen – wegen der Schlangen und Skorpione. Ich entdecke im Sand ab und zu kleinere, aber auch größere Löcher, in denen irgendwelche Tiere hausen müssen. Die einzigen Lebewesen, die ich sehe, sind ein großer, dunkel schillernder Käfer und eine kleine Echse, die gerade von einem Dornengestrüpp zum anderen übersetzt.

Obwohl erst Anfang April, ist es bereits glühend heiß. Die Hitze hüllt einen von allen Seiten ein: von oben natürlich, wo die Sonne steht, in deren Richtung man nicht mal annähernd blicken kann, auch nicht mit Sonnenbrille; von unten, wo der Sand zu kochen scheint; und von der Seite, wenn einen der heiße Wind erwischt. Wir bekommen eine ungefähre Ahnung davon, wie es sein muß, wenn in Aschchabad im Sommer 50 Grad im Schatten herrschen.

Es gibt eine kleine Anekdote darüber, wie Turkmenistan zu diesem Klima und der Wüste kam. Batir, Larissas Chef, hat sie mir erzählt. Als Gott bei der Erschaffung der Welt die Sonne verteilte, haben die Turkmenen gut aufgepaßt und »hier« geschrien. Also erhielten sie eine Menge Sonne. Als Gott dann die Erde verteilte, waren die Turkmenen wieder sehr aufmerksam, meldeten sich und bekamen eine Menge guter Erde. Dann wurde das Wasser verteilt, aber inzwischen hatten sich die Turkmenen so verausgabt, daß sie vor Erschöpfung eingeschlafen waren. Andere Völker schnappten ihnen das Wasser weg. Und so gibt es in Turkmenistan viel Sonne, viel gute Erde, aber kein Wasser.

Hier liegt im übrigen auch eine Erklärung, warum es am Aralsee zu eincr Umweltkatastrophe größten Ausmaßes kommen konnte. Der Aralsee trocknet aus. Seine Wasserfläche ist in den letzten Jahren bereits um ein Drittel kleiner geworden, was dazu führt, daß ehemalige Hafenstädte kilometerweit von Sand umgeben sind und auch die Schiffe auf dem Trockenen liegen. Die Menschen verlieren ihre Existenzgrundlage, ehemals fruchtbare Gebiete versanden und versalzen. Und das alles, weil ehrgeizige Planer darangingen, Turkmenistan mit dem Wasser des Aralsees zu bewässern. Proteste von Wissenschaftlern und Umweltschützern halfen nichts, der Karakumkanal wurde gebaut. Turkmenistan hat mit diesem Wasser tatsächlich seine landwirtschaftlichen Nutzflächen um ein Vielfaches vergrößern können, aber um welchen Preis!

Am nächsten Morgen, es ist ein Sonntag, sind wir wieder recht früh in Keledschar, denn heute soll auf dem Feld gearbeitet werden. Anfang April steht nicht allzuviel Arbeit an. Die Weinstöcke müssen beschnitten werden, aber das war bereits getan, als wir Ogultjatsch kennenlernten; Tomaten und Gurken müssen gesetzt werden, doch da verzögerte sich die Zuteilung der Pflanzen. Für heute ist sie angekündigt.

Aga Murat ist ja als Lehrer und stellvertretender Schuldirektor während der Woche tagsüber nicht zu Hause. Trotzdem bewirtschaftet die Familie oder besser gesagt Ogultjatsch und die beiden zwölf- und dreizehnjährigen Töchter etwa einen Hektar Land. Das Land gehört ihnen nicht direkt, aber es ist auch nicht Eigentum einer Kolchose. Das Verfahren, das wir hier antreffen, nennt sich »Familienleistungsvertrag«. Das bedeutet in der Praxis, daß jede der etwa 250 Familien im Dorf Keledschar je nach Familiengröße und in gewisser Weise auch nach persönlichen Wünschen ein Stück Land zugeteilt bekommt. Über die Nutzung dieses Landes wird mit dem Staat ein Vertrag abgeschlossen. Eine bestimmte Erntemenge, die zu einem vorher vereinbarten Preis an den Staat abgeliefert werden muß, wird vertraglich festgelegt. Alles, was die Familie darüber hinaus produziert, darf sie frei verkaufen und den Erlös für sich behalten. Das Saatgut wird gestellt.

Auf diese Weise verdient Ogultjatsch mit ihren beiden Töchtern pro Jahr zwischen 12 000 und 14 000 Rubel. Das ist enorm viel, wenn man bedenkt, daß der Durchschnittslohn in der Sowjetunion bei etwa 200 Rubel monatlich liegt. Aga Murat hilft manchmal abends nach der Schule noch ein, zwei Stunden oder auch schon mal am Wochenende, wie er mir sagt. Doch ich werde den Eindruck nicht los, daß er heute nur wegen uns mit aufs Feld geht.

Aga Murats Mutter ist übrigens schon früh gekommen, um auf die vier jüngsten Kinder aufzupassen, denn die können natürlich nicht unbeaufsichtigt zu Hause bleiben. Die Oma gibt acht, und der Rest der Familie kann unbesorgt auf dem Feld arbeiten. Nachdem die Tomatenpflanzen verteilt worden sind, wird eine neue Methode der Pflanzung erklärt. Die Pflänzchen sollen in Zukunft nicht mehr wie früher oben auf den Rand der Furche gesetzt werden, sondern unten in die Rille. Das habe sich besser bewährt, wegen des künstlichen Bewässerungssystems, das ja hier überall notwendig ist. Ogultjatsch und ihre Nachbarinnen sind nicht besonders begeistert von dieser Anweisung, denn die Arbeit geht nach der neuen Methode nicht so leicht von der Hand. Daran muß man sich erst gewöhnen. Aga Murat ist übrigens einer von nur drei Männern auf dem Feld, obwohl doch heute Sonntag ist. Feldarbeit ist eben Frauensache.

Agdscha, unsere Dolmetscherin aus dem Dorf, hat uns wieder begleitet. Vom Feldrand aus beobachten wir beide, wie die Frauen auf den Feldern wie zusammengeklappte Taschenmesser stehen. Ab und zu bewegen sie sich einen Schritt vorwärts, und sie richten sich zwischendurch nur auf, um eine neue Kiste mit jungen Pflanzen zu holen. Agdscha sagt, daß sie froh und glücklich sei, solche Arbeit nicht leisten zu müssen. »Es ist ja nicht nur das anstrengende Stehen und Bücken«, sagt sie, »auch unser Klima schafft Probleme. Morgens kann es auf dem Feld durchaus erst zehn Grad warm sein, während es mittags dann unerträglich heiß wird. Der heiße Wind aus der Wüste bläst den Sand herüber, der sich in Mund und Nase setzt. Wenn die Frauen schwanger sind, arbeiten sie bis kurz vor der Niederkunft, und sie sind fast immer schwanger.«

Ich frage, wieviel Kinder Agdscha denn habe. Sie zögert, lacht und sagt: »Eins, einen Sohn.« Agdschas Sohn ist sechs Jahre alt, Agdscha selbst 31. Verheiratet ist sie mit einem Turkmenen, der auch als Lehrer arbeitet. Nach und nach erfahre ich, daß sie in der Stadt, in Aschchabad, aufgewachsen ist. Ihre Mutter war Ärztin, ihr Vater Universitätsprofessor für Geschichte. Daher also. Agdscha kleidet sich zwar formvollendet, das heißt so, wie man es auf dem Dorf von ihr erwartet. Aber sie ist freier erzogen als die meisten Frauen in ihrer Umgebung. Sie und ihr Mann sind sich darin einig, daß sie nicht jedes Jahr schwanger werden soll. Ihr Verhütungsmittel ist die Spirale.

Ich frage Agdscha, wie sie das aushält: in einer Umgebung zu leben, in der von Frauen Verhaltensweisen verlangt werden, die sie für sich selbst doch gar nicht akzeptiert. So ist jedenfalls mein Eindruck. Agdscha antwortet, ihr Mann sei anders als die meisten Männer hier und von daher sei natürlich vieles leichter für sie. Über den Rest müsse man halt hinwegsehen und darauf vertrauen, daß Menschen wie sie selbst die anderen irgendwann überzeugen können, daß Frauen mehr wert sind. Mehr wert, als diese Gesellschaft glaubt.

Ich erzähle Agdscha, was ich in der sowjetischen Presse gelesen habe: Mädchen und Frauen in Mittelasien – auch in Turkmenistan – würden sich aus Verzweiflung selbst verbrennen; in den Artikeln war von mehreren hundert Frauen die Rede, die sich auf diese Weise umbringen. Ob Agdscha von solchen Fällen weiß, möchte ich wissen. »Es kommt vor«, sagt sie ernst. »Hier in diesem Rayon kann ich mich an drei, vier Fälle in den letzten Jahren erinnern«, fährt Agdscha fort, »in allen Teilen Turkmenistans kommt so etwas vor. Historisch gesehen hat das überhaupt keine Tradition, denn vom Islam ist es strengstens untersagt, sich selbst zu verbrennen. Warum solche Fälle in letzter Zeit zugenommen haben, ist schwer zu sagen. Die moralische Erziehung wurde sehr vernachlässigt, die Religion zurückgedrängt. Und überall dort, wo die Religion verboten wurde, ist ein Loch geblieben. Viele junge Mädchen sind orientierungslos. Sie sind modernen Einflüssen ausgesetzt, durch das Fernsehen beispielsweise, leben aber in einer Umgebung mit ganz anderen Spielregeln. Und das verkraften sie nicht.«

Das hört sich für meine Begriffe alles viel zu harmlos an. Warum sagt sie nicht, daß diese Verzweiflung der jungen Frauen, die den Feuertod suchen, weil ihnen ein anderes Mittel nicht zur Verfügung steht, daß diese Verzweiflung aus dem Gefühl erwächst, einer beherrschenden, dem Islam verhafteten Männerwelt ausgeliefert zu sein? Was kann man erwarten von einer Gesellschaft, die nach wie vor so etwas wie Brautkauf praktiziert, obwohl es nach dem Gesetz längst verboten ist?

Agdscha wiegelt ab. »Brautkauf, das muß man auch anders sehen. Denn das Geld wird für die Haushaltsgründung verwendet, was letztlich doch nur der neugegründeten Familie zugute kommt. Es ist üblich, daß die Frau in die Ehe allerhand einbringt: eine Schrankwand, je nachdem, in welcher Gegend Turkmenistans sie lebt, auch eine Waschmaschine, eine Nähmaschine und Betten sowieso. Da kommt einiges zusammen, und vor diesem Hintergrund ist das mit dem Brautkauf gar nicht so schlecht. Wie soll eine Frau das sonst zusammenkriegen?«

Wieviel ist denn da so üblich? frage ich weiter und erfahre, daß die Bandbreite von 3000 bis 15 000 Rubel reicht. Agdscha schiebt noch mal nach: »Es ist ja auch alles sehr teuer. Bei meiner Hochzeit brauchten wir in einem Restaurant achtzig Plätze, und das für zwei volle Tage. Denn an einem Tag kamen meine Verwandten und am nächsten Tag die Verwandten meines Mannes. Also, das Brautkaufgeld kann man schon sinnvoll anlegen, denn sonst bleibt ja alles an der Familie der Frau hängen.«

Was aber, wenn die Frau den Mann, an den sie verkauft wird, nicht heiraten will? Welche Chance hat sie denn überhaupt, sich zu wehren und dem zu entgehen? Agdscha erzählt mir von einem Mädchen hier aus dem Dorf, das sich in einen Jungen verliebt hatte, mit dem es in dieselbe Schule ging. Ihre

Eltern waren strikt dagegen, weil sie ihre Tochter bereits dem Sohn einer anderen Familie versprochen hatten. Preis und Hochzeitstermin waren längst ausgehandelt. Doch das Mädchen hatte Glück: Die Eltern des jungen Mannes, den sie liebte, wollten den Plänen der beiden nicht im Wege stehen und halfen dem Mädchen, das Dorf zu verlassen. Vier Jahre hat sie dann mit Unterstützung der Schwiegereltern in spe in Aschchabad gelebt und den Kontakt mit ihren eigenen Eltern vollkommen abgebrochen. Sie hatte offenbar den längeren Atem, denn nach dieser Zeit lenkten ihre Eltern schließlich ein, und die jungen Leute konnten endlich mit dem Segen beider Familien heiraten. Eine schöne Geschichte, aber zu einem solchen Happy-End gehören schon sehr viele glückliche Umstände. Agdscha gibt zu, daß so etwas wohl eher die Ausnahme als die Regel ist.

»Das Verhältnis der Geschlechter zueinander, das Miteinanderumgehen, ist bei uns natürlich so und so ein Problem«, sagt Agdscha dann plötzlich, ohne daß ich sie frage. »Man darf in der Öffentlichkeit ja nicht einmal den eigenen Mann an der Hand halten. Das schickt sich nicht. Dann können Sie sich vorstellen, wie sich das Kennenlernen abspielt und welches Risiko es für ein Mädchen bedeutet, einem Jungen zu vertrauen und mit ihm intim zu werden. Dabei heißt ›intim‹ nur umarmen und küssen. Das kommt in der Regel vor der Hochzeit überhaupt nicht vor. Man geht zwei Jahre miteinander, das heißt, man trifft sich. Heiße Liebe ist es eigentlich nie, auch nicht Liebe auf den ersten Blick. Es ergibt sich, oder es ergibt sich auch nicht, und trotzdem wird dann geheiratet. Oft ist es so, daß die Familie des Jungen dann nach diesen zwei Jahren einen sogenannten Kuppler zur Familie des Mädchens schickt. Diese Leute sind sehr schlau, und es kommt vor, daß ein Mädchen einwilligt, obwohl es eigentlich gar nicht wollte. Danach darf man sich etwa anderthalb Monate in der Öffentlichkeit treffen, denn man ist jetzt einander versprochen. So geht das bei uns.«

Ich würde verzweifeln hier, wie sich denken läßt. Und ich

begreife wirklich immer weniger, wie eine Frau wie Agdscha, schön und intelligent, in dieser Umgebung existieren kann und nicht einmal unglücklich dabei aussieht.

Larissa, unsere Betreuerin von Nowosti, fährt natürlich nicht jeden Tag mit uns aufs Land. Den Weg finden wir auch alleine, und Agdscha hilft bei den Sprachproblemen. Aber wir treffen Larissa oft nach den Dreharbeiten abends in Aschchabad. Mit dem Essengehen ist das allerdings so ein Problem, und Larissa kann da auch nicht weiterhelfen. Unser Hotel hat in dieser Beziehung zwei entscheidende Nachteile. Einmal gibt es hier eigentlich immer dasselbe: als Vorspeise fette Wurst und dünn geschnittenes, sehr scharf gewürztes Fleisch – es sieht aus wie Bündner Fleisch, schmeckt auch so ähnlich –, Krautsalat, Tomaten und Grünzeug; als Hauptgericht Languette, das ist ein Stück gebratenes Rindfleisch, mit Pommes frites. Nicht schlecht im Grunde, aber jeden Tag nicht zu verkraften. Der zweite Nachteil besteht in der ungewöhnlich lauten Musik der diversen Restaurant-Bands, die allerdings alle sehr gut sind.

Kooperativen, diese halb staatlichen, halb privaten Einrichtungen, findet man in Moskau und auch in anderen Landesteilen der Sowjetunion fast an jeder Ecke. Dort kann man in der Regel zwar sehr teuer, aber ausgezeichnet essen. Solche Kooperativen gibt es in Aschchabad überhaupt nicht. Heute weiß ich, wieso: Die Mafia läßt die nicht leben.

Zurück zum Eßproblem. Über diese Zeit gerettet hat uns eine Grillbar namens »Junost«, also »Jugend«, in der Hähnchen gegrillt werden. Allerdings nur bis neun Uhr abends, was uns wegen unserer ausgedehnten Drehtage und der langen Fahrt zurück doch arge Probleme bereitet. In der Grillbar gibt es nur Hähnchen und Brot, sonst nichts, und zu trinken dicken Pflaumensaft. Eine zusätzliche Schwierigkeit besteht darin, daß bereits so gegen acht die vorrätigen Hähnchen alle vorbestellt und vergeben sind. Wenn alles mit rechten Dingen zugegangen wäre, hätten wir also fast nie eine Chance gehabt. Aber eine der beiden Frauen, die dort bedienen, spricht ein paar Brocken deutsch. Nachdem wir zweimal vergeblich gekommen waren und wohl sehr enttäuscht ausgesehen haben, hat sie für uns immer noch was möglich gemacht. Wahrscheinlich – wie denn auch sonst – auf Kosten anderer. Ja, so ist das: Wenn man selbst davon profitiert, hält man Privilegien für einen netten Zug.

An einem dieser Hähnchenabende treffen wir uns mit Larissa auf einen Kaffee in einer sogenannten Pizzeriabar, wo man auch belegte Brote und Kuchen haben kann. Mit unseren Hähnchen im Bauch ist uns aber nicht mehr nach Essen. Doch als wir nur Kaffee bestellen, meint die Frau, die uns bedient: »Für 30 Kopeken könnt ihr aber nicht viel erwarten.« Ich weiß mit dieser Bemerkung nichts anzufangen. Vielleicht sollten wir aus Höflichkeit und weil der Kaffee gar so billig ist, doch etwas zu essen bestellen? Wir könnten es ja dann stehenlassen. Aber Larissa kommt mir zuvor und sagt: »Poschalujsta, krepkij«, das heißt »Bitte einen starken«. Ich verstehe nicht ganz. Als die Bedienung Richtung Kaffeemaschine abzieht, meint Larissa, das sei das Signal für den doppelten Preis. Jetzt bekommen wir ohne Probleme nur Kaffee, und dazu noch einen guten. So was muß man wissen.

Und noch etwas. In den Restaurants erhält man in den seltensten Fällen Alkohol. Wir haben eine kleine Flasche turkmenischen Kognak in der Tasche, den wir heute in einem Spirituosenladen gekauft haben. Ob die Bedienung etwas dagegen habe, wenn wir ein Schlückchen davon hier trinken? Schließlich kann man Kognak bei ihr ja nicht bestellen. Die Frau in der Pizzeriabar reagiert gar nicht begeistert. Aber als Larissa ihr versichert, daß wir uns auf keinen Fall vollaufen lassen wollten, bringt sie noch zusätzliche Kaffeetassen für den Alkohol. Eigentlich ist es verboten, hier welchen zu trinken. Wenn mir das von Anfang an klar gewesen wäre, hätte ich die arme Frau gar nicht erst in diese Lage gebracht. Als wir dann einen Schluck Kognak aus den Kaffeetassen zu uns nehmen, komme ich mir vor wie in den zwanziger Jahren in den USA, als dort ein absolutes Alkoholverbot galt und man – wenn man den zahlreichen Spielfilmen glauben darf – mit Vorliebe Gin oder Whisky zur Tarnung aus Kaffeetassen trank.

Bei der Gelegenheit erzählt mir Larissa, daß sich seit kurzem ein Universitätsinstitut in Aschchabad mit dem Problem der Selbstverbrennung von Frauen beschäftigt. Wenn sich schon eine offizielle Einrichtung um dieses Phänomen kümmert, kann es wohl kaum so selten vorkommen, wie Agdscha behauptete. Ich bitte Larissa, mir bei den Verantwortlichen dieser Untersuchungskommission einen Termin zu besorgen.

Als wir an diesem Abend ins Hotelzimmer zurückkommen und gewohnheitsmäßig den Fernsehapparat anschalten – man muß ja schließlich wissen, was in Moskau und der Welt vorgeht –, höre ich eben noch den Wetterbericht (in Moskau schneit's) und dann, wie eine Sendung angekündigt wird über Kinder- und Müttersterblichkeit in Turkmenistan. Solche Themen sind im Fernsehen erst möglich, seit die Parole Glasnost, also Offenheit und Transparenz, heißt.

Es ist eine Diskussionssendung. Da sitzt ein Spezialist aus dem sowjetischen Gesundheitsministerium, also aus Moskau, ein Experte aus einem Institut für Mutter- und Kindschutz, der Inhaber des Lehrstuhls für Kinderkrankheiten an der medizinischen Hochschule in Aschchabad, ein Gynäkologe, ein Epidemiologe und sogar der stellvertretende Gesundheitsminister von Turkmenistan. Frauen fehlen in dieser Runde.

Der Spezialist aus der Moskauer Zentrale, er heißt Grigorij Olschanskij, eröffnet die Runde. Kindersterblichkeit, so meint er, sei ein Symbol für den Zustand einer Gesellschaft. Die mittelasiatischen Republiken haben innerhalb der Sowjetunion die weitaus höchste Rate bei der Kinder- und Müttersterblichkeit und übertreffen dabei die Zahlen im mitteleuropäischen Teil um ein Vielfaches. Deshalb habe man sich in Moskau nun entschlossen, eine Gruppe führender Spezialisten hierher nach Turkmenistan zu schicken. Das sei eine Initiative des Kinderfonds, der auch die Finanzierung übernehme.

Diese Spezialisten stammen allesamt aus dem Gesundheitsministerium in Moskau. Herrn Olschanskij ist es wichtig, die Bedeutung der Aktion zu unterstreichen, und er erzählt ausführlich von einem komplizierten Wettbewerb, den es gegeben habe, um wirklich die Besten unter den Besten für diese Aufgabe auszuwählen. Man habe diese Spezialisten auch mit den umfassendsten Befugnissen ausgestattet, um schnellstens Abhilfe zu schaffen. All das sei im Erlaß Nr. 566 vom Mai 1988 geregelt. Diese Experten haben auch eine besondere Bezeichnung. Sie heißen »Vertrauensärzte des Ministeriums«.

Dann nennt Herr Olschanskij Zahlen. Innerhalb der mittelasiatischen Republiken der Sowjetunion, als da sind Usbekistan, Tadschikistan und Turkmenistan, nimmt Turkmenistan den ersten Platz in der Kindersterblichkeit ein. Wenn man den Unionsdurchschnitt betrachtet – 1987 betrug die Sterblichkeitsrate in der Sowjetunion 25,4 bei 1000 Geburten –, so sterben in Turkmenistan mehr als doppelt so viele Kinder, nämlich 56,4 auf 1000 Geburten. Um die Situation noch deutlicher zu beschreiben, nennt er zusätzlich die Zahlen der baltischen Republiken, da sind es elf auf 1000, und in der RSFSR, der Russischen Föderativen Sowjetrepublik, da sind es 19.

Nach diesen alarmierenden Zahlen wendet sich der Spezialist aus Moskau der Analyse zu und verkündet als erstes: »Wir haben die gleichen Strukturen wie die afrikanischen Staaten, und das ist eine Schande, denn wir sind doch kein Entwicklungsland.«

Er führt drei Gründe an, die seine These stützen. 1987/88 sind in Turkmenistan 6874 Kinder im ersten Lebensjahr gestorben. 89 Prozent dieser Kinder waren älter als einen Monat. Das ist ein ganz katastrophales Indiz für die mangelhaften Zustände in dieser Republik, denn in hochentwickelten Ländern sind es maximal zehn Prozent, die im Alter von einem bis zu zwölf Monaten sterben.

Der zweite Faktor betrifft die Todesursache. Mehr als sechzig Prozent dieser Kinder sterben an einer Darminfektion oder an einer Erkrankung der Luftwege. Die Vergleichszahl in entwickelten Ländern beträgt sechs bis acht Prozent. Diese Diskrepanz sagt eine Menge aus: einmal über das Niveau der Medizin, die nicht in der Lage ist, diese Kinder zu retten; und zum anderen über die mangelnde Hygiene in der Bevölkerung, wodurch die Kinder erst krank werden.

Den dritten Aspekt hält Herr Olschanskij für den schlimmsten. 22,1 Prozent der Kinder, die den ersten Monat nicht überleben, sind bei einer Hausgeburt gestorben, und zwar innerhalb von 24 Stunden. Er macht anhand von zusätzlichen Zahlen deutlich, worum es ihm bei dieser Angabe geht. Die 2300 Todesfälle verteilen sich folgendermaßen: 1500 Kinder starben zu Hause und 800 im Krankenhaus, weil sie die Klinik bereits in einem solchen Zustand erreichten, daß nicht mehr geholfen werden konnte. Wenn die ärztliche Versorgung in Turkmenistan so ausgezeichnet wäre, wie sie sich auf dem Papier darstellt, dürfte das nicht sein.

Zum besseren Verständnis dieser ganzen Problematik muß man wissen, daß die Weltgesundheitsorganisation bereits 1979 festgestellt hat, das Problem der Kindersterblichkeit sei in den entwickelten Ländern nicht derart gravierend, daß sich eine zentrale Kommission damit beschäftigen müßte. Daraufhin wurden lediglich regionale Gruppen zur weiteren Beobachtung und Untersuchung dieses Themas gebildet. Die Sowjetunion als »entwickeltes Land«, als das sie in Statistiken geführt wird, fiel also ganz aus der Beobachtung heraus. Erst 1986 entschloß sich das Zentralkomitee der Kommunistischen Partei Turkmenistans, wieder eine Kommission zum Thema Kindersterblichkeit einzurichten. Und so wurde es eben auch für Moskau wieder ein Thema.

Im Grunde hat man wertvolle Zeit verschenkt, weil nach dem Motto verfahren wurde, daß nicht sein kann, was nicht sein darf. Erst die neue sowjetische Politik unter Michail Gorbatschow ermöglicht eine offene Auseinandersetzung mit Defiziten der Gesellschaft und schafft erste Ansätze praktischer Abhilfe. Im letzten Jahr wurden etwa Regierungsdatschas und Hotels für privilegierte turkmenische Touristen an

Kinderkliniken übergeben, die auf diese Art zusätzlich 1500 Betten einrichten konnten. Das ist wohl kaum mehr als ein Tropfen auf den heißen Stein, doch es sagt etwas aus über den Weg, auf dem sich eine Gesellschaft fortbewegt.

Auch die Pläne werden geändert und der Situation angepaßt. Während noch im letzten Planjahrfünft acht bis maximal fünfzehn Prozent der Kapazitäten von neugebauten Krankenhäusern für Kinder- bzw. Entbindungsabteilungen vorgesehen waren, so sind es im laufenden Planjahrfünft vierzig Prozent, und in dem 1991 beginnenden sollen es siebzig Prozent werden. Darüber hinaus soll die Zahl der Planstellen für Kinderärzte und Gynäkologen erhöht werden, verkündet der Mann aus Moskau. Wenn das wirklich so läuft, dann hieße das, daß man die Parole »Alles für unsere Kinder« endlich in die Tat umsetzte.

Der bei der Fernsehdiskussion anwesende Gynäkologe Kiril Martinow meint, es sei an der Zeit, endlich das Thema Müttersterblichkeit einzubringen. Auf 100 000 Geburten bezogen, sterben in Turkmenistan 48 Mütter. In Indien seien es zwar 847, aber in China beispielsweise nur zwölf in den Städten und 22 auf dem Land. Diese statistische Zahl von 48 sei in Turkmenistan in den letzten Jahren mehr oder weniger stabil geblieben, auf jeden Fall aber nicht zurückgegangen, und das sei der eigentliche Skandal. Er habe im Lande die ohnehin schlecht ausgestatteten Krankenhäuser besucht und festgestellt, daß die Geburtseinrichtungen überall das Schlußlicht bildeten: Zuwenig und ungenügend geschultes Personal, keine Instrumente. Das sei die Regel. Er habe selbst erlebt, daß in einem Krankenhaus der Arzt und der Anästhesist bei einer komplizierten Geburt eigenhändig die benötigten Sauerstoffflaschen in den zweiten Stock transportierten, weil es außer den beiden dort niemanden gab.

Dann wird ein Film eingespielt über ein Entbindungshaus in Taschaus, einer Stadt im Norden Turkmenistans. Unglaubliche, kaum zu beschreibende Zustände treten da zutage. Alles starrt vor Dreck, die entbindenden Frauen sind weitgehend sich selbst überlassen, und als der zuständige Minister diesen Saustall besucht – anders kann man das nicht bezeichnen –, fällt er in ein Loch im Boden und verschwindet halb von der Bildfläche.

Als ich am nächsten Morgen beim staatlichen sowjetischen Fernsehen in Aschchabad nach diesem Film frage, weil ich natürlich gerne eine Kopie davon hätte, erklärte man mir, dieser Streifen sei technisch in einem so erbarmungswürdigen Zustand, daß man ihn nicht kopieren könne. Irgendwie verstehe ich das. Denn es ist ein Unterschied, ob die eigenen Leute die eigenen Zustände beim Namen nennen und hart kritisieren oder ob ein westlicher Ausländer, den man nicht kennt, diesen Film einem Publikum zeigt, das damit vielleicht nur sein politisches Süppchen am Kochen hält. Jahrzehntelang war das ja beinahe ein Prinzip bestimmter westlicher Berichterstattung; es ging nicht in erster Linie um eine Alltagsbeschreibung eines fremden Landes, sondern darum, immer neue Indizien zu präsentieren für die Verabscheuungswürdigkeit eines anderen Gesellschaftssystems. Dabei ist man nicht immer fair mit den Menschen hier umgegangen.

Schade natürlich, ich hätte diesen Film gerne gehabt, aber letztendlich habe ich akzeptiert, daß man ihn mir nicht geben wollte. Dabei wäre es mir lieber gewesen, wenn wir offen über die wirklichen Gründe hätten reden können und mir nicht eine Begründung zugemutet worden wäre, die ein wenig meinen Verstand beleidigt.

Im Fernsehen ist nun der Epidemiologe Grigorij Osatschij an der Reihe. Vierzig Prozent der turkmenischen Bevölkerung versorgt sich aus offenen Wasserstellen, trinkt also kein aufbereitetes Wasser, sagt er. Mir fällt Ogultjatsch und ihre Familie ein und daß die Wasserstelle und das Plumpsklo so nahe beieinanderliegen.

In den Wasserspeichern finde man sehr oft giftige Rückstände von Düngemitteln. Darminfektionen bei den Säuglingen und Kindern seien also vorprogrammiert und auch die werdenden Mütter seien auf dieses belastete Wasser angewiesen.

Das sei eine Katastrophe. Wichtig sei zunächst mal, all diese Informationen offenzulegen. Man müsse zum Prozeß der Bewußtseinsbildung bei der Bevölkerung auch beitragen, indem man sie mit diesen schrecklichen Informationen förmlich bombardiere. In den Zeitungen müßten nicht nur einmal monatlich die Kriminalstatistik, wie das seit neuestem geschieht, sondern auch die Zahlen über Mütter- und Kindersterblichkeit publiziert werden. Früher seien die Sterberaten ein Staatsgeheimnis gewesen, doch das sei ja nun zum Glück vorbei.

Grigorij Osatschij, der Epidemiologe, läßt noch eine Tirade gegen die schlecht ausgebildeten und desinteressierten Ärzte los und bezeichnet es als ein Armutszeugnis der turkmenischen Gesellschaft, daß man Mütter, die frisch aus einem Entbindungsheim kommen, so vollkommen allein lasse. Man gebe ihnen keinerlei Informationen an die Hand, wie auf die Gesundheit der Säuglinge zu achten sei, und von Anweisungen für Kinderpflege könne schon gar keine Rede sein.

Der stellvertretende Gesundheitsminister Stanislaw Jussupow, der bisher schweigend dabeigesessen hat, schaltet sich ein und sagt eher beiläufig, daß alles noch schlimmer sei. Nur drei Prozent der Ortschaften in Turkmenistan verfügten über eine Kanalisation und nur 13 Prozent der Landbewohner würden mit aufbereitetem Trinkwasser versorgt. Generell, nicht nur auf das heutige Thema »Kinder- und Müttersterblichkeit« bezogen, sei der Gesundheitssektor mit gravierenden Problemen belastet. Das beginne bei der Arzneimittelversorgung. Nicht einmal einfachste Dinge wie Senfpflaster oder Nasentropfen seien in ausreichendem Maße vorhanden, verkündet der stellvertretende Gesundheitsminister, die Lage bei Insulin sei äußerst angespannt.

»Wir müssen mit unserer Zahlengläubigkeit aufhören«, fährt der Minister fort. »Laut Statistik ist Turkmenistan zu 82 Prozent ärztlich versorgt, und das ist zunächst enorm, wenn man bedenkt, daß ältere Turkmenen sich an Zeiten erinnern können, wo es in ihrer weiteren Umgebung keinen einzigen

Arzt gab. Aber das alleine heißt überhaupt nichts, und ich werde Ihnen auch sagen, wieso.« Dann erzählt der Minister von einem besonderen Fortbildungs- und Testprogramm für Ärzte. In ein paar Tagen finde bereits zum drittenmal ein Examen für »fertige« Ärzte statt. Überprüft werden Kinderärzte und Gynäkologen. Ein sehr effektives Verfahren, sagt der Minister und nennt, ohne die Gesamtzahl der überprüften Ärzte anzugeben, folgende Zahlen: Vierzig Ärzte habe man bisher in andere Berufe versetzt, in denen sie nichts mehr mit der Behandlung von Menschen zu tun haben; fünfzig Mediziner habe man zurückgestuft, sie sind nun zum Teil Assistenzärzte, zum Teil Pfleger, und zweihundert Ärzte habe man zu Fortbildungskursen geschickt, nach deren Abschluß sie sich erneut einem Test unterziehen müssen.

Als wir am nächsten Tag wieder bei Ogultjatsch sind – es wird unser letzter gemeinsamer Tag vor unserem Rückflug nach Moskau sein –, frage ich sie, wo sie ihre Kinder bekommen hat, im Krankenhaus oder zu Hause? Konnte sie alle Kinder behalten, oder hatte sie Fehlgeburten, ist eines ihrer Kinder gestorben? Ogultjatsch weiß sehr wohl um das Problem der Kindersterblichkeit. Sie kennt zwar nicht die Zahlen, aber sie hat ja die Erfahrung im Dorf. Sie habe Glück gehabt, sagt sie, gestorben sei ihr keines, aber sie habe eines durch eine Fehlgeburt verloren. Zwei ihrer Kinder habe sie zu Hause zur Welt gebracht, ganz allein, denn der Arzt sei nicht rechtzeitig gekommen. Die anderen seien in einem Entbindungsheim geboren.

Ich frage Ogultjatsch, immer mit Hilfe von Agdscha natürlich, wie sie denn über Verhütungsmittel denkt. Wenn das nächste Kind, das sie sich ja noch wünscht, denn tatsächlich ein Junge wird und sie dann keine Kinder mehr haben will, wie sie mir ja schon gesagt hat, denn diesen Jungen würde sie »Bessir« nennen, was soviel heißt wie »Jetzt ist's genug« – wenn das alles also so einträfe, wie würde sie sich dann vor ungewollten Schwangerschaften schützen? Ogultjatsch sagt, dies sei seit einiger Zeit kein Tabuthema mehr. »Früher war es normal, daß eine Frau auf dem Land bis zu fünfzehn Kinder geboren hat. Heute klärt man die Frauen darüber auf, daß das nicht gesund ist, weder für sie selbst noch für die Kinder, und daß man unbedingt eine Pause machen muß von einem Jahr oder besser noch von zwei Jahren. Wir können uns jetzt in den Gesundheitsstationen auf dem Land Spiralen einsetzen lassen. Das werde ich dann auch tun, obwohl ich nicht weiß, wie das alles funktioniert.«

Um ihre Kinder vor den weitverbreiteten Darminfektionen zu schützen, gibt sie ihnen prophylaktisch den Sommer über ein Medikament namens Regidron. Auch das bekommen die Mütter auf der Gesundheitsstation.

Ich möchte unbedingt noch wissen, wie das denn bei Ogultjatsch und Aga Murat mit dem Brautkauf war. »Mein Mann hat mich nicht gekauft«, sagt sie. Und sie erzählt mir noch einmal, daß sie sich in der Kolchose bei ihrer Tante kennengelernt haben und daß ihre Tante eine verständnisvolle Frau gewesen sei, die ihrem, Ogultjatschs, Glück nicht im Wege stehen wollte. Ihre Schwiegereltern seien gute Menschen und die hätten die Hochzeit komplett ausgerichtet. Nur ihr Hochzeitskleid habe sie selbst genäht. Wir gehen ins Haus zu der Truhe, auf der die Betten und Decken gestapelt liegen, und Ogultjatsch holt ein schweres, reich verziertes Kleid heraus. An den üppigen Stickereien mit den winzigen Stichen habe sie über ein Jahr gearbeitet, erzählt sie. Den Kopfschmuck aus einem nicht näher definierten Metall und bunten Steinen haben auch die Schwiegereltern beigesteuert. Ich weiß die Ehre zu schätzen, daß ich diesen Kopfputz aufsetzen darf.

Da sich Ogultjatsch von morgens bis abends immer nur um andere kümmert, so wie wir das bis jetzt mitbekommen haben, frage ich, ob es irgend etwas gibt, das sie nur für sich tut; ob sie überhaupt irgendwann mal Zeit für sich hat. »Wenn ich nicht gerade aufs Feld muß«, meint Ogultjatsch, »dann kann ich samstags und sonntags Verwandte und Bekannte besuchen. Das macht mir viel Spaß. Was soll ich sonst noch wollen?« Ja, welche Wünsche hat sie denn? Ich lasse diesmal die gute Fee weg, an die Anna auf Sachalin nicht glauben wollte, bitte Ogultjatsch aber dennoch, sie solle mir doch bitte drei ihrer Wünsche verraten.

Wie nicht anders zu erwarten, nennt sie als erstes, daß sie sich noch einen Sohn wünscht. Als zweites möchte sie Frieden in der Welt, damit alle Kinder glücklich leben können, und als drittes wünscht sie sich Gesundheit für die ganze Familie. »Wenn wir alle gesund sind«, sagt sie, »dann werden wir alles haben, was wir brauchen.« Ob sie denn nicht einen einzigen Wunsch habe, der nur sie ganz allein, ganz persönlich betreffe – diese Frage beantwortet Ogultjatsch mit Schweigen.

Wenn sie so über ihr Leben nachdenke, was macht ihr eigentlich am meisten Spaß, und was stört sie besonders? frage ich. Ogultjatsch beginnt wieder mit dem Thema Kinder. Viele Kinder zu haben, das sei das wichtigste und schönste, und wenn Eintracht in der Familie herrsche, wenn Mann und Frau sich verstehen. »Wir leben sehr gut zusammen, Aga Murat und ich«, sagt sie mit einem verträumten Blick. »Das schlimmste für mich, das ist Zank und Streit in der Familie und zwischen den Ehepartnern, das ist wirklich das allerschlimmste.«

Aga Murat kommt heute etwas später nach Hause, und wir warten, denn wir wollen uns natürlich auch von ihm verabschieden. Also bringt Ogultjatsch schon mal die Kinder zu Bett. Sie schlafen alle zusammen in dem Zimmer, in dem der Ölofen und der Fernseher stehen und die Truhe, auf der die Decken und die Matratzen gestapelt sind. Ogultjatsch legt an einer Zimmerwand entlang alle Matratzen der Reihe nach hin. Wie die Orgelpfeifen kommen sie dann angelaufen, die drei Kleinen. Die beiden Mädchen von zwölf und dreizehn warten in ihren Nachthemden nebenan, bis wir das Kinderschlafzimmer verlassen haben, denn wenn die sich von uns beim Zubettgehen zusehen ließen und es jemand erführe, könnten sie sich im Dorf nie wieder blicken lassen.

Ogultjatsch gibt dem jüngsten Töchterchen noch einmal die

Brust, legt es dann in die Wiege und bringt es mit Schaukeln und einem Wiegenlied zum Schlafen. Mir fällt auf, daß sie neben der Wiege auch eine Matratze ausgebreitet hat. »Und wer schläft da«? frage ich, denn ich weiß ja, daß in einem anderen Zimmer ein großes Doppelbett steht. Ogultjatsch schläft neben der Wiege. Sie hat auch im Kinderzimmer geschlafen, als das jüngste Kind noch nicht geboren war. Mit den Kindern hat das also weniger zu tun. Es ist eben so, daß Aga Murat in einem anderen Zimmer im Doppelbett schläft und Ogultjatsch diesen Raum und dieses Bett nur auf seine Einladung hin aufsucht.

Larissa, unsere Nowosti-Betreuerin, hatte mir mal so nebenbei erzählt, daß sie in zwei Monaten heiraten werde. Ihr zukünftiger Mann ist Turkmene und von Beruf Gynäkologe. Empfängnisverhütung sei von daher für sie, Larissa, überhaupt kein Problem. Ihr Verlobter käme auch an Antibabypillen heran, aber das sei ihr zu umständlich, da müsse man ja dauernd daran denken. Ob Larissa Kinder haben möchte und wieviel, frage ich sie. Kinder will sie schon haben, am liebsten zwei oder drei. Sie selbst sei ein Einzelkind und das sei gar nicht lustig.

Sie habe ein anderes Problem, erklärt sie mir. Sie überlege heftig, ob sie überhaupt heiraten solle – und wenn, ob dann nicht erst später. Mit 27 sei sie für turkmenische Verhältnisse zwar nicht mehr die Jüngste, und wenn sie Kinder wolle, müsse sie sich ranhalten, aber sie hänge sehr an ihrem Beruf. Ihr Mann bzw. ihr Verlobter erwarte aber von ihr, daß sie den Beruf aufgebe und sich nur um ihn und den Haushalt kümmere. »Und das schlimme dabei ist«, erzählt sie weiter, »meine Mutter ist auf seiner Seite. Ich habe einfach Angst, daß ich mich auf Dauer nicht gegen die beiden wehren kann.«

Mit Begeisterung erzählt Larissa dann, wieviel Interessantes sie bereits während ihrer Zeit bei Nowosti erlebt habe. Gäste aus dem Ausland zu betreuen sei ja nur eine Facette dieser Arbeit. Sie schreibe auch für verschiedene Zeitungen Arti-

105

kel. Und angeregt durch unseren Besuch, habe sie eine Serie in Arbeit über die Situation der turkmenischen Frau auf dem Lande. »Das alles aufzugeben, nur weil ich heirate ... Schauen Sie sich die Männer hier doch mal an, und meiner ist ja schließlich auch ein Turkmene.« Larissa fragt mich, was ich tun würde. Aber wie soll ausgerechnet ich ihr raten? Ich habe keine Kinder und einen Mann, der auch für bundesrepublikanische Verhältnisse eine rühmliche Ausnahme ist. Welcher Mann gibt seinen Beruf auf, um seine Frau zu begleiten, die in einem fremden Land eine zeitintensive Beschäftigung angenommen hat? Wie wir beide das handhaben, ist für Larissa ein Traum – für mich eigentlich auch.

Ich hatte ja um einen Gesprächstermin in diesem Universitätsinstitut in Aschchabad gebeten, in dem man sich seit neuestem wissenschaftlich mit dem Phänomen der Selbstverbrennung von Frauen beschäftigt. Innerhalb von zwei Tagen habe ich diesen Termin. Zuständig ist das Institut für Philosophie und Recht. Zum Gespräch erscheinen der Institutsleiter, sein Stellvertreter und drei Frauen: Eine ist Professorin an diesem Institut, und zwei sind promovierte Wissenschaftlerinnen. Die praktische Arbeit liegt in den Händen dieser Frauen.

Zunächst ist die Atmosphäre etwas frostig. Erst ganz allmählich, im Verlaufe des über zweistündigen Gesprächs wird sie freundlicher, und meine Partner öffnen sich etwas. Die Professorin, die den Hauptteil des Gesprächs bestreitet, referiert, daß man 1988 im Auftrag des Ministerrates damit begonnen habe, die sozialen Probleme von Familien zu untersuchen, um entsprechende gezielte Hilfsprogramme erstellen zu können. Man müsse aufgrund der Selbstverbrennungen von Frauen dringend die gesellschaftliche Meinung studieren und die tatsächliche Lage von Frauen in dieser Gesellschaft wissenschaftlich analysieren. Bisher beschäftige man sich hauptsächlich mit der Datenerhebung, das heißt, man stecke bei der Ursachenforschung noch ganz in den Anfängen.

Auffällig sei, daß Männer diese Selbstmordart so gut wie nie

106

wählen, höchstens einzelne, von denen man wisse, daß sie geisteskrank gewesen sind. Bei Frauen hingegen ist die Selbstverbrennung die weitaus häufigste Art, seinem Leben ein Ende zu setzen. Nur ganz wenige erhängen sich, und nur vereinzelt kommen Vergiftungen mit Arzneimitteln vor.

Sich selbst anzuzünden, das ist doch die brutalste Form, mit seinem Körper umzugehen, die ich mir denken kann; ein Schritt, der enorme Verzweiflung und eine grausame Art von Mut voraussetzt. Wie kommen Frauen, in der Mehrzahl Mädchen und junge Frauen, dazu, diese Todesart zu wählen? ist meine Frage.

Alle am Tisch zucken ratlos die Schultern und weisen darauf hin, daß sie sich ja gerade in den Anfängen ihrer Untersuchungen befinden. Dann ergreift der Institutsleiter, ein ergrauter Turkmene, das Wort. Man müsse das nun auch nicht übertreiben und die Presse neige ja oft zu Übertreibungen. Das wisse ich sicher selbst, fügt er mit einem jovialen Lächeln hinzu. Da würden auch manchmal kräftig die Gewichte verschoben. Er selbst beispielsweise sei vor einiger Zeit in der Provinz gewesen. »Wenn ich mich nicht irre«, fährt er fort, »gab's da drei oder vier Fälle von Selbstmord bei jungen Frauen. Darunter waren zwei, die sich aufgehängt haben, und nur eine, die sich selbst verbrannt hat. Aber – wovon haben die Leute geredet? Von der Selbstverbrennung. Denn das wühlt natürlich auf, das ist emotional ganz stark.«

Ich wende vorsichtig ein, daß es zwar die Selbstverbrennungen seien, die für Schlagzeilen sorgen, aber daß es für mich persönlich keinen allzu großen Unterschied mache, auf welche Weise sich Menschen umbringen. Die Diskussion über unterschiedliche Todesarten würde doch die grundsätzliche Frage nicht beantworten: Was treibt die Frauen in den Selbstmord?

Darauf der Institutsleiter: »Aber, und das muß man auch mal in aller Deutlichkeit sagen, es gibt bei uns in Turkmenistan durchaus Gebiete, wo solche Fälle so gut wie überhaupt nicht vorkommen. In der Gegend von Taschaus gibt es nur ganz

107

wenige, in Mari und in Bacharden hingegen, da passieren diese Dinge.«Wieso ausgerechnet dort, was ist da so besonders? möchte ich wissen.

Die Professorin übernimmt die Antwort und weist zunächst auf die flächenmäßige Ausdehnung der Republik Turkmenistan hin – fast 500 000 Quadratkilometer –, der eine geringe Bevölkerungsdichte gegenübersteht. Die Karakumwüste, die einen erheblichen Teil Turkmenistans bedeckt, ist unbesiedelt. Das führe dazu, daß die verschiedenen Siedlungsgebiete nicht nur sehr weit auseinander liegen, sondern auch untereinander kaum Kontakt haben.»Mit anderen Worten«, so die Professorin,»da kommt es zu ganz separaten Entwicklungen. In jedem Gebiet herrscht ein anderes gesellschaftliches Bewußtsein. Im großen und ganzen haben wir natürlich alle das sozialistische Bewußtsein, aber jede Region hat noch ihre Besonderheit, die auf Anhieb schwer zu erklären ist. Das Gebiet um Taschaus beispielsweise ist ganz abgelegen. Dort gibt es mehr fromme Menschen als sonst irgendwo in Turkmenistan. Da stimmen die Familienstrukturen. Wohingegen im Gebiet von Aschchabad und eben auch in Mari sich bis heute eine feudale Verhaltensweise gegenüber Frauen erhalten hat, was wahrscheinlich mit ein Grund für die hohe Zahl von Selbstverbrennungen ist.«

Die Professorin erzählt weiter, daß sie auf der Suche nach den Motiven für die Selbstverbrennungen einmal mit einem Mädchen gesprochen habe, das mit schweren Brandverletzungen gerettet werden konnte. Dieses junge Mädchen habe ihr erzählt, daß Stimmen sie gerufen und ihr aufgetragen hätten, sich durch Verbrennen das Leben zu nehmen.»Nimm Petroleum und zünde dich an«, habe die Stimme gefordert. Das Mädchen war allein zu Hause, nahm Petroleum, übergoß sich damit und zündete sich an. Als sie brannte, lief sie aus dem Haus und schrie um Hilfe, so beschließt die Professorin ihren Bericht über diesen Einzelfall.

Unsere Unterhaltung verläuft zäh. Beinahe jeder bringt ein Beispiel vor, das offenbar beweisen soll, daß Frauen, die sich selbst verbrennen, im Kopf nicht ganz richtig sind. »Außerdem, junge Mädchen verhalten sich nach stereotypen Mustern«, ergänzt eine der Wissenschaftlerinnen. »Sie hören davon, daß sich eine verbrannt hat, kommen in eine scheinbar ausweglose Situation und machen das einfach nach, ohne darüber nachzudenken, daß es schmerzhaft ist und tatsächlich zum Tode führt.«

Da wir inhaltlich nicht so recht weiterkommen, frage ich nach genauen Zahlen. Man sei noch mit der Zusammenstellung beschäftigt, sie lägen noch nicht vor. »Vielleicht dreißig im Jahr«, meint der stellvertretende Institutsleiter, »das ist nicht viel.« Man dürfe die Rolle des Islam dabei nicht außer acht lassen, fügt er hinzu. »Das Feuer hat nach islamischen Vorstellungen eine reinigende Kraft, ist etwas Befreiendes. Früher besaß Feuer auch eine magische Kraft, und das ist für einige Menschen auf dem Lande bis heute so geblieben. Früher war es so, daß man einmal in der Woche im Dorf ein großes Feuer angezündet hat, über das man hinwegsprang. Und jeder, der über das Feuer gesprungen war, war von seinen Sünden befreit, gereinigt. Wahrscheinlich hat auch das irgendwie mit der Selbstverbrennung der Frauen zu tun.«

Wir sind also wieder bei den Gründen, und die Professorin ergreift erneut das Wort. Wenn sie denn mal zusammenfassen solle: Psychische Krankheiten seien sicher ein Grund, aber auch Familienprobleme spielten eine Rolle. Und die hätten vielleicht auch mit Kalym zu tun. Kalym ist die Bezeichnung für den Brautkauf. »Da läßt sich schon denken, daß sich eine junge Frau aus Verzweiflung das Leben nimmt, wenn ihre Eltern sie längst im stillen an einen Mann verkauft haben, den sie möglicherweise noch nie gesehen hat. Auch das kommt vor.« Und schießlich: »Die Jugend von heute ist frei«, sagt sie. »Die jungen Leute, auch die auf dem Lande, wissen sehr gut darüber Bescheid, was in der Welt vorgeht. Sie sind informiert durch Fernsehen und Hörfunk. Wenn sich junge Leute ineinander verlieben, wollen sie sich so verhalten, wie sie das im Fernsehen gesehen haben. Und wenn die Frauen das tatsächlich tun, dann haben sie das Urteil über ihr eigenes Schicksal selbst gesprochen, denn die Sitten in den Dörfern sind sehr streng, und die Dorfgemeinschaft urteilt hart. Bisher ist es noch so, daß die Anständigkeit eines Mädchens an allererster Stelle steht. Ein Mädchen muß bis zur Hochzeit unbedingt Jungfrau sein. Verhält sich ein Mädchen nach der Meinung des Dorfes nicht anständig, wird es gebrandmarkt. Das ist eine große Schande, und Sie können sich wahrscheinlich nur schwer vorstellen, was das für ein junges Mädchen in einem Dorf bedeutet. Früher konnte man solche Mädchen ungestraft mit Steinen bewerfen. Das kommt heute nicht mehr vor, aber diese Mädchen werden von der Dorfgemeinschaft verhöhnt, ausgelacht, erniedrigt. Deswegen ist es für manche leichter, sich selbst das Leben zu nehmen, als diese Schande zu ertragen.«

Der Institutsleiter berichtet von einem Fall, über den er in der *Komsomolskaja Prawda,* der Zeitung der kommunistischen Jugendorganisation, gelesen hatte: Ein Mädchen hatte einem jungen Mann und seinen Beteuerungen, sie heiraten zu wollen, Glauben geschenkt und wurde dann sitzengelassen, sobald sie seinem Drängen nachgegeben hatte. »Das Dorf hat sehr hart über dieses Mädchen geurteilt«, schließt der Institutsleiter seinen Bericht, »und was blieb der Armen denn noch übrig, außer sich das Leben zu nehmen? Durch Selbstverbrennung.«

Ich komme noch mal auf den Brautkauf zurück und darauf, daß er gesetzlich verboten ist und unter Strafe steht. Bietet das denn keine Möglichkeiten, etwas dagegen zu unternehmen? Alle schauen sich an, und die Professorin meint, sie könne sich an keinen einzigen Fall erinnern, in dem Brautkauf strafrechtlich verfolgt worden ist. Die Gesetze gäbe es zwar, aber »wie wollen Sie es anstellen, das zu beweisen? Das passiert doch alles im stillen; die Familien sind sich einig, und was die Frau sagt, ist nicht so wichtig.« Sie fügt hinzu, daß auch die Vielweiberei selbstverständlich verboten sei und trotzdem existiere. »Die Männer lassen sich einfach nicht registrieren, wenn sie heiraten; und wer reich ist, hat im Dorf eine Frau und in der Stadt noch mal drei.«

Nun drängt sich langsam die Frage auf, was man denn überhaupt tun könne, um diese für Frauen unerträgliche Lage zu ändern. Wir befinden uns schließlich in der Sowjetunion, von der alle Welt nur im Zusammenhang mit Perestroika und Glasnost redet, in der die Rechte des einzelnen Menschen eine zunehmend größere Rolle zu spielen beginnen und in deren Verfassung steht, daß Männer und Frauen gleichberechtigt sind. Wo bleibt denn da das Engagement der Partei im Sinne des Sozialismus und im Sinne der Politik von Gorbatschow?

»Nach der Oktoberrevolution haben die Frauenräte sehr gute Arbeit geleistet«, erzählt die Professorin. »Sie haben die Frauen vom Schleier befreit, sind auf die Dörfer gegangen und haben wirklich eine gute und wichtige Rolle gespielt. Dann ließ das Engagement aber merklich nach. Das Zentralkomitee der Partei hat das auch bemerkt und die Frauenräte aufgefordert, besser und mehr zu arbeiten und sich in der alltäglichen Arbeit, der ganz praktischen Hilfestellung für Frauen, mehr einzusetzen, also aufzuklären, zu beraten. Es gibt auch schon einige Fälle, wo der örtliche Frauenrat den Brautkauf verhindert und dem Mädchen geholfen hat, den Mann zu heiraten, den sie sich selbst ausgesucht hatte.«

Wichtig sei nun, so fährt die Professorin fort, sich intensiv mit den Problemen zu befassen, denn das bedeute zumindest, daß man sie als solche erkannt habe. Außerdem könne sie sich noch sehr gut an Zeiten erinnern, in denen die örtlichen Behörden mit allen Mitteln versucht hätten, solche Vorkommnisse zu verheimlichen und alles unter den Teppich zu kehren. Vor vier, fünf Jahren sei das noch so gewesen. Tatsache sei auf jeden Fall, daß die Frauen in Turkmenistan in der Regel ein schwereres Leben hätten als die Männer. Sie gebären immer noch viel zu viele Kinder, sie arbeiten schwer in der Landwirtschaft, und zwar auch dann noch, wenn sie hochschwanger sind, und sie stehen unter einem starken moralischen Druck.

111

»Die konservative Meinung eines Dorfes kann ein junges Mädchen fast töten. Das heißt, bei einem moralischen Fehltritt einer Frau erwartet die Dorfgemeinschaft geradezu, daß diese Frau aus dem Leben scheidet. Die Kraft und die praktischen Möglichkeiten, unter solchen Umständen ein Dorf zu verlassen, sind noch sehr gering.«

Die Professorin fragt dann, ob ich nicht etwas über die Situation der Frauen in der Bundesrepublik erzählen könne. Ich bemühe mich, ihre Fragen über Berufstätigkeit, Mutterschaft und Gleichberechtigung zu beantworten. Dann soll ich etwas über meine Eindrücke von der Gleichberechtigung und der Stellung der Frau in der Sowjetunion sagen. Ich bekenne ohne Umschweife, früher, als ich noch in der Bundesrepublik lebte, gedacht zu haben, man sei in der Sowjetunion in Sachen praktische Gleichberechtigung weiter als wir. Nach ein paar Wochen Moskau hätte ich aber feststellen müssen, daß dem leider nicht so ist und daß in der Sowjetunion nach meinen bisherigen Erfahrungen das Wort eines Mannes wesentlich mehr gilt als das einer Frau. Das sei in gewisser Hinsicht auch in der Bundesrepublik noch so, ergänze ich, aber hier in der Sowjetunion hätte ich es stärker, extremer empfunden. Enttäuscht sei ich davon, daß sich Gleichberechtigung hier in erster Linie darin äußere, daß Frauen körperliche Schwerstarbeit leisten.

Der Institutsdirektor wendet ein, gerade in der Sowjetunion arbeite eine sehr hohe Zahl von Frauen in so verantwortungsvollen Berufen wie denen des Arztes oder des Lehrers. Und das habe doch auch eine gewisse positive Aussagekraft. Auf dieses Argument habe ich nur gewartet. Ich kontere: Das hätte ich zu Anfang auch als Fortschritt angesehen, bis ich feststellen mußte, daß sowohl der Arztberuf als auch der Beruf des Lehrers zu den am schlechtesten bezahlten Berufen überhaupt gehören; mittlerweile sähe ich darin eine wesentliche Erklärung dafür, warum man in diesen Berufen überwiegend Frauen antrifft. Ich bin mir nicht ganz sicher, was meine Gesprächspartner jetzt wirklich denken. Sie waren auf jeden

112

Fall einen höflichen Ton, als sie mich mit den besten Wünschen für die Zukunft verabschieden. Sie wollen mir, sobald die Untersuchung abgeschlossen ist, eine Kopie des Berichtes schicken. Ich werde warten.

Larissa hat mir erzählt, daß im zentralen Krankenhaus in Aschchabad ein sehr engagierter Frauenarzt arbeite. Er reise auch in Sachen Gesundheitsaufklärung herum und sei wild entschlossen, alles in seinen Kräften Stehende zu tun, um die Lebenssituation und zunächst die Lebenserwartung der Frauen zu verbessern. Als ich ihn anrufe und ihn um ein Gespräch bitte, sagt er sofort, wir sollten am Nachmittag im Krankenhaus vorbeikommen. Ich bin erstaunt, wie unkompliziert das hier mit den Terminen funktioniert. Aus meiner Anfangszeit in Moskau kann ich mich noch gut daran erinnern, wie umständlich es immer war, Gesprächs- oder Drehtermine zu vereinbaren. Meist ging das nur mit Hilfe zeitraubender Korrespondenz. In Moskau hat sich das zwischenzeitlich sehr geändert, doch ich hatte nicht erwartet, dieser vereinfachten Verfahrensweise auch in Mittelasien zu begegnen. In der Regel dauert es eine Weile, bis die Signale aus Moskau in der Provinz ankommen und dort auch angenommen werden.

Das Krankenhaus liegt am Rande der Stadt, unmittelbar dahinter beginnen die Ausläufer der Wüste. Die Luft flirrt und ist voller Sand. Im Garten, den man durchqueren muß, um zum Haupteingang zu gelangen, sitzen die Kranken unter schattigen Bäumen. Alles, was hier wächst, muß künstlich bewässert werden. Eine Schwester nimmt mich in Empfang und bringt mich auf Umwegen zu Dr. Viktor Radzinskij, meinem Gesprächspartner. Unterwegs entschuldigt sie sich ständig für die Bau- und Renovierungsarbeiten, die einige Flure schon recht schlimm aussehen lassen. Ich frage mich, wie die Kranken den Slalom zwischen Steinen, Mörteleimern und Leitern bewältigen.

Dr. Radzinskij, auch ein Turkmene, ist ein etwas korpulenter, beinahe glatzköpfiger sympathischer älterer Herr mit einem festen Händedruck und vor Energie sprühenden Augen. »Was wollen Sie wissen?« fragt er freundlich und lehnt sich, die Hände auf dem Bauch gefaltet, bequem zurück. »Was ich nicht weiß, kann ich sicher irgendwo nachschlagen.«

Wo liegen denn aus seiner Sicht die Schwierigkeiten, die man im Zusammenhang mit Kinder- und Müttersterblichkeit überwinden muß? frage ich ihn und erzähle ihm auch von der Fernsehdiskussion, die ich ein paar Tage zuvor hier gesehen habe. Und gleich regt er sich auf. Er möchte ja niemandem zu nahe treten, aber alle, wie sie da saßen, seien nicht deutlich genug gewesen. Es sei im Grunde alles noch viel schlimmer und man müsse an so vielen Punkten gleichzeitig anfangen, um wirklich was zu verändern und zu verbessern. Er wisse manchmal selbst nicht, wie das gehen soll.

»Das beginnt damit«, sagt Dr. Radzinskij, »daß die islamische Welt nun wirklich kein Musterbeispiel für Familienplanung ist. Wir stecken hier ganz in den Anfängen und versuchen die Frauen zur Empfängnisverhütung an Spiralen zu gewöhnen. Das geht auch relativ gut. Mit Antibabypillen haben wir schlechte Erfahrungen gemacht, zumindest auf dem Land. Die Frauen vergessen einfach, sie einzunehmen. Übrigens ist das auch der Grund, warum sie hier in Aschchabad einigermaßen problemlos Antibabypillen in der Apotheke bekommen können. Auf dem Land werden sie nicht gebraucht, also kann man die Lieferungen gleich komplett in der Stadt lassen, und für die städtische Bevölkerung reichen sie bequem aus.«

Dr. Radzinskij führt als Beispiel für die erfolgreiche Aufklärungsarbeit in letzter Zeit an, daß 1987 etwa 12 000 Spiralen eingesetzt worden seien, 1988 aber schon etwa 37 000. Schwangerschaftsabbrüche kommen so gut wie überhaupt nicht vor, zeigt er mir anhand einer Statistik, die die einzelnen Sowjetrepubliken auflistet. In der gesamten Sowjetunion mit ihren 280 Millionen Einwohnern werden pro Jahr 6,5 Millionen Abbrüche registriert. Weitaus die meisten, und zwar nicht nur in absoluten Zahlen, sondern auch prozentual gesehen, kommen in der RSFSR, also der Russischen Föderativen Republik, vor; dicht gefolgt von Kasachstan, der Ukraine, Weißrußland, der mittelasiatischen Republik Usbekistan und Moldawien. Turkmenistan bildet mit 35 000 Schwangerschaftsabbrüchen pro Jahr das Schlußlicht dieser Liste. An vorletzter Stelle steht die baltische Republik Estland.

»Turkmenischen Frauen gefällt der sogenannte Mini-Abort am besten«, fährt Dr. Radzinskij fort, und ich bin etwas irritiert von dieser Ausdrucksweise. Er erklärt mir, daß neben der Spirale als Empfängnisverhütung der »Mini-Abort« als Mittel des Schwangerschaftsabbruchs eingesetzt wird, das heißt Absaugen ohne Betäubung in den ersten zehn, zwölf Tagen. Wie das funktionieren soll, ist mir überhaupt nicht klar. Ich bin aber innerlich noch so mit der Formulierung – diese Methode »gefällt den turkmenischen Frauen am besten« – beschäftigt, daß ich nicht gleich einhake, sondern Dr. Radzinskij weitererzählen lasse.

»Wir müssen mit allen Mitteln versuchen, Familienplanung zu propagieren, denn die Gesundheit turkmenischer Frauen ist im allgemeinen sehr schlecht, weil sie zuviel und zu oft gebären. Ich versuche ihnen das immer mit einem Bild klarzumachen: Sie sind wie eine Kerze, die man von beiden Seiten anzündet. Damit meine ich das Kind von außen, dem sie die Brust gibt, und das Kind von innen, das ihr Körper auch versorgen muß. Das kann ja auf die Dauer kein Körper schaffen.«

Da der gesundheitliche Zustand der Frauen hier in Turkmenistan nicht der beste ist, wäre es sinnvoll, wenn sie im Krankenhaus entbinden würden, aber da stelle sich das nächste Problem, meint der Arzt. Die Krankenhäuser sind vom Wohnort auf dem Land oft weit entfernt; und wenn eine Frau schon Kinder habe, lasse sie sie natürlich nicht allein. »Das führt dazu, daß Mütter und Kinder zu Hause sterben oder aber so spät zu uns kommen, daß wir auch nichts mehr machen können.« Diese traurige Situation versucht man jetzt in Turkmenistan in den Griff zu bekommen, indem man ein vollkommen neues Gesundheitssystem aufbaut. Und davon erzählt Dr. Radzinskij mit viel Elan.

Zum einen werden in den bestehenden Krankenhäusern sogenannte Tagesstationen eingerichtet. Schwangere Frauen, die diese Krankenhäuser problemlos erreichen können, kommen morgens und verlassen das Krankenhaus gegen 14 Uhr wieder, nachdem sie dort versorgt und untersucht worden sind. Ab 14 Uhr kommen die nächsten, die – aus welchen Gründen auch immer – den Nachmittagstermin vorziehen. Durch diesen »Schichtdienst« können sich die Mütter absprechen, wer wann auf welche Kinder aufpaßt. Die bisherige Erfahrung zeigt, daß von diesem Angebot gerne Gebrauch gemacht wird. Es kommen nun mehr als doppelt so viele Schwangere zur Untersuchung.

Andererseits entstehen auf dem Land sogenannte »Med-Punkte«, also medizinische Stationen. In diesen Med-Punkten arbeiten jeweils ein Arzt und eine Krankenschwester, die rund um die Uhr erreichbar sind. 1987 gab es erst siebzehn dieser Med-Punkte, 1988 bereits vierzig. Das sei zwar eine enorm teure Angelegenheit für den Staat, meint Dr. Radzinskij, aber die positiven Auswirkungen seien unbestritten und deshalb werde man diesen Weg weitergehen.

»Die Menschen hier brauchen einfach unsere Hilfe«, sagt mein Gesprächspartner und beugt sich zur Unterstützung seiner Worte nach vorne. »Man darf doch nicht vergessen, daß viele von ihnen bis vor noch gar nicht allzu langer Zeit Nomaden waren und erst jetzt anfangen, seßhaft zu werden. Erst jetzt kann man damit beginnen, an den Orten, an denen sie sich niederlassen, für Trinkwasser zu sorgen. Und Sie kennen unsere Wasserprobleme. Die schlechte Wasserqualität vor allem im Sommer ist schuld daran, daß so viele Kinder an Darminfektionen sterben. Und auch das muß man ehrlich sagen: Das wenige Wasser, das uns zur Verfügung steht, machen wir selber durch die Baumwolle kaputt. Baumwolle tötet das Wasser, auf diese Formel kann man es bringen. Die Pestizide, die wir bei der Baumwollproduktion einsetzen, vergiften unser Wasser zusätzlich. Solange wir die Trinkwasserversorgung unserer Menschen nicht im Griff haben, verteilen wir im Sommer kostenlos an alle Familien Medikamente gegen den Durchfall für ihre Kinder.« Er nennt Regidron, was ich ja schon mal gehört habe, und Oralit.

Dr. Radzinskij führt aus, daß sich die meisten Kinder diese Darmerkrankungen im Alter zwischen drei und sechs Monaten einhandeln. Das sei ein Merkmal einer niedrigen Zivilisation; und das könne die Sowjetunion nicht länger tatenlos hinnehmen. »Stellen Sie sich vor, noch vor drei Jahren starben 32 Prozent der Kinder vor dem ersten Lebensjahr zu Hause in ihren Dörfern. Das kann man doch kaum glauben.«

Ich blicke allmählich durch die vielen Zahlen, die ich hier und in der Fernsehdiskussion gehört habe, nicht mehr durch. Meine Versuche, das alles ein wenig tabellarisch zu systematisieren, scheitern jedoch. Dann plötzlich meint Dr. Radzinskij: »Wissen Sie, woran das liegt, daß wir das nicht schaffen? Bis zum vorigen Jahr hatte die Sowjetunion eine eigene Zählweise bei der Mütter- und Kindersterblichkeit. Man richtete sich nicht nach den Kriterien der WHO, der Weltgesundheitsorganisation der UNO, und so lassen sich nur schwer Vergleiche mit anderen Ländern anstellen. Deshalb wirken unsere Zahlen auch nicht so dramatisch, wie sie es tatsächlich sind, und wir geraten nun selbst durcheinander wegen der Schwierigkeiten beim Übergang von der einen zur anderen Zählweise.«

Dann habe ich irgendwann begriffen, daß die WHO bei Kindersterblichkeit einen viel umfassenderen Kriterienkatalog anwendet und daß auch Schwangerschaftsabbrüche und Bauchhöhlenschwangerschaften in ihrer Statistik berücksichtigt werden. In der Sowjetunion hingegen wird der Zeitraum zwischen der 28. Schwangerschaftswoche und dem 42. Tag nach der Entbindung für die Zahlenwerke herangezogen. Ich bin kein Statistiker und fühle mich nicht berufen, vergleichendes Zahlenmaterial zusammenzustellen. Denn klargeworden ist auch unabhängig von autorisierten Zählweisen: In Turkmenistan sterben zu viele Frauen und Kinder aufgrund der hygienischen und klimatischen Bedingungen und wegen der steinzeitlichen Erwartungen, mit denen man Frauen in dieser Republik traktiert.

Am Schluß unseres Gesprächs fragt mich Dr. Radzinskij: »Hätten Sie nicht Lust mitzuhelfen?« und lacht. Ich verstehe die Frage nicht. Er spürt meine Verblüffung. »Keine Angst, ich meine nicht Sie persönlich, ich meine die Bundesrepublik Deutschland.« Und dann fragt er, welche Möglichkeiten ich als Journalistin habe, bundesdeutsche Unternehmen für ein wirtschaftliches Engagement in der Sowjetunion zu interessieren. »Ich kann über das Land, über die Gegebenheiten und natürlich auch über die Wünsche und Bedürfnisse berichten, keine Frage«, antworte ich und weiß immer noch nicht, worauf er eigentlich hinauswill. Er tut sich auch recht schwer, zum Kern seines Anliegens zu kommen – wie ich erst später begreife, aus gewissen Hemmungen heraus, mich als Frau zu beleidigen oder zumindest in eine peinliche Situation zu bringen.

Dr. Radzinskij holt weit aus und erzählt mir von der Baumwolle, die in Turkmenistan angebaut wird, von der Qualität, von der Dicke der Faser usw. »Wissen Sie, was man daraus auch machen könnte? Denn unsere Baumwollqualität ist grob und für hochwertige Textilien nicht geeignet. Man könnte, Sie werden verzeihen, man könnte Damenbinden herstellen.« Meine natürliche Reaktion auf ein natürliches Thema – nach dem Motto »Warum sollen wir darüber nicht reden können als zwei erwachsene Menschen?« – entkrampft die Atmosphäre. Der freundliche ältere Herr ereifert sich, wie sehr solche Artikel den Frauen hier fehlen. Und er wird in seinen Schilderungen recht deutlich, als er in dem Zusammenhang auf die extrem heißen Temperaturen hinweist.

»Was wir hier brauchen«, fährt er fort, »ist eine westliche, zum Beispiel bundesdeutsche Firma, die hier ein Gemeinschaftsunternehmen hinsetzt. Sie haben doch gerade auf diesem Gebiet auch gute Produkte«, und er nennt tatsächlich einen Firmennamen. »Sie liefern die Maschinen und zeigen uns, wie's geht, und wir haben den Rohstoff in Hülle und Fülle. Ich bin sicher, wir hätten alle was davon. Und Sie dürften zudem mit dem guten Gefühl leben, geholfen zu haben. Ist das nichts?« Dr. Radzinskij ist kaum noch zu bremsen. »Wir haben so furchtbar viel Baumwolle, die für dieses Produkt so ungeheuer gut geeignet wäre, wir könnten das in alle Welt exportieren und von den Devisen medizinische Geräte kaufen.« Mehr Menschen vom Schlage des Dr. Radzinskij am zentralen Krankenhaus in Aschchabad, und der Sowjetunion ginge es besser.

Am nächsten Morgen fliegen wir wieder zurück nach Moskau. Die Maschine startet um 6.40 Uhr früh. Nach den anstrengenden Tagen und dem besonders frühen Aufstehen heute, versuche ich im Flugzeug ein wenig zu schlafen. Daran hindern mich erfolgreich immer wieder die extrem lauten Bordansagen, die mir zudem so überflüssig vorkommen, denn daß in Moskau das Thermometer 3 Grad minus anzeigt, das hätte man uns auch während des Frühstücks beibringen können.

Als das Frühstück dann verteilt wird – denn »serviert« ist in Aeroflot-Maschinen in der Regel nicht der richtige Ausdruck –, entweicht mir bei dessen Anblick: »Mein Himmel, das wird ja immer schlimmer!« Fette Wurst, eine Art Brotfladen, sehr hell und merkwürdig fleckig, eine Minidose Apfelsaft, wobei die Dose mehr wiegt als der Inhalt, so dick, wie sie ist. Geöffnet hatte man sie deshalb wohl – ihr Zustand ließ keinen anderen Schluß zu – mit einer Art Axt. Daneben vollkommen blasse und unansehnliche Hühnerteile, ein halb zerquetschter eingelegter Apfel und zwei Plätzchen.

Mir reicht der Anblick, und ich bin satt. Alles schmierig und fettig und einfach schmutzig: an den Tabletträndern und im Trinkbecher, in dem innen auf einem Fettfilm die Wasserperlen rutschen.

119

Solche Erlebnisse machen mich immer gleichermaßen wütend und traurig. Wütend wegen der Menschenverachtung, die aus diesem Verhalten spricht; und traurig, weil dieses Land so viele großartige Menschen hat, die durch die Schlamperei und das Desinteresse eines großen Teiles der Bevölkerung gleich mit in Mißkredit geraten.

Estland: *Meelike*

In Moskau machen wir nur kurz Station und packen die Koffer um, von Sommer- wieder auf Winterkleidung. In Aschchabad haben wir die Sonne bis dreißig Grad genossen, in Moskau schneit es, und die Temperaturen sind unter Null. In Tallinn, der estnischen Hauptstadt an der Ostsee, in die wir jetzt fahren wollen, soll es auch noch ziemlich kalt sein.

Als wir die Flugtickets besorgen wollen, sagt man uns: »Wieso fahren Sie denn nicht mit der Eisenbahn, wie alle das tun?« Also fahren wir mit der Eisenbahn, wie alle das tun. Warum auch nicht? Abfahrt von Moskau ist um 19 Uhr abends. Wir sind – wegen unseres umfangreichen Gepäcks – fast eine Stunde vorher am Bahnsteig. Der Zug steht auch schon da, wird aber erst eine halbe Stunde vor Abfahrt aufgeschlossen.

Wir belegen unsere Abteile und verstauen das Gepäck. Jeweils zu zweit haben wir ein Abteil, das so aussieht: rechts und links je eine Sitzbank, die später als Bett dient, ein großer einklappbarer Tisch am Fenster, das sich nicht öffnen läßt, eine wüst blasende Heizung und enorm viel Stauraum über der Tür. Eine Toilette und eine Waschgelegenheit findet sich am Ende des Waggons neben einem Ofen, den die freundliche Zugbegleiterin immer wieder mit Kohle füttert, damit das Feuer nicht erlischt. Ein riesiger Samowar steht auch da, und die in der Tat ungewöhnlich freundliche Zugbegleiterin serviert – sie serviert wirklich – auf Wunsch Tee oder Kaffee in Gläsern mit silberfarbenen, ziselierten Haltern, die ein wenig angestaubt vornehm wirken.

Der kleine Ofen entwickelt eine gewaltige Hitze im ganzen Waggon. Leider läßt sich die Temperatur in den einzelnen Abteilen nicht individuell regeln. Das entspricht einer Grundhaltung, der man in der Sowjetunion immer wieder begegnet: Es ist nicht nötig, irgend etwas individuell, nach persönlichen Wünschen einzurichten. Wenn es kalt ist, wird geheizt, und zwar für alle gleich. Und wenn die Musikberieselung eingeschaltet wird, dann hat »der Waggon« mit allen Insassen Musik zu hören! Das einzige Zugeständnis in dem Zusammenhang ist, daß sich die unerträgliche Lautstärke in den einzelnen Abteilen geringfügig mindern läßt, aber ganz abschalten kann man die Musik nicht. Man fängt gerade erst an, auf die Wünsche einzelner einzugehen und nicht mehr alle Menschen als homogene Masse zu betrachten, in der Einzelwünsche laut Ideologie nichts zu suchen haben.

Kaum haben wir die Hauptstadt verlassen, fahren wir nur noch durch ausgedehnte, verschneite Wälder, ab und zu ist ein See zu entdecken, am Ufer einladend aussehende Datschen. Hier gibt es also Wölfe, überlege ich mir, und wir sind nicht einmal eine Stunde unterwegs. Der Gedanke an wilde Tiere kommt mir unwirklich vor, weil Moskau so nahe ist.

Unser sowjetischer Tontechniker, der die Nachtzüge kennt, hat unsere Eisenbahnfahrt gut vorbereitet. In kürzester Zeit richtet er in einem der Abteile ein Abendessen her. Auf dem Tisch liegen Brot, schmackhafter Schafskäse, eine für hiesige Verhältnisse gute Wurst und selbstgezogene Gurken von seiner eigenen Datscha. Auch die Wodkaflasche fehlt nicht, sogar an Schnapsgläschen hat er gedacht. Am Ende gibt's zum Tee, von der Schaffnerin kredenzt, noch leckeren Kuchen. Eine rundum gelungene Sache mit viel Atmosphäre. Jetzt müßte nur noch jemand Balalaika spielen, und die Idylle mit Sonnenuntergang, verschneiter Winterlandschaft und deftiger Mahlzeit wäre perfekt.

Da meine letzten Erinnerungen an Schlafwagen aus der Kindheit stammen und sehr angenehme Gefühle auslösen, freue ich mich aufs gemütliche Einschlafen. Das wird dann aber doch nichts, weil ich die Schaukelei erheblich unter-schätzt habe. So habe ich mir das wirklich nicht vorgestellt. Dabei fährt der Zug allerhöchstens 75 oder vielleicht achtzig km/h, denn wir brauchen schließlich über vierzehn Stunden von Moskau nach Tallinn, und es gibt nur wenige Haltestellen. Das Schaukeln und Ächzen macht mir sogar solche Angst, daß ich mich in manchen Momenten regelrecht verkrampfe. Ich befürchte, der Zug springt aus den Schienen. Leider ist mir der teilweise lebensgefährliche Zustand sowjetischer Gleise nur allzu bewußt. Am 16. August 1988 war genau das die Ursa-che für ein schweres Zugunglück auf der Strecke Moskau–Leningrad, bei dem 28 Menschen ums Leben kamen und 104 verletzt wurden. Aus einer entspannten Fahrt mit dem Nacht-zug wird also nichts.

Am anderen Morgen ist der Blick aus dem Zug im Gegen-satz zum Vorabend beinahe deprimierend. Die Landschaft grau und nebelverhangen, große Pfützen überall, Schneere-ste, schiefe Telegrafenmasten mit beinahe bis auf den Boden hängenden Leitungen, kleine verkommene Häuser, manche auch mit eingestürztem Dach, verkohlte Balken lassen auf einen Brand schließen. Eine Kulisse für einen Film, der unmit-telbar nach dem Krieg spielt.

Etwa vierzig Minuten vor unserer Ankunft in Tallinn verän-dert sich das Bild, jedenfalls was die Häuser angeht. Sie wir-ken hübscher, gepflegter und tragen oft einen frischen Anstrich. Die Pfützen sind zwar noch genauso groß, und neb-lig ist es immer noch, aber die Spuren der Menschen machen einen freundlicheren Eindruck. Sollten die Esten wirklich soviel ordentlicher sein als die Russen?

Es ist kurz nach acht Uhr morgens Ortszeit, als unser Zug in den Bahnhof von Tallinn einfährt. Wir müssen mal wieder unsere Uhren verstellen. In Tallinn ist es eine Stunde früher als in Moskau, denn wir sind ja nicht nur in nördlicher, sondern auch einige hundert Kilometer in westlicher Richtung gefah-ren. Von der Uhrzeit in der Bundesrepublik trennt uns also ausnahmsweise nur eine Stunde, genausoviel wie Tallinn von

Moskau. Kalt und diesig ist es, das Thermometer steht auf null Grad. Ich bin total übermüdet und friere. Wir fahren zu einem der beiden großen, internationalen Hotels in Tallinn, in dem wir Zimmer gebucht haben. Ich gebe zu, daß ich den westlichen Standard unsagbar genossen habe. Eine funktionierende heiße Dusche weiß man erst zu schätzen, wenn diese Annehmlichkeit nicht selbstverständlich ist.

Tallinn (früher Reval) ist eine wunderschöne alte Stadt. Irgendwo habe ich mal die Bezeichnung gelesen: »Perle der Ostsee«. Obwohl ich an der Ostsee kaum Städte kenne, könnte ich mir vorstellen, daß es in keiner Weise übertrieben ist, Tallinn so zu nennen. Die Altstadt vermittelt einen beinahe südlichen Eindruck; pittoreske Hinterhöfe, enge, krumme Gäßchen. Die alten Handelshäuser erinnern an die Hanse-Vergangenheit. Eine gut erhaltene wuchtige Stadtmauer mit unzähligen Türmen – so wirkt es jedenfalls – umschließt die Altstadt. Und auf dem dicksten Turm weht nicht etwa die sowjetische, sondern die alte estnische Fahne, die noch vor gar nicht allzu langer Zeit offiziell verboten war. Mehrere Kirchen, eine schöner als die andere, ziehen den Stadtbesucher an; darunter auch eine russisch-orthodoxe Kirche, die ich im Stadtplan von Tallinn einfach nicht wiederfinden kann. Ich kaufe noch einen anderen Stadtplan und finde diese Kirche auch darin nicht. Eine ganze Weile will ich nicht akzeptieren, was ich vermute, aber es verhält sich tatsächlich so: In einem estnischen Stadtplan ist für eine russische Kirche kein Platz. So weit geht das also mit dem Bedürfnis nach Eigenständigkeit einerseits und dem Bedürfnis nach Vertreibung alles Russischen andererseits.

Wie stark dieses Bedürfnis ist, zeigt die folgende Erfahrung. Natürlich spreche ich hier russisch – wie denn auch anders, Estnisch kann ich nicht. Die Reaktion von Passanten, die ich auf russisch nach dem Weg frage, kann man ohne Übertreibung als unfreundlich bis feindselig bezeichnen. Als mir klar wird, daß diese ablehnende Haltung nicht ein grundsätzlicher Wesenszug der Esten ist, sondern mit der Sprache zusammenhängt, in der ich mich verständigen will, schalte ich um und versuche auf englisch oder sogar auf deutsch mein Glück. Das Resultat ist verblüffend: Die Mienen hellen sich auf, die Hilfsbereitschaft ist groß, alles ist in Ordnung. Das hatte ich so nicht erwartet. Es ist in gewisser Weise eine beängstigende Erfahrung, die etwas spürbar macht, das ich bisher nur theoretisch, aus der Lektüre, kannte. Eine Erfahrung, die ahnen läßt, welche bedrohlichen Spannungen hier schlummern.

Auch vor unserer Reise nach Tallinn hatten wir die sowjetische Nachrichtenagentur Nowosti gebeten, bei der Suche von Frauen für unseren Film behilflich zu sein. Unser Nowosti-Ansprechpartner in Tallinn ist ein Mann, ein Este namens Edgar. Auch wenn es sich im umgekehrten Sinne chauvinistisch anhört: Tatsache ist, daß Larissas Vorarbeit wesentlich besser war als die von Edgar. Er hatte sich nämlich darauf beschränkt herumzutelefonieren, wie er mir dann sagte. Keine einzige der in Frage kommenden Frauen hatte er sich persönlich angesehen. Es war sogar noch schlimmer, denn auch sein »Herumtelefonieren« beschränkte sich auf den Kontakt zu einer einzigen Frau in einem Tallinner Hochschulinstitut, die er gebeten hatte, doch mal nach jungen Estinnen Ausschau zu halten, die bereit waren, ein bundesdeutsches Fernsehteam in ihren Alltag blicken zu lassen.

Das stellt sich alles so nach und nach heraus, als Edgar und ich uns zum erstenmal treffen, und zwar im Tallinner Büro von Nowosti, einer hochherrschaftlichen Villa inmitten eines verwilderten Gartens, der seinen Reiz erst genau in diesem verwilderten Zustand zu entfalten scheint. Als ich meine Blicke von der prunkvollen Ausstattung einzelner Zimmer so gar nicht lösen kann, klärt Edgar mich auf, das sei die ehemalige Residenz des Vatikan gewesen. Na, dann.

Edgar hat für 14 Uhr an diesem Nachmittag vier Frauen ins Nowosti-Büro bestellt, damit ich sie kennenlernen kann, soweit das unter den Umständen überhaupt möglich ist. Es ist schon ein merkwürdiges Verfahren, und ich versuche, mir vorzustellen, ob ich zu einem solchen Termin erscheinen würde, um mich von einem ausländischen Fernsehteam begutachten zu lassen und darauf zu warten, ob ich denen denn nun genehm bin oder nicht. Aber wie ist die Alternative? Ich kann mich ja schlecht für ein paar Wochen in Tallinn einquartieren und selbst nach Kandidatinnen suchen. Es wäre natürlich hilfreich gewesen, wenn Edgar die Frauen vorher besucht hätte und mir jetzt schon ein paar Basisinformationen über sie geben könnte oder wenn er die Termine nacheinander vereinbart hätte, statt alle Frauen auf einmal zu bestellen. Aber so ist es nicht. Also, was nützt das Jammern.

Die Aufregung hatte sich nicht gelohnt, denn es kommt ganz anders. Bereits um halb zwei erscheint die erste Frau; daß sie auch die einzige bleiben würde, wußte ich da zum Glück noch nicht. Als sie zur Tür hereinkommt, erschrecke ich ein wenig über ihr Aussehen und schimpfe mich gleich darauf innerlich dafür aus. Aber ob mir das nun paßt oder nicht: Wie jemand aussieht, ist natürlich auch ein Kriterium für einen Film. Denn in den kurzen Sequenzen, die die knappe Sendezeit nur erlaubt – und was sind schon 45 Minuten, wenn man über *die* Frauen in der Sowjetunion berichten will –, in diesen kurzen Sequenzen schafft man es kaum, gegen ein unvorteilhaftes Äußeres anzukommen – auch wenn dieser Mensch noch so sympathisch, klug, schlagfertig ist und was es sonst noch an attraktiven Eigenschaften gibt.

Lia ist 29 Jahre alt, strohblond, sehr blaß, und ihr Gesicht ist ungewöhnlich breit und grob geschnitten. Im Gespräch gewinnt sie zunehmend, und erst jetzt fällt mir auf, daß sie sehr schöne blaue Augen hat und eine reizvolle Mimik. Als hübsch würde ich sie zwar immer noch nicht bezeichnen, aber ich kann nicht mehr verstehen, warum mich der erste Eindruck so erschreckt hat. Lia gibt bereitwillig über ihre Familienverhältnisse und ihren Alltag Auskunft. Sie ist verheiratet, hat zwei Töchter im Alter von vier und sechs Jahren und studiert zur Zeit Bibliothekswesen. Mit dem Studium hat sie erst vor knapp zwei Jahren begonnen. Eigentlich wollte sie sich an der Kunsthochschule immatrikulieren, aber dazu hätte ihr

Talent leider nicht ausgereicht, erzählt Lia. Vorher hat sie eine musisch ausgerichtete Allgemeinschule abgeschlossen. Sie malt, töpfert und batikt. Ihr Mann arbeitet als Lehrer, und beide wohnen in einer Vierzimmerwohnung. Lia selbst sagt sofort, daß das sehr günstig und nicht typisch sei, aber sie hätten es zum Glück irgendwie geschafft. Leider sei es ein Neubaugebiet, ein wenig außerhalb von Tallinn, aber alles könne man nicht haben; und für die Kinder sei das da draußen gar nicht so übel.

Edgar hatte mir schon vorher erzählt, daß an diesem Wochenende in Tallinn ein Frauenkongreß stattfindet, und während des Gesprächs mit Lia stellt sich heraus, daß sie eine der Delegierten ist. Das Institut, in dem sie studiert, hat Lia als Abgeordnete vorgeschlagen. Sie wisse gar nicht, wie sie dazu komme, aber es sei sicher eine reiz- und verantwortungsvolle Aufgabe, die sie gerne übernehme. Als ich sie frage, wofür sie sich denn in erster Linie einsetzen wolle, antwortet sie, ohne lange zu überlegen: »Dafür, daß Frauen bei ihren Kindern zu Hause bleiben können und nicht arbeiten gehen müssen.« Ich denke zunächst, daß ich sie falsch verstanden habe, das könnte ja sein; denn sie als Estin und ich als Deutsche, wir haben beide unsere Probleme mit der russischen Sprache. Aber Lia meint es wirklich so, wie sie es gesagt hat. Lia wiederum versteht meine Verwunderung nicht, und ich versuche, ihr zu erklären, daß eine solche Forderung bei uns in der Bundesrepublik als ausgesprochen konservativ, wenn nicht gar reaktionär gilt, weil zur Gleichberechtigung von Frauen und Männern eben auch gehört, daß Frauen trotz Kinder einen Beruf ausüben können. Daß das in der Praxis bei uns auch nicht so problemlos funktioniert, habe ich dabei nicht verschwiegen. Lia fragt, wieviel Prozent der Frauen in der Bundesrepublik berufstätig sind. Ich muß da leider passen; mittlerweile kenne ich die Zahl: Es sind knapp fünfzig Prozent. In Estland sieht das ganz anders aus. Da sind 98 Prozent aller Frauen berufstätig. Das bedeutet gleichzeitig: »Nur«-Hausfrauen gibt es so gut wie gar nicht, und Frauen haben offensichtlich überhaupt keine Wahl. Und wenn das so ist, dann bekommt diese Idee, für die sich Lia einsetzen will, einen ganz anderen Wert.

Lia sagt mir, daß sie selbst gar nicht zu Hause bleiben möchte. Deswegen wolle sie ja auch ihr Bibliotheksstudium abschließen, um eine Stelle annehmen zu können. Aber das sei ihre Wahl. Sie habe genug Frauen in ihrem Bekanntenkreis, die sich da anders entscheiden würden, wenn sie es nur könnten, und die bis an die Grenzen ihres Leistungsvermögens schuften, um alles miteinander zu vereinbaren: Beruf, Kinder und verwöhnte Ehemänner. Diese Frauen sollten wenigstens wählen können, ob sie berufstätig sein wollen oder nicht, denn das Kinderkriegen könnte ihnen ja niemand abnehmen.

Lia verabschiedet sich. Ich will mich auf jeden Fall bei ihr melden, entweder schon heute abend oder spätestens morgen früh. Dann passiert erst mal gar nichts. Es wird halb drei, es wird halb vier, und irgendwann verliert auch die schönste ehemalige Residenz des Vatikan ihren Reiz, wenn man unter Zeitdruck gerät und befürchten muß, in der verbleibenden Zeit die geplante Arbeit nicht zu schaffen.

Ich mache einen Vorschlag: Wenn die Mädchen aus der Universität nicht zu uns kommen, dann gehen wir doch zu den Mädchen. Edgars Vermittlungshelferin meldet sich am Telefon nicht. Edgar selbst kennt allenfalls die Namen der Kandidatinnen, aber nicht ihre Adressen. Also machen wir uns auf den Weg zur Universität. Das ist besser, als sinnlos zu warten. Edgar ist das alles sehr peinlich, und ich bin sauer. Hinzu kommt noch etwas, das ich der Vollständigkeit halber erwähnen sollte.

Ich hatte zwischendurch im Radio von den Ereignissen in Tbilissi (Tiflis), der Hauptstadt Georgiens, erfahren, wo bei Zusammenstößen zwischen Militär und Demonstranten Menschen zu Tode gekommen waren. Hauptsächlich Frauen sollen es gewesen sein. Diese Nachricht löst bei mir zweierlei aus: Einmal empfinde ich ohnmächtige Wut und Enttäuschung.

128

Zum anderen stecke ich in dem Dilemma, ob ich nicht besser schleunigst nach Moskau zurückfliegen sollte, um wenigstens von dort aus über diese Ereignisse zu berichten, oder ob ich planmäßig meine Dreharbeiten in Tallinn zu meinem Film über Frauen fortsetze. Ich entschließe mich fürs Bleiben, da ich sonst den Sendetermin für die Frauenreportage gefährden würde.

In der Universität gelingt es uns nach einigen Anläufen tatsächlich, noch eine der Kandidatinnen aufzutreiben. Sie heißt Margit, ist zwanzig Jahre alt und wohnt noch zu Hause bei den Eltern. Margit begrüßt mich mit Knicks, was mich beinahe erschüttert. Sie spricht – wenn sie denn spricht – ein sehr gewähltes Deutsch.

Wenn sie ihren Alltag beschreiben solle, so bestehe der in erster Linie natürlich aus der Arbeit im Universitätsinstitut – sie absolviert eine Ausbildung als Lehrerin –, dann sei sie mit Hausarbeit beschäftigt, da beide Elternteile berufstätig seien und spät nach Hause kämen. Schließlich passe sie auf die zwei Kinder ihrer älteren Schwester auf. Das mache sie sehr gerne, sagt Margit, und sie fügt hinzu, daß sie selbst mindestens drei Kinder haben möchte. Ich frage: »Warum so viele?« Drei Kinder zu haben gilt in der Bundesrepublik ja schon beinahe als kinderreich. Margit gibt eine umwerfende Erklärung: »Das hängt von der politischen Lage ab. Ich denke, das ist die einzige Möglichkeit, die Zahl der Esten zu erhöhen.« Das Motto heißt also: mehr Kinder, damit die estnische Bevölkerung wächst und nicht Gefahr läuft, von den Russen in Estland majorisiert zu werden.

Sie habe einen Freund, erzählt Margit weiter, aber bei ihrem zukünftigen Ehemann sei sie sehr wählerisch. »Ein Mann soll seine Frau geistig unterstützen«, sagt dieses hübsche junge Mädchen mit einer beinahe rührenden Ernsthaftigkeit. Ob sie für die Zukunft denn beides wolle, einen Beruf ausüben und Familie, oder lieber nur Familie. »Nur Beruf« erübrigt sich ja, weil sie doch mindestens drei Kinder haben will. Margits Antwort: Sie sei auch zufrieden mit einer reinen

Hausfrauen- und Mutterrolle, wenn es denn sein müsse, aber so ganz ohne Beruf, das könne sie sich, ehrlich gesagt, aus heutiger Sicht kaum vorstellen.

Margit wird den Frauenkongreß am Wochenende zusammen mit ihrer Freundin besuchen. »Ich bin ja noch zu jung und verstehe zu wenig vom Leben, als daß meine Stimme Geltung hätte«, artikuliert Margit, jedes Wort gewissenhaft betonend, und erklärt, daß sie eher von diesem Kongreß profitieren will, als selbst etwas beisteuern. Sie möchte einfach wissen, welche Themen auf welche Weise dort diskutiert werden, um auf dem laufenden zu sein. Forderungen oder Wünsche in diesem Zusammenhang habe sie nicht.

In der Universität werden wir nicht weiter fündig und gehen zurück ins Nowosti-Büro. Edgar wirbelt zwischenzeitlich mit einer Energie herum, die ich ihm gar nicht zugetraut hätte. Er hat bemerkt, daß solche Vorarbeit alles andere als unwichtig ist, und bemüht sich redlich, Versäumtes nachzuholen.

Als wir im Büro ankommen, wartet bereits – weiß der Himmel, wie Edgar das geschafft hat – eine Sportstudentin auf uns. Sie heißt Aivi und macht einen kessen, unternehmungslustigen Eindruck. Sie ist 22 Jahre alt, mit neunzehn hat sie geheiratet, und in ein paar Tagen feiert ihr Töchterchen zweiten Geburtstag. In ihrem Leben verlaufe alles hervorragend, verkündet sie strahlend. Ihr Mann ist auch Sportstudent. Beide haben als Hauptfach Schwimmen belegt, und Aivi möchte gerne Sportlehrerin oder Trainerin werden. Das Kind sei überhaupt kein Problem, so Aivi; wenn sie und ihr Mann nicht zu Hause seien, kümmere sich eine Verwandte um die Kleine. Zudem liege der Kindergarten gleich um die Ecke von ihrer Wohnung. Und dort nehme man Kinder schon im Alter von zwei Jahren auf. Aivi wohnt mit Mann und Kind fünf Kilometer außerhalb von Tallinn in einer schönen Zweizimmerwohnung, wie sie sagt.

Ich frage, wie sie das denn finanziell schaffen, wenn sie doch beide studieren. Aivi rechnet mir vor, daß ihr Mann und sie je fünfzig Rubel Stipendium erhalten – damit könne man natürlich nicht viel anfangen – und daß sie beide samstags abends etwa drei Stunden mit behinderten Kindern gymnastisch arbeiten. Dafür bekomme jeder noch mal 128 Rubel; macht zusammen 356 Rubel, und damit kommen sie aus.

Aivi ist so ein wenig der Hoppla-jetzt-komm-ich-Typ, aber nicht auf eine unangenehme Weise. Um so mehr bin ich überrascht, als Aivi mir ihre Lebensphilosophie verkündet, die da lautet: »Der Mann muß der Kopf der Familie sein. Ich bin nur der Hals, aber das reicht mir.« Ich kann es mir nicht verkneifen zu sagen, daß es ja immerhin der Hals sei, mit dessen Hilfe sich der Kopf drehen und beugen könne. Ob sie lieber deshalb der Hals sein möchte? Sie lacht herzhaft und versichert, daß sie das wirklich nicht so gemeint habe.

Für Aivis selbstbewußtes und weltoffenes Auftreten gibt es dann zum Schluß auch eine einleuchtende Erklärung. Aivi ist weit gereist. Sie war Schwimmerin in der sowjetischen Nationalmannschaft und hat auf diese Weise fast die ganze Welt kennengelernt. Aivi vermittelt den Eindruck einer glücklichen Frau, die sich ihr Leben nach ihren Vorstellungen optimal eingerichtet hat.

Aivi ist gegangen, und wir sitzen wieder da und warten. Als wir gerade aufbrechen wollen, um irgendwo eine Kleinigkeit zu essen, kommt die nächste Frau. Sie heißt Marika, ist mit 37 Jahren bisher die älteste, und sie arbeitet als promovierte Soziologin im Institut für Internationale Beziehungen. Marika ist verheiratet und hat drei Söhne – wie glücklich wäre Ogultjatsch in Turkmenistan darüber; Marika würde sich im Zweifel über Töchter genauso freuen. Marikas Söhne sind fünfzehn, dreizehn und fünf Jahre alt. Marika ist klein und eher vollschlank, was nach Aivi besonders auffällt, die mindestens 1,75 m groß ist und eine ausgesprochen gute Figur hat.

Marikas Eltern und eine Tante haben sich von Anfang an um die drei Kinder gekümmert, und sie tun das nach wie vor. Darauf ist Marika angewiesen, denn von ihrem Mann könne sie keine Hilfe erwarten, sagt sie, der habe selber einen anstrengenden, zeitaufwendigen Beruf an der Universität und zudem zwei linke Hände. »Aber«, so fährt Marika fort, »im Grunde sind wir Frauen ja selbst schuld, daß wir in schwierige Situationen geraten, weil wir beides wollen, Familie mit Kindern und einen Beruf. Dafür müssen wir dann eben auch einiges an Problemen in Kauf nehmen.« Diese Variante habe ich auch noch nicht gehört.

Wie gut, wenn man seine Vorstellungen, seine (Vor-)Urteile an Ort und Stelle überprüft. Ich hatte eher erwartet, in Estland Frauen zu begegnen, die die Speerspitze einer möglichen Frauenbewegung darstellen, die anfangen, Rechte einzuklagen, und Ansprüche formulieren, die die sowjetische Verfassung beim Wort nehmen wollen – kurz und gut, ich hatte gedacht, hier in Estland die emanzipiertesten Frauen zu treffen. Und was höre ich von jungen Estinnen: Wir möchten bitte zu Hause bleiben dürfen, bei den mindestens drei Kindern, die wir ja bekommen müssen, damit die estnische Bevölkerung möglichst schnell wächst. Und wenn wir uns beides aufgeladen haben, Beruf und Familie, dann sind wir an den Schwierigkeiten, die daraus resultieren, selbst schuld, und wir sollten uns hüten, darüber auch noch zu klagen. Fabelhaft.

Als wir Marika hinausbegleiten, wartet im Vorraum eine junge Frau. Külli heißt sie und ist die gleichaltrige Freundin von Margit, der Zwanzigjährigen, die wir schließlich in der Hochschule gefunden hatten und die so hervorragend und reizvoll altmodisch deutsch sprach. Külli scheint beinahe in jeder Beziehung das Gegenteil von Margit zu sein, die mich mit einem Knicks begrüßt hatte. Külli spricht zwar wie Margit auch sehr gut deutsch, aber flotter, moderner, schneller, und sie wirkt entschlossen und selbstbewußt, wie sie da mit ihrem burschikosen, kurzen Haarschnitt vor mir sitzt. Sie überlegt nicht lange – wie Margit das manchmal mit einer Ausdauer tat, die meine Geduld so arg strapazierte, daß ich schon dachte, Margit müsse in der langen Pause doch längst vergessen haben, wovon die Rede war. Külli ist spritzig und nie um eine schnelle Antwort verlegen. Sie wohnt mit ihrem zukünftigen Mann in einem Dorf in der Nähe von Tallinn. Um keinen Preis möchte sie von da fort. Gleich hinterm Haus beginnt der Wald, und man müsse ja auch an die Kinder denken, die es dort natürlich viel besser hätten als in der Stadt. Und wieviel Kinder möchte Külli . . .? Zwei, besser drei. Das hätte ich mir ja gleich denken können.

Mich wundert, und danach frage ich sie auch, daß sie mit einem Mann zusammenlebt, mit dem sie noch nicht verheiratet ist. Denn in der Regel sind die moralischen Ansprüche in der Sowjetunion, auch in Moskau, so, daß man erst heiratet und dann zusammen eine Wohnung bezieht – wenn man denn überhaupt eine Wohnung bekommt. Külli sagt wie aus der Pistole geschossen, sie müsse »den Typ« doch schließlich erst mal testen. Jetzt sei noch Zeit dazu und man könne etwaige Fehlentscheidungen besser korrigieren und leichter Konsequenzen daraus ziehen als später, wenn erst mal die Kinder da seien. Ihre Eltern hätte sie zwar mit Mühe, aber irgendwann dann doch davon überzeugt, daß das eine ganz vernünftige Überlegung sei, die allen Beteiligten viel Ärger und Schmerz ersparen könne.

Külli ist genau wie Margit im zweiten Studienjahr auf dem Wege zum Lehrerberuf. Um finanziell unabhängig zu sein, hat sie sich ihren Stundenplan so eingerichtet, daß sie jeden Tag in einer Schulklasse zwei Stunden Deutschunterricht erteilen kann. Anstrengend sei das schon, räumt sie ein, aber sie brauche nie jemanden zu fragen, wenn sie sich was kaufen wolle. Bevor wir uns verabschieden, möchte ich noch wissen, wie die Chancen ihres »Typs« denn stehen, zum Ehemann zu avancieren. »Nicht schlecht«, meint Külli.

Im holzvertäfelten Entree – eine andere Bezeichnung wird dem Stil der Eingangshalle dieser ehemaligen Vatikanresidenz nicht gerecht – sitzt auf dem breiten Sofa ganz verloren noch eine blonde junge Frau. Sie wirkt sehr müde, ist sehr scheu, wobei ich den Eindruck gewinne, daß ihre Hemmungen mit der russischen Sprache zu tun haben, die ihr grammatikalisch und auch sonst nicht so ganz zu liegen scheint. Diese Frau heißt Meelike. Sie ist dreißig Jahre alt, wirkt aber jünger und hat – Sie werden es nicht erraten – drei Kinder; eine Tochter von neun Jahren, eine von vier und einen Sohn im Alter von knapp zwei. Meelike arbeitet als Journalistin bei der hiesigen Parteizeitung, ohne selbst Mitglied der Kommunistischen Partei zu sein. Das finde ich hochinteressant, schließlich stellt man sich das doch ganz anders vor.

Während unserer Unterhaltung werde ich nicht recht schlau daraus, ob Meelike unser Anliegen eher reizt oder ob es ihr nicht vielmehr zuwider ist. Oder sollte der manchmal abweisende Eindruck, den sie vermittelt, damit zusammenhängen, daß sie wirklich so müde und abgespannt ist, wie sie aussieht? Meelike schwankt immer wieder zwischen Auskunftsfreudigkeit und Ablehnung. Als ich sie frage, wie wir das denn praktisch organisieren können, wenn ich mich für sie entscheide als diejenige, der wir mit der Kamera hinterherlaufen, wiegelt sie wieder ab. Eigentlich habe sie ja überhaupt keine Zeit und morgen müsse sie erst mal nach Tartu (das ehemalige Dorpat), das sei immerhin gut 200 km von Tallinn entfernt. Dort habe sie sich mit einer Kinderbuchautorin verabredet. Wir verbleiben so, daß ich Meelike auf jeden Fall noch an diesem Abend anrufen werde, denn, auch wenn's schwerfällt, ich muß mich ja entscheiden, je eher, desto besser.

Die Wahl fällt mir wirklich sehr schwer, denn vor Meelike war ich fast sicher, daß doch die erste die Richtige für diesen Film war, also Lia, die blasse Blonde mit dem breiten Gesicht. Meelike bringt meine Überlegungen wieder völlig durcheinander. Warum sollte ich mich nicht für eine Journalistin entscheiden anstelle einer Studentin, wie ich es ursprünglich vorhatte. Filmisch könnte das auch reizvolle Ergänzungen bedeuten, wenn wir diese Frau bei ihrer Arbeit begleiten, statt uns mit Studenten in irgendwelchen Lehrveranstaltungen aufzuhalten. Meelike würde auch über den Frauenkongreß am Wochenende berichten.

Je länger ich darüber nachdenke, desto klarer läuft meine Entscheidung auf Meelike hinaus, trotz ihrer Zurückhaltung und Scheu, die ich als Herausforderung betrachte. Alle, mit denen ich heute gesprochen habe, waren sofort und gerne bereit, sich von uns mit der Kamera begleiten – im Klartext: belästigen – zu lassen, bis auf Meelike. Aber das muß nicht unbedingt ein Nachteil sein.

Mittlerweile ist es 19 Uhr, ich bin rechtschaffen müde und hungrig. Nach dem Essen geht das Drama los, allen Frauen, die wir heute getroffen haben, abzusagen – bis auf Meelike, versteht sich. Diese Aktion gestaltet sich deshalb etwas umständlich, weil nur die wenigsten Telefon haben.

Ich habe mir noch folgendes überlegt: Da Meelike vom Kongreß berichtet, kann ich doch ohne Probleme Lia als Abgeordnete und Margit und Külli als Gäste dieses Kongresses mit in den Film einbeziehen. Das macht zudem das Absagen nicht so brutal, denn diese Prozedur ist mir schon unangenehm.

Meelike gehört auch zu denjenigen, die nicht über ein Telefon verfügen. Aber sie hatte mir die Telefonnummer ihrer Eltern gegeben, die im gleichen Haus wohnen, und dabei besonders darauf hingewiesen, daß ihr Vater sehr gut deutsch spricht.

Den ganzen nächsten Tag ist Meelike unterwegs. Dabei haben wir sie aus zwei Gründen nicht begleitet: Einmal wollte ich diese Schriftstellerin, mit der Meelike verabredet war, nicht so unangemeldet überfallen; und anmelden ging nicht, denn die hatte auch kein Telefon. Wenn ihr unser Besuch nicht recht gewesen wäre, hätten wir diese Tour von insgesamt 400 km völlig umsonst unternommen. Der zweite Grund war, daß wir nicht genau wußten, ob wir für Tartu nicht doch eine zusätzliche Genehmigung brauchten, denn wir hatten in Moskau nur Tallinn als Reiseziel angegeben. Da Meelike also für uns nicht greifbar ist, nutzen wir diesen Tag und das schöne Wetter, um Außenaufnahmen der reizvollen Altstadt zu machen. Denn auch solche Bilder brauchen wir ja für unseren Film, um vor den Porträts der einzelnen Frauen zu zeigen, in welchem Teil der Sowjetunion sie leben.

135

Während der Kameramann mit der Suche nach guten Perspektiven beschäftigt ist, spreche ich einfach Passantinnen an. Gewöhnlich leite ich meine Fragen mit dem Satz ein: »Wir machen einen Film über sowjetische Frauen . . .«, was erstaunlich oft zu der Reaktion führt: »Ach ja? Wir sind aber keine sowjetischen, wir sind estnische Frauen.« Keine einzige der Angesprochenen ist »Nur«-Hausfrau, und der überwiegende Teil hat tatsächlich drei Kinder.

Am nächsten Morgen treffen wir uns mit Meelike im Büro der *Stimme des Volkes,* so heißt die Parteizeitung, bei der Meelike arbeitet. Der Tag beginnt heute mit dem sogenannten Redaktionskollegium. Während das Kamerateam die Lampen für unsere Filmaufnahmen aufbaut, unterhalte ich mich mit dem Chefredakteur, Toomas Leito. Wir verständigen uns in einer Mischung aus russisch, englisch und deutsch. Ganz erstaunlich, wie schlecht viele Esten russisch sprechen.

Toomas Leito ist ein Mann von Mitte Fünfzig, korpulent, er hat volles, graumeliertes Haar und trägt eine dicke Hornbrille. Er erzählt mir, daß die *Stimme des Volkes,* das Zentralorgan der Kommunistischen Partei Estlands, von sechzig Mitarbeitern gemacht wird. Die Hälfte davon sind Journalisten, die andere Hälfte technisches und Hilfspersonal. Die *Stimme des Volkes* ist eine Morgenzeitung. Sie existiert seit fünfzig Jahren und hat eine Auflage von 197 000. Toomas Leito arbeitet hier seit zwei Jahren als Chefredakteur, davor war er fünf Jahre lang in der Partei tätig. Aber von Hause aus sei er Journalist, sagt er, und er zählt mir die Blätter auf, für die er vor seiner Parteitätigkeit geschrieben hat.

Meelike ist nicht die einzige Mitarbeiterin dieser Zeitung, die nicht Mitglied in der Partei ist. Auf meine entsprechende Frage meint Toomas Leito, lediglich 65 Prozent der Journalisten seien eingeschriebene Kommunisten. Beim technischen Personal wisse er den Anteil nicht genau. Die Quote habe sich in der Vergangenheit wenig verändert. Das sei auch gut so, denn mehr als 65 Prozent seien möglicherweise für die journalistische Arbeit gar nicht so nützlich.

Insgesamt arbeiten vier Frauen in der Redaktion, zuständig für Wissenschaft, Kultur, Soziales und Frauen und Familie. Eine von ihnen hält sich als Sonderkorrespondentin zufällig gerade in Tiflis auf, der georgischen Hauptstadt, wo es zur Zeit brodelt und wo vor zwei Tagen 21 Menschen ums Leben gekommen sind beim Einsatz von Militär gegen Demonstranten. Die Sonderkorrespondentin in der Tallinner *Stimme des Volkes* war von ihrer Zeitung wegen eines kulturellen Termins nach Tbilissi geschickt worden, aber nun berichtet sie von diesen traurigen und entsetzlichen Ereignissen. »Und sie macht das sehr gut«, meint der Chefredakteur anerkennend.

»Die vier Frauen sind alle sehr tüchtig«, fährt er fort, »aber vier, das ist auch genug. In unserer Zeitung arbeiten traditionell wenige Frauen. Mehr als drei oder vier wären wirklich nicht gut.« Ich verstehe nicht, wie er das meint. Er gibt sich redlich Mühe, mir seinen Standpunkt zu erklären: »Das ist eine Frage der Atmosphäre. Ein paar Frauen, das ist in Ordnung. Da nehmen sich die Männer etwas zusammen, und es ist atmosphärisch eher positiv. Der Umgangston wird einfach weicher und freundlicher. Aber grundsätzlich ist es schwer, mit Frauen zu arbeiten. Die fangen untereinander auch immer mit zu vielen Problemen an, das gibt nichts als Streit.« Ich bitte ihn, mir doch ein konkretes Beispiel zu erzählen, weil ich immer noch nicht so recht nachvollziehen kann, was er meint; aber ein konkretes Beispiel fällt ihm gerade nicht ein.

Einmal in der Woche trifft sich das Redaktionskollegium, das aus zehn Männern besteht, nämlich dem Chefredakteur und den verschiedenen Ressortleitern. Diese zehn sind alle Parteimitglieder. Je nach Thema und Tagesordnung werden Gäste zum Redaktionskollegium hinzugezogen, das heißt Mitarbeiter der Zeitung, die inhaltlich zu einzelnen Punkten etwas beizusteuern haben. Allerdings behält sich das Redaktionskollegium vor, selbst einzuladen. Der umgekehrte Weg, daß einer der Zeitungsjournalisten anfragt, ob er aus diesem oder jenem Grund bei einem Treffen dabeisein kann, ist nicht vorgesehen. Dafür gibt es schließlich die monatliche Gesamtversammlung, der – wie der Name schon sagt – alle beiwohnen: Journalisten, Techniker und Hilfspersonal.

Daß Meelike heute als Gast beim Redaktionskollegium eingeladen ist, hängt mit dem Frauenkongreß zusammen, der am kommenden Wochenende beginnt. Der Chefredakteur und die Ressortleiter möchten wissen, wie sich Meelike die Berichterstattung darüber vorstellt und was man, flankierend zum eigentlichen Ereignis, vielleicht sonst noch in die Zeitung bringen kann.

Aber zunächst beginnt das Redaktionskollegium mit dem Tagesordnungspunkt, mit dem es immer beginnt. Jede Woche werden die besten Arbeiten aus der eigenen Zeitung prämiert. Dazu sind Formblätter mit einer Auflistung der verschiedenen journalistischen Sparten entwickelt worden, die die Redaktionsmitglieder ausfüllen sollen. Also beispielsweise so: Das Foto vom Dienstag, die Reportage vom Freitag und die Analyse vom Mittwoch halte ich für die besten Beiträge in der vergangenen Woche. Zur Entscheidungsfindung wird abwechselnd ein Redaktionsmitglied zum Kollegium zugelassen, das seine Wertung begründen soll. Diese Ausführungen dienen dem Kollegium als Diskussionsgrundlage, und zum Schluß wird geheim abgestimmt. Dabei haben die zehn Kollegiumsmitglieder und der zugezogene »Experte« aus der Redaktion jeweils eine Stimme. Natürlich steigert es das redaktionsinterne Prestige, zu den Prämierten zu gehören, und es lohnt sich auch finanziell. Die ausgezeichneten Beiträge werden mit etwa zwanzig Rubel honoriert.

Meelike darf sich auch an diesem Tagesordnungspunkt beteiligen, denn sie wurde heute als Redaktionsexpertin ausgewählt und muß als solche nun ihre Wahl der besten Beiträge begründen. Zunächst ist die Rubrik Fotos an der Reihe. Die Formulare, die alle Zeitungsmitarbeiter gehalten sind auszufüllen, sind bereits ausgewertet worden. Danach haben zwei Fotos mit Abstand die meisten Punkte: eines von einer Schönheitskonkurrenz und eines zum Thema Wahlen zum Volksdeputiertenkongreß, das in Nahaufnahme eine Hand über einer

Wahlurne zeigt. Meelikes Favorit ist – aus mir unerfindlichen Gründen – eine Aufnahme von einer Unesco-Konferenz. Nach einer kurzen Diskussion darüber, ob nicht auch der Schwierigkeitsgrad bei der Prämierung eine Rolle spielen und mühelos zu schießende Fotos von vornherein aus der Wertung herausfallen sollten, entscheidet sich das Kollegium für eine Aufnahme, die einen Artikel über die Moldaurepublik illustriert; der Artikel wird gleich mit prämiert. Für Meelikes Unesco-Bild stimmen nur zwei weitere Kollegiumsmitglieder.

Beim nächsten Punkt, den Kurzbeiträgen, sorgt Meelike unfreiwillig für Heiterkeit in der Runde. Fünf von den neun Abteilungsleitern erklären einen Kurzbeitrag des Chefredakteurs zum besten, aber den hat Meelike in ihren Ausführungen nicht einmal erwähnt. Darauf der Chefredakteur, an die übrigen Herren gewandt: »Natürlich entschuldigt sie sich, daß sie mich vergessen hat«, und dann zu Meelike: »Nicht wahr? Sie werden schon sehen, was Sie davon haben.« Allgemeines Gelächter.

Der zweite Tagesordnungspunkt beschäftigt sich mit den Terminen und Themen, auf die man in der kommenden Woche das Augenmerk richten muß. Damit hat Meelike nichts zu tun. Sie sitzt schweigend dabei. Im wesentlichen referiert der Chefredakteur, ab und zu von einem der Ressortleiter ergänzt. Die beiden wichtigsten Punkte für die nächste Woche sind ein Treffen des Zentralkomitees der Kommunistischen Partei Estlands und eine Sitzung des Estnischen Ministerrates.

Toomas Leito, der Chefredakteur, erklärt, daß man zum Frauenkongreß sowohl einen Vorbericht erwarte als auch einen Artikel am ersten Konferenztag. Wie schon vorher besprochen, soll Meelike beides schreiben; und man habe dafür jeweils zwei Spalten auf der ersten Seite reserviert. Dann wird Meelike inhaltlich zum Frauenkongreß befragt. »Was ist das überhaupt?« beginnt einer der jüngeren Ressortleiter. Meelike berichtet, meist mit niedergeschlagenen Augen und nur sehr selten aufblickend, daß es in der Mehrzahl die offiziellen Frauenräte seien, die sich da treffen, allerdings: Erstmals seien auch Vertreterinnen der »Bewegung Frauen Estlands« zugelassen. Die Männer wollen wissen, worin die sich denn unterschieden. Meelike erklärt: Als sich vor ein paar Jahren die »Bewegung Frauen Estlands« formierte, war das als Protest gegen die Trägheit und Rückständigkeit der meisten Frauenräte gedacht, von denen sich viele Frauen nicht mehr hinreichend vertreten fühlten. Dadurch sah es eine Zeitlang so aus, als bekämpften sich zwei unterschiedliche Frauenorganisationen. Wenn man aber einen Blick in die Plattformen der einen und der anderen wirft, so stellt man fest, daß beide im Grunde am gleichen Strang ziehen.

Toomas Leito hat nun offenbar genug erfahren und unterbricht Meelike: »Sie könnten dem Land einen großen Dienst erweisen, Sie Filmstar«, fügt er sarkastisch mit Blick auf uns hinzu, »wenn Sie die Frauenbewegung nicht ganz so hoch hängen würden.« Darauf der junge Mann von vorhin: »Das ist natürlich die Meinung der Männer. Aber Toomas, wenn Sie so was in Finnland gesagt hätten, wäre das dort ein großer Skandal.« Alle Männer lachen. Meelike lacht nicht, aber sie sagt etwas: »Das liegt daran, daß es in Estland zuwenig Männer gibt. Aber darüber darf man in der Zeitung ja nicht schreiben.« Ich verstehe nicht ganz, wie sie das meint, komme aber auch nicht mehr dazu, sie danach zu fragen. »Na, es wird keine so große Bedeutung für die Weltrevolution haben«, diese Bemerkung eines Herren mittleren Alters beschließt den Tagesordnungspunkt.

Der dritte und letzte Themenkreis betrifft das Innenleben der Redaktion. Man hat Konkurrenz bekommen durch eine andere Tageszeitung, die schneller und vielleicht auch besser ist, so der Chefredakteur. Also müsse man schleunigst eine »Angriffsstrategie« entwickeln. Ganz praktisch gehört dazu u. a. auch, daß man bei der Partei einen Antrag stellen will, Diktaphone anschaffen zu können.

Nach dem Redaktionskollegium werfen wir noch einen

Blick in Meelikes Arbeitszimmer. Es ist winzig, aber irgendwie haben sie es geschafft, zwei Schreibtische hineinzustellen.
Meelike teilt das Zimmer mit einer Kollegin, die zum Glück
sehr oft unterwegs ist. Heute noch muß Meelikes Artikel über
die Kinderbuchautorin, die sie gestern besucht hat, in die Setzerei. Meelike steht ziemlich unter Druck, denn heute nachmittag hat sie noch einen Termin. Diese ständige Belastung
wirkt sich auch auf ihren Zigarettenkonsum aus. Die letzte
Zigarette ist kaum zu Ende geraucht, da steckt sie sich schon
die nächste an. Wir stören und lassen sie allein, nicht ohne vorher noch die Zeichnungen ihrer Kinder zu betrachten, die sie
direkt vor sich an der Wand aufgereiht hat.

Nachmittags um vier sind wir noch einmal mit Meelike verabredet, denn sie will, mit Blick auf den Frauenkongreß, in
der Fußgängerzone am alten Rathausplatz eine kleine Umfra-
ge machen. Vielleicht bringt das noch die eine oder andere
brauchbare Zusatzinformation für ihren Vorbericht. Mir fällt
auf, daß sie die Frauen immer zuerst fragt, ob sie Estinnen
oder Russinnen seien; dann erst fährt sie mit den inhaltlichen
Fragen in der einen oder der anderen Sprache fort. Es ergibt
sich zufällig so, daß unter den ersten sechs Befragten keine
einzige Estin ist, was Meelike ärgert. Das sei nun wirklich
nicht typisch, sagt sie mir und fragt weiter.

Alle Frauen ohne Ausnahme, ganz gleich, ob Russin oder
Estin, wissen vom Kongreß. Die wenigsten erwarten von dieser Veranstaltung irgendeine Verbesserung ihrer Lebenssituation als Frauen. Da werde wie überall nur geredet und nichts
getan. Außerdem – auch das Argument ist mehrfach zu hören
– seien die Delegiertenwahlen im stillen abgehalten worden,
ohne tatsächliche Beteiligung der Bevölkerung, und das sei
falsch. Was soll bei einem solchen falschen Anfang dann schon
Richtiges herauskommen?

»Frauenprobleme in dem Sinne gibt es doch gar nicht«,
meint eine junge Estin, »es gibt nur Probleme der Gesellschaft, unter denen die Frauen besonders leiden. Aber von der
Erkenntnis sind unsere Frauenräte noch weit entfernt. Also,

141

wenn Sie mich fragen, ich erwarte nichts von dieser Veranstaltung. Das kostet nur auch wieder unnötig Geld, das man besser anders angelegt hätte.«

Auf die Frage, welche Themen vorrangig auf dem Frauenkongreß besprochen werden sollten, ist die Bandbreite der Antworten erstaunlich groß. Da redet eine ältere Frau von den Renten, die gerade für Frauen besonders niedrig sind; da klagt eine jüngere über den langen Militärdienst der Männer, der alle menschlichen Bindungen kaputtmacht. Da ist die Rede von viel zu kleinen und engen Wohnungen, von fehlenden Kindergartenplätzen, von miserabler Lebensmittelversorgung, von schlechter medizinischer Betreuung besonders der Kinder, was dazu führe, daß sie oft krank werden; und kranke Kinder und Beruf, das lasse sich nun überhaupt nicht mehr kombinieren. Und da fordert eine ganze Reihe von Frauen für die ersten drei Lebensjahre eines Kindes zumindest eine Grundbezahlung, um zu Hause bleiben zu können und nicht berufstätig sein zu müssen.

Dann gerät Meelike an eine Estin, die überhaupt nicht mehr zu bremsen ist. »Womit soll man denn anfangen, damit es für die Frauen besser wird? Das hängt doch alles eng miteinander zusammen und ist so hoffnungslos verfahren. Wie sieht es denn aus, unser Leben? Haben Sie Kinder?« will sie von Meelike wissen. »Na, dann wissen Sie ja, wovon ich rede. Acht Stunden in der Arbeitsstelle und acht Stunden zu Hause, so sieht das doch aus. Und ständig hat man Gewissensbisse gegenüber den Kindern, weil man für sie nicht genug Zeit findet. Für einen selbst bleibt ohnehin nichts übrig. Das ganze Jahr tagaus, tagein nur Streß und Mühe. Ich bin unglaublich müde, wissen Sie.«

»Ich möchte einmal einer sowjetischen Frau begegnen, die nicht müde ist«, wirft Meelike ein. Plötzlich führt ihre Gesprächspartnerin den Begriff »Kultur der Mutterschaft« ein. »Wir haben nicht nur allgemein an Kulturniveau in unserer Gesellschaft verloren, wir haben auch das Kulturniveau der Mutterschaft verloren. Wir müssen dringend nachdenken, wie wir das wiederherstellen können, damit Mutterschaft die Bedeutung erhält, die ihr zukommt. Wir haben doch alle gar keine Nerven mehr für unsere Kinder. Bringt Sie das nicht auch innerlich um, wenn Sie auf der Straße Szenen erleben, wo Mütter ihre Kinder mit aller Kraft schütteln oder schlagen und schreien: ›Gleich bring' ich dich um, wenn du jetzt nicht sofort...‹? Das Niveau unserer Kultur leidet entsetzlich darunter, daß alle nur noch miteinander schreien und im Streß sind. Das ist für meine Begriffe das Schrecklichste, was es auf der Erde gibt.« Ich bin erschüttert, und Meelike ist es auch.

Was hält Meelike eigentlich selber von diesem Kongreß? »Eine Feier der Schwätzer wird es werden«, sagt sie scheinbar emotionslos. »Wahrscheinlich müssen solche Veranstaltungen sein. Ich werde sie nicht von vornherein verteufeln, sondern offen in jeder Richtung beobachten, aber meine Erwartungen sind geringer als gering.«

Mittlerweile hat sich auf dem Rathausplatz ein alter Russe mit einem Akkordeon niedergelassen und beginnt Lieder zu singen, die auf die Tränendrüsen drücken. Schnell ist er umringt von den vielen Touristen, die durch die Altstadt schlendern. Und dann passiert folgendes: Ein älterer Este entdeckt uns mit unserer Kamera, kommt wutentbrannt auf uns zu und fordert uns mit bebenden Lippen auf, die Aufnahmen einzustellen, denn das sei nun wirklich nicht typisch für Tallinn. Der alte Mann regt sich derart auf, daß sein Kiefer beim Sprechen zu zittern anfängt. Ich versuche ihm zu erklären, daß unsere Aufnahmen beendet sind und daß wir für unseren Film an dem alten Russen mit seinen russischen Liedern nicht das geringste Interesse haben. Als er mir schließlich glaubt, beruhigt er sich zusehends. Er entschuldigt sich schließlich so inbrünstig, daß er mir leid tut und ich nach Worten suche, ihn davon abzuhalten.

Vom Rathausplatz aus gehen wir in ein Altstadtcafé. So etwas hätte ich hier nie erwartet und ohne einen entsprechenden Hinweis auch nie gefunden, denn das Café liegt im ersten Stock und ist von außen nicht sofort zu erkennen. Café und

Konditorei stammen bereits aus der Zeit um die Jahrhundertwende, und die jetzigen Betreiber sind bemüht, diesen alten Stil zu erhalten. Um kleine runde Tischchen herum stehen filigrane Stühle, blau bezogen, der Rahmen weiß wie die Tische und der reichliche Stuck an Wänden und Decken. Vorhänge im Blauton der Stuhlbezüge an den Fenstern, seitlich gerafft; kleine Blumengestecke auf den breiten Fensterbänken aus Marmor. Freundliches, adrett gekleidetes Bedienungspersonal und liebevoll arrangierte Kuchenteller; das Geschirr wie aus Großmutters Zeiten.

In diesem Café haben sich Meelike und ich mit den anderen Frauen verabredet: mit der Kongreßdelegierten Lia, mit Margit und Külli, die als interessierte Gäste dorthin gehen wollen. Schnell ereifern sich die vier im Gespräch und verfallen von der russischen in die estnische Sprache. Ich kann nur noch raten, worum es geht. Zwischendurch versorgt mich Meelike auf russisch mit ein paar Brocken und Külli sogar auf deutsch. Sie diskutieren zum Stichwort Doppelbelastung, und alle sind sich darin einig, das vornehmste Ziel aller Frauen und damit auch des Frauenkongresses müßte sein, dafür zu kämpfen, daß Frauen zu Hause bleiben können. Das wäre ein Fortschritt.

Mithilfe des Ehemannes oder gar Rollentausch kommt keiner der vier Frauen in den Sinn. Nicht mal der Wunsch nach besseren Haushaltsgeräten oder halbfertigen Nahrungsmitteln, wie ich ihn in Ostsibirien und auf Sachalin gehört hatte, spielt in ihren Gesprächen eine Rolle. Ich kann mich nicht erinnern, jemals irgendwo auf der Welt junge Frauen erlebt zu haben, die mit einer derartigen Inbrunst gegen weibliche Berufstätigkeit und für die Aufwertung der Mutterrolle kämpfen. Ich werde ein paar Tage später Dinge erfahren, die dieses Verhalten noch in einem ganz anderen Licht erscheinen lassen.

Der nächste Tag beginnt mit einem Besuch einer Textilfabrik. Meelike will ganz gezielt Frauen zum Kongreß befragen, die körperlich harte Arbeit leisten. Was das betrifft, so ist

Mit Larissa, Mitarbeiterin der Nachrichtenagentur Nowosti,
in Aschchabad.

Mit Ogultjatsch *(links)* und der Dolmetscherin Agdscha in Ogultjatschs
Haus in Keledschar.

Hier ruhen sich die Männer aus. *Links* Aga Murat,
Ogultjatschs Mann; neben ihnen mein Mann, der mich auf allen
Reisen begleitet hat.

Ogultjatsch und vier ihrer Kinder.

Blick auf die Kopetdag-Gebirgskette, die Turkmenistan
vom Iran trennt.

Turkmenistan: Tradition plus Motorisierung...

Aga Murats Schlafzimmer.

Mädchenklasse in der landwirtschaftlichen Berufsschule
in Güokdüpe.

Mit den Lehrerinnen von Güokdüpe – in Landestracht.

Stadttor in Tallinn (früher Reval), der Hauptstadt Estlands.

Mit der Journalistin Meelike von der Tallinner Tageszeitung
Stimme des Volkes.

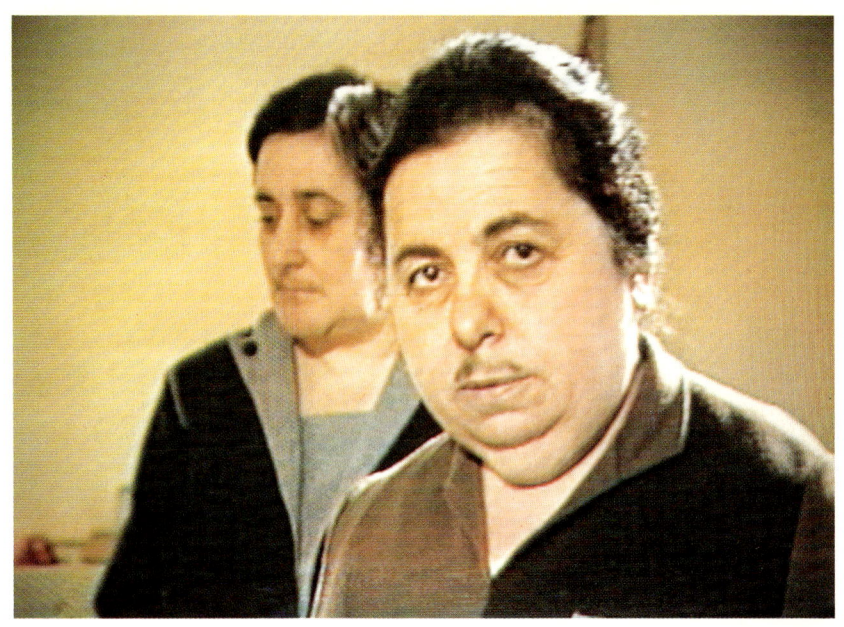

Medea, Erste Parteisekretärin im Kreis Sagaredscho in Georgien.

Georgische Trinksprüche: Auf die Gesundheit! Auf den Frieden!
Auf die Verwandten! Und dann: »ex«.

Die sowjetische Frau gibt es nicht.

man, neben dem Hoch- und Tiefbau, in der Textilindustrie genau richtig. Die Fabrik heißt Marat. Ihre Produkte haben einen guten Ruf und sind daher immer schnell vergriffen. Rechnet man alle Filialen in Estland zusammen, so arbeiten 3200 Beschäftigte für Marat, davon 2600 in der Tallinner Zentrale. 85 Prozent aller Angestellten sind Frauen. Die verbleibenden 15 Prozent Männer finden sich in Berufsgruppen wie Mechaniker und Elektriker. Der Direktor ist ebenfalls ein Mann. Er hat fünf Stellvertreter, zwei männliche und drei weibliche. In der Produktion arbeitet kein einziger Mann.

Marat stellt im wesentlichen Unterwäsche und Sportkleidung her; was mich besonders wundert: hauptsächlich aus ägyptischer Baumwolle. Ich frage natürlich, warum hier nicht die Baumwolle aus der Sowjetunion verwandt wird. In Usbekistan und Turkmenistan wächst doch genug. Aber diese Baumwollpflanzen haben eine andere, grobere Faser (wie mir Dr. Radzinskij aus Aschchabad ja schon sagte), die sich für hochwertige Textilien nicht eignet. Also wird sowjetische Baumwolle für andere Zwecke ausgeführt und dafür ägyptische Baumwolle eingekauft. Die Handelsbilanz auf diesem Sektor sei plus/minus null ausgeglichen, sagt man mir.

Seit 1988 arbeitet der Betrieb nach dem System der wirtschaftlichen Rechnungsführung, das heißt, er muß sich wirtschaftlich selbst tragen, und der Staat gleicht nicht automatisch alle Verluste aus. Seit Januar 1989 darf die Firma die erwirtschafteten Gewinne zu einem gewissen Teil auch eigenverantwortlich nutzen. Sechzig Prozent der Produktion laufen immer noch auf Staatsauftrag, schließlich befindet man sich ja noch im geltenden Planjahrfünft, das bis 1990 andauert. Die übrigen vierzig Prozent allerdings gehen bereits mit gutem Erfolg in den Export. Von den erwirtschafteten Devisen will der Betrieb modernere Maschinen im Westen kaufen; bestellt sind sie schon.

Als wir in eine der Fabrikhallen kommen, in der Trikotstoffe gestrickt werden, möchte ich am liebsten gleich wieder umkehren. Ein infernalischer Krach, rundum sich drehende

Spulen in allen Größen, nichts, was sich nicht bewegt, kaltes Neonlicht und Staub. Es kostet Überwindung, sich dort aufzuhalten. Um annähernd zu beschreiben, wie schrecklich es ist, hilft vielleicht das: Ich halte mich für einigermaßen belastbar, und Hysterie kann ich mir in meinem Beruf nicht leisten, aber ich habe das Gefühl, in dieser Halle spätestens nach zwei Stunden einen Schreikrampf zu bekommen. Es macht Mühe, in den Gängen zwischen all den Maschinen geradeaus zu gehen, weil einem vor lauter gegenläufiger Drehbewegungen fast schlecht, zumindest schwindlig wird. Manche Frauen an den Webstühlen sehen dennoch erstaunlich fröhlich aus. Beispielsweise eine ältere mit einem lustigen Dutt auf dem Kopf, die jeder Redakteur einer Kindersendung vom Fleck weg als Fernsehoma engagiert hätte. Blitzende Äuglein in einem beinahe schelmischen Gesicht. Aber an der nächsten Maschine steht ein vollkommen apathisch wirkendes Mädchen kreidebleich und mit gebrochenem Blick.

Ich lasse Meelike alleine weitergehen und frage dieses Mädchen, ob sie mir ein paar Auskünfte geben will. Sie hat nichts dagegen. Natascha heißt sie und ist Russin. Seit sieben Monaten arbeitet Natascha hier, immer an derselben Maschine. »An den Lärm gewöhnt man sich schnell«, lächelt sie. Im Grunde sei das keine schlechte Arbeit. Sie erledige ungestört ihr Pensum, sagt sie, und freue sich an den Farben der Garne. Ich fasse es kaum. Außerdem, erzählt sie weiter, mache sie ein Abendstudium am Technikum in Tallinn, denn sie möchte mal als Ingenieurin in diesem Betrieb arbeiten. Der Verdienst ist unterschiedlich, erklärt sie mir, das hänge von der Leistung ab. Letzten Monat habe sie 240 Rubel verdient. So in etwa würde sie diesen Betrag immer erreichen. Später erfahre ich von der Brigadeleiterin, daß das durchschnittliche Grundgehalt zwischen 170 und 240 Rubel beträgt. Dann liegt Natascha mit ihrem Verdienst ja wirklich nicht schlecht. Der Betrieb plant im übrigen, die Gehälter bis auf 300 Rubel Grundgehalt anzuheben, wenn sich die positive wirtschaftliche Entwicklung fortsetzt.

Meelike steht zwischenzeitlich bei einer Frau mittleren Alters und versucht mit Mühe, sich verständlich zu machen. Diese Frau arbeitet schon ein paar Jahre hier in der Fabrik. Nach jeder Frage von Meelike bittet die Textilarbeiterin, die Frage noch einmal zu wiederholen, weil sie sie nicht verstanden hat. Kein Wunder, daß das Gehör bei diesem Lärm auf die Dauer Schaden nimmt. Auch diese Frau hat Kinder, zwei sind es in dem Falle. Meelike fragt, ob die Frau lieber woanders arbeiten möchte, und die Antwort kommt prompt: »Natürlich würde ich sofort wechseln, aber was kann ich tun? Ich hab' nichts anderes gelernt. Ich werd' hier schon bleiben müssen, bis zum Schluß.«

Ob Russinnen oder Estinnen, die hier nebeneinander an den Maschinen stehen, fast alle kommen an irgendeinem Punkt des Gesprächs mit Meelike auf die miserable Wohnsituation, und zwar ohne daß Meelike sie direkt danach fragt. Die Frau von vorhin wohnt mit ihrer Familie, also mit Mann und zwei Kindern, in einer sogenannten Kommunalwohnung. Das bedeutet, ihnen stehen zwei Zimmer in einer größeren Wohnung zur Verfügung, in der noch zwei Familien leben und in der sich diese vielen Menschen eine Küche, ein Bad und eine Toilette teilen müssen. Die Fabrik unterhält zwar auch eigene Wohnblocks, aber nicht genug; und die Wartelisten sind entmutigend lang.

Auch die lustig aussehende Großmutter mit dem Dutt oben auf dem Kopf – sie ist im übrigen wirklich Großmutter einer siebenjährigen Enkelin – klagt mit ihrem fröhlichen Gesichtsausdruck über das Wohnungsproblem. Ich glaube bald, diese Frau kann aus unerklärlichen Gründen gar nicht anders schauen. Sie tänzelt zwischen den beiden Maschinen hin und her, für deren Bedienung sie zuständig ist, kniept von Zeit zu Zeit ihren Kolleginnen zu, wirft Bemerkungen herüber und lacht selbst am meisten. Eine erstaunliche alte Frau. Über den Krach sagt sie nur: »Och, das ist Gewohnheitssache. Ich arbeite hier schon mein ganzes Leben, von Kindheit an.« Sprach's und lachte.

Einige junge Frauen erzählen, ihre Mütter hätten bereits hier gearbeitet und von Anfang an habe kein Zweifel daran bestanden, daß die Töchter auch in die Fabrik gehen.

Irgendwann stelle ich fest, daß einige Frauen zwei Maschinen zu bedienen haben, andere wiederum drei. Warum das so ist, dafür bekomme ich keine einleuchtende Erklärung. Aber sobald bei den Arbeiterinnen davon die Rede ist, sind die mit zwei Maschinen voller Mitgefühl für die anderen, denn das seien diejenigen, die hier wirklich harte körperliche Arbeit leisten, so heißt es, dagegen sei das Bedienen von zwei Apparaten nahezu ein Kinderspiel.

An einer langen Spinnmaschine mit vielen sich drehenden Garnrollen unterhält sich Meelike noch mit einer älteren Estin, bevor wir die Fabrik wieder verlassen. »Unter diesen Maschinen«, sagt die Frau und zeigt auf die Spulen, die etwa in Kopfhöhe an ihr vorbeiflitzen, »weiß ich manchmal wirklich nicht mehr, wo mir der Kopf steht. Als ich zum erstenmal hierherkam, und ich hab' als Kind hier angefangen, da hatte ich den Eindruck, daß sich alles hier bewegt, und wenn ich mich umsah, wurde es mir ganz schwindlig. Jetzt geht's besser.« Meelike fragt, ob sie sich das früher so vorgestellt habe, ihr ganzes Leben in einer solchen Fabrik zu arbeiten. Die Frau schüttelt den Kopf: »Nein, das habe ich mir wirklich nicht so vorgestellt. Aber das Leben ist nun mal so gekommen, wie's jetzt ist. Da kann man nichts machen.« Sie beginnt gerade, von ihren beiden Töchtern, 24 Jahre alten Zwillingen, zu erzählen, als die Maschine mit einem Ruck stehenbleibt. Die Frau entschuldigt sich, wahrscheinlich sei etwas gebrochen, das passiere schon mal, aber nun könne sie sich nicht weiter unterhalten. Jetzt müsse sie erst nachschauen, was da los ist.

Bei der Gelegenheit: Ich hatte mich von Anfang an gewundert, daß die Fabrikleitung nichts gegen diese Befragung von Meelike einzuwenden hatte, denn das fand schließlich während der Arbeitszeit statt. Ich bin mir nicht sicher, ob das in der Bundesrepublik so ohne weiteres möglich gewesen wäre.

Oder hat eine Rolle gespielt, daß ein westliches Fernsehteam dabei war? Auszuschließen ist das natürlich nicht. Andererseits erzählt mir Meelike, sie schiebe solche Befragungen ab und zu mal in ihren Arbeitsplan ein und sie sei nicht zum erstenmal aus diesem Grunde in der Textilfabrik Marat gewesen.

Meelikes Fazit nach dem heutigen Termin: Über den Frauenkongreß hat es nicht viel gebracht, fast alle Frauen wissen zwar davon, aber sie erwarten alle nichts. Allerdings sei das Wohnungsproblem hier so stark in den Vordergrund gerückt, daß sie sich entschlossen habe, unabhängig von dem Frauenkongreß darüber etwas zu schreiben. Meelikes Interesse an diesem Thema hängt sicher auch mit ihrer eigenen Wohnsituation zusammen, die nicht gerade unproblematisch ist, wie wir bald erfahren werden.

Meelike fährt noch mal in die Redaktion, und wir verabreden uns für den späten Nachmittag bei ihr zu Hause. Meelike wohnt in einem Tallinner Vorort.

Etwa zehn Minuten brauchen wir mit dem Auto, um vom Zentrum aus Meelikes Wohnviertel zu erreichen. Die Wohnblocks, in der Regel nicht höher als fünfgeschossig, machen einen solideren und gepflegteren Eindruck als in Moskau. Zwischen den Häusern immer wieder Grünflächen und Kinderspielplätze, auch schon mal eine Teppichstange. Alles in allem wirkt diese Gegend menschlicher, als ich es von Vororten sowjetischer Städte und besonders von den Silos in Moskauer Trabantenstädten gewohnt war. In Tallinn muß man allerdings auch keine neun Millionen Menschen unterbringen. Die estnische Hauptstadt hat etwa 500 000 Einwohner.

Meelike ist in Tallin geboren und wohnt von Geburt an in diesem Vorort. Bis vor vier Jahren lebten Meelike, ihr Mann und die damals zwei Kinder bei Meelikes Eltern in einer Dreizimmerwohnung. Dann bekam die junge Familie endlich eine eigene Wohnung zugewiesen, im selben Haus. Jetzt steht Meelikes fünfköpfiger Familie eine Zweizimmerwohnung mit insgesamt 29 Quadratmetern zur Verfügung. Vom engen Flur geht links ein winziges Bad mit einer Toilette ab, daneben die Tür zur kleinen Küche. Direkt gegenüber der Eingangstür liegt das Wohnzimmer, in dem man gerade mal ein Bügelbrett aufklappen kann, ohne anzuecken; und rechts vom Eingang befindet sich das größte Zimmer, das Kinderzimmer. Es mißt 2,80 m mal 3,50 m. Meelike und ihr Mann schlafen im Wohnzimmer. Dazu klappen sie die zweisitzige Couch dort auf; die reicht dann bis unmittelbar vor den Schrank, und das Zimmer ist voll. Was ich unter den Umständen überhaupt nicht begreife, das ist die vorbildliche Ordnung überall. Später erzählt mir Meelike, daß ihre Kinder gesagt hätten: »Mami, bei uns sieht es aber komisch aus, so war das ja noch nie.« Meelike hatte natürlich schon den Ehrgeiz, uns ihre winzige Wohnung in einem optimalen Zustand vorzuführen. »Wahrscheinlich finde ich die Hälfte der weggeräumten Sachen erst mal gar nicht wieder«, lacht sie später, »weil ich alles einfach nur in die Schränke gestopft habe.«

Als wir kommen, duftet es aus der Küche bereits nach Gebäck. Im Ofen liegen Piroggen, Teigröllchen mit Zucker und Zimt. Dazu gibt es wahlweise Tee oder Kaffee. Das ist deshalb erwähnenswert, weil Kaffee in der ganzen Sowjetunion oft nur sehr schwer oder gar nicht zu bekommen ist. Da Meelike selbst gerne Kaffee trinkt, ist es ein Beweis für ihre Gastfreundschaft, daß sie uns vom kostbaren Kaffee abgibt; schließlich sind wir insgesamt fünf Leute.

Meelikes Kinder sind reizend, gut erzogen und dazu alle drei sehr hübsch. Siim, der Kleinste mit seinen zwei Jahren, bastelt mit Hingabe und für sein Alter ungewöhnlich geschickt ein Märchenpuzzle zusammen, zu dem er auch schnell wieder zurückkehrt, nachdem er uns alle beäugt hat. Für Mina sind wir schon viel interessanter, und sie muß uns unbedingt alle ihre Zeichnungen und Bilder zeigen. Mit ihren knapp fünf Jahren war das kleine Fräulein bereits erstaunlich produktiv. Die neunjährige Liis ist, wie sich später herausstellt, sehr gut in der Schule, und Lesen macht ihr besonderen Spaß, was dazu führt, daß sie mir aus ihrem estnischen Lesebuch vorliest und mich schließlich sogar animiert, abwechselnd mit ihr Gedichte zu lesen: sie 'ne Strophe, ich 'ne Strophe.

Da sitze ich nun auf dem Boden und lese zum großen Amüsement aller drei Kinder estnische Kindergedichte, natürlich ohne auch nur ein einziges Wort zu verstehen; also betone ich vorsorglich jedes Wort gleich stark, was sich offenbar recht lustig anhört. Liis scheint ein Mädchen mit ausgeprägtem Gerechtigkeitssinn zu sein, denn sobald ein Gedicht eine ungerade Anzahl von Strophen hat, lesen wir die letzte Strophe beide gemeinsam im Chor. Meelike findet das wunderbar, wie ich mich mit den Kindern beschäftige, und meint scherzhaft, ob ich das nicht vielleicht zwischendurch fortsetzen wolle, Moskau sei ja schließlich nicht übermäßig weit weg. Zudem sei Tallinn die attraktivere Stadt, die Luft sei besser und es sei doch auch eine neue und interessante Erfahrung für mich. Meelike taut auf. Sie holt von sich aus Fotoalben aus dem Schrank und zeigt sie mir Seite für Seite.

Meelike sieht auch heute noch gut aus, aber als junges Mädchen war sie eine verteufelt hübsche Blondine. Mit neunzehn hat sie ihren gleichaltrigen Mann geheiratet, und der hat sie immer und immer wieder fotografiert. Die Schwarzweißfotos in ihren Licht-und-Schatten-Spielen haben beinahe Ausstellungsqualität. Mir fällt auf, daß Meelike heute ganz andere Augen hat als vor zehn, elf Jahren. Ihr Blick ist müder, trauriger geworden, und ich fürchte, das ist keine momentane Erscheinung.

Dann die Fotos der Kinder, mit und ohne Eltern, mit und ohne Großeltern, und schließlich Meelikes Mann, in Uniform. Meelike erzählt mir, daß ihr Mann zwei Wochen nach der Geburt von Mina, ihrem zweiten Kind, plötzlich zur Armee eingezogen worden sei. Erst habe es geheißen, er müsse keinen Wehrdienst ableisten, und dann mußte er doch. »Es war eine schwere Zeit«, sagt Meelike, und dabei schaut sie so, als wolle sie sagen, das werde sie dem Schicksal nie verzeihen. »Eigentlich war es nach dem ersten Kind auch nicht einfach«, fügt sie hinzu, »ich hatte mir das alles ganz anders vor-

151

gestellt.« Es muß irgendwie mit ihrem Mann und seinem Verhalten zusammenhängen, aber deutlicher wird Meelike nicht.

Sie kommt auf ihre Eltern zu sprechen, ohne die ihr Leben anders, nämlich schlechter, aussähe. »Die kümmern sich um die Kinder, und da kann ich ganz beruhigt sein. Die machen das nämlich beide recht gut, obwohl sie die Kinder natürlich mehr verwöhnen, als ich das tun würde.« Pause. »Trotzdem habe ich ein schlechtes Gewissen den Kindern gegenüber, weil ich meine, ich müßte ihnen mehr Zeit widmen, und wenn ich mit ihnen zusammen bin, mehr Geduld haben. Denn ihren Vater sehen sie auch nicht gerade übermäßig oft. Da liegen sie meist schon im Bett, wenn er von der Arbeit kommt.« Meelikes Mann ist auch Journalist. Sein Name ist Ain, er arbeitet als Reporter beim estnischen Rundfunk und betreibt sein Geschäft offenbar mit sehr viel Einsatz.

Weitaus die Mehrzahl der berufstätigen Frauen in der Sowjetunion arbeitet deshalb, weil ein einziges Gehalt in der Familie für die elementarsten Bedürfnisse hinten und vorne nicht ausreicht. Die Familie ist in der Regel auf den Verdienst der Frau angewiesen. Das ist bei Meelike auch so, aber abgesehen davon hängt sie sehr an ihrem Beruf. Nach einem fünfjährigen Studium arbeitet sie jetzt schon sechs Jahre als Journalistin, und das ist genau die Tätigkeit, die sie sich gewünscht und vorgestellt hat. Die Arbeit bei der Zeitung hat zudem im Vergleich mit dem Beruf ihres Mannes den Vorteil, wie sie sagt, daß sie sich ihre Arbeit sehr gut einteilen kann. Sie muß nicht den ganzen Tag in der Redaktion sitzen. Sie kann viel zu Hause arbeiten. Das sieht dann allerdings oft so aus, daß sie am Küchentisch schreibt, zu einer Zeit, wenn der Rest der Familie, auch Meelikes Mann, längst schläft.

Wenn wir nicht gekommen wären, hätte sie heute gebügelt, sagt Meelike zwischendurch beiläufig. Ich bitte sie, doch um Himmels willen zu bügeln, denn das wäre für uns beide von Vorteil: Meelike kriegt die Wäsche weg und ich eine schöne Szene für den Film. Bei dieser Gelegenheit stelle ich fest, daß das Bügelbrett so gerade zwischen die Wand auf der einen und den Schrank auf der anderen Seite paßt. In der Regel würde sie dabei den Fernseher laufen lassen, der in der Zimmerecke steht, sagt Meelike, und weiter, während sie sich aus dem Schrank die Fernsehzeitung angelt: »Ich glaube, heute kommt im finnischen Kanal die ›Schwarzwaldklinik‹. Kennen Sie das? Das kommt doch aus der Bundesrepublik.« Was für eine Frage. Wer kennt die »Schwarzwaldklinik« nicht?

Diesen Gag möchte ich mir für den Film auf keinen Fall entgehen lassen: eine Estin, die in der Sowjetunion im finnischen Fernsehprogramm die »Schwarzwaldklinik« sieht, und zwar in deutsch mit finnischen Untertiteln. Das muß ich zeigen, das glaubt mir sonst kein Mensch.

Wir haben noch etwa eine halbe Stunde Zeit, bis die Sendung beginnt, und wollen für die Kamera schon mal ausprobieren, wie gut das Fernsehbild kommt. Das Fernsehbild des altersschwachen Apparates kommt überhaupt nicht, jedenfalls nicht im zweiten Kanal des finnischen Programms. Der Kameramann und der Tontechniker geben sich redlich Mühe, dem Gerät Bilder zu entlocken. Die Antenne wird verdreht, die hintere Abdeckplatte des Fernsehers geöffnet. Es ist mir schon fast peinlich, wer weiß, vielleicht machen wir damit ja noch die anderen Programme kaputt. Was ich nicht zu hoffen gewagt hatte: Endlich haben wir ein brauchbares Bild – aber keinen Ton. Einen Hauch von Ton, überlagert von einem intensiven Brummen, kann man nur bekommen, wenn das Bild kaum noch zu erkennen ist. Das Bild aber brauchen wir als optisches Medium, und den Ton brauchen wir in diesem Falle natürlich mindestens genauso dringend, diese typische Musik und die deutsch sprechenden Schauspieler . . . Was also tun?

Mal wieder kommt mein Mann auf eine grandiose Idee, nämlich sich hier im Hause nach einem funktionierenden Fernseher zu erkundigen. Allerdings, viel Zeit haben wir nicht mehr. Meelike meint, ihre Eltern hätten selbstverständlich auch einen Fernseher und der sei neuer und besser. Also schnell hinüber in die Wohnung von Meelikes Eltern. Der Fernseher dort funktioniert einwandfrei. Das nützt natürlich erst mal nicht viel, denn die Zeit reicht nicht mehr, die Fernseher auszutauschen. Jetzt habe ich eine Idee. Wir stellen bei Meelikes Apparat das Bild ein, so gut es geht, und schalten den Ton ganz ab, damit es nicht rauscht. Mein Mann geht mit meinem Diktiergerät in die Wohnung von Meelikes Eltern und nimmt dort den einwandfreien Ton auf. Dann müssen wir bei der Endbearbeitung des Films beides nur noch zusammenmixen. Ein bißchen umständlich wird es zwar werden, aber es müßte gehen. Und es ging dann auch.

Eigentlich hätte Meelikes Mann längst zu Hause sein müssen, und ich hätte ihn ja auch gerne mal kennengelernt. Wir warten bis halb zehn, dann gehen wir. Wir haben Meelike lange genug strapaziert.

Der Tag des Frauenkongresses ist gekommen. Vor der Eröffnung habe ich noch ein wenig Zeit, schlendere die Straßen entlang und denke mir, daß die Schaufensterkultur in Tallinn zwar bei weitem keinem Vergleich mit dem Westen standhält, aber sehr viel weiter entwickelt ist als in Moskau. Ich habe auch den Eindruck, daß Tallinn insgesamt besser versorgt ist als die Hauptstadt der Sowjetunion, und zwar sowohl was Lebensmittel als auch was Kleidung, Haushaltswaren und andere Artikel angeht. Da entdecke ich in einigen Schaufenstern kleine Hinweisschilder, auf denen in estnisch und russisch geschrieben steht: »Verkauf nur an Bürger Estlands.« Ich erkundige mich, was das denn zu bedeuten habe, und man sagt mir, man wolle sich auf diese Weise vor den Hamsterkäufen schützen, wenn die Russen zum Einkaufen nach Tallinn kommen und alles wegschleppen, was es bei ihnen zu Hause nicht gibt. Das muß man wahrscheinlich akzeptieren.

Als Bundesbürger werde ich von vornherein als Tourist eingestuft und habe keine Probleme, irgend etwas einzukaufen. Ich bitte unseren sowjetischen Mitarbeiter im Team, in einem Geschäft die Probe aufs Exempel zu machen. Auch er bekommt, was er möchte. So streng wird diese Vorschrift also wohl doch nicht gehandhabt. Trotzdem kaufe ich selbst die Dinge für unseren sowjetischen Kollegen, die er in Tallinn auf Anhieb findet und hinter denen er in Moskau schon wochenlang erfolglos hergerannt ist. Man kann ja nie wissen, und wir wollen nicht riskieren, daß er in einem solchen Fall, wo es für ihn doch so wichtig ist, ausgerechnet an einen Verkäufer gerät, der tatsächlich einen Ausweis sehen möchte.

Der Kongreß der estnischen Frauen findet in der festlich geschmückten, architektonisch reizvollen Kongreßhalle statt. Vorne auf der Bühne, umrahmt von Blumengebinden: nicht nur die sowjetische, sondern auch die früher verbotene estnische Flagge. Einige tausend Frauen aus allen Teilen Estlands sitzen im Saal und auf der Galerie und wollen in den zwei Tagen ihre Lage beraten, über Erleichterungen nachdenken und möglicherweise auch einen Katalog mit Forderungen ausarbeiten, um ihn der Regierung zu übergeben.

Der Kongreß beginnt mit einem Grußwort des estnischen Ministerpräsidenten, einem Grußwort des Ersten Parteisekretärs und noch einigen anderen Grußworten, die die Frauen geduldig über sich ergehen lassen; auch wenn diese Grußworte zum Teil beinahe beleidigende Sottisen enthalten. Etwa, wenn der Ministerpräsident auf die joviale Tour einflicht: »Es wird ja immer wieder beklagt, daß sowenig Frauen im Ministerrat sitzen oder in anderen politischen Entscheidungsgremien, aber, Genossinnen, ich kann Ihnen dazu wirklich nicht raten. Es ist ein harter Job.« Mit Bemerkungen dieser Preisklasse würde man wahrscheinlich in der Bundesrepublik eher ausgepfiffen. Hier wird müde bis gequält gelächelt, einige Frauen spenden spärlichen Beifall.

Dann wird ein Film gezeigt, der auf höchst originelle Weise und mit unerwarteten Musikeffekten Lebenssituationen von Frauen dokumentiert. Ich jedenfalls habe in der Sowjetunion noch nicht gesehen, daß zu den Klängen der Internationale flotte barbusige Mädchen gezeigt werden. Im abgedunkelten Saal geht ein Raunen durch die Reihen, das dafür spricht, daß

155

vielleicht sogar die Mehrzahl der anwesenden Frauen hier
eher merkwürdig berührt ist, als sich über diesen Kontrast zu
amüsieren. Der Hauptteil des Films gilt dem Thema: die Frau
als Mutter. Und das Fazit könnte lauten: Die wichtigste Aufgabe, die eine Frau in ihrem Leben hat, ist, Kinder zu gebären,
erst danach kommt alles andere. Die geschickte Schnittfüh-
rung des Films, die je nach Bedarf bombastische oder ein-
schmeichelnde Musik, die Kameraperspektiven, mit der
schwangere und stillende Frauen gezeigt werden – all das ist
hoch professionell, und westliche Werbefilmer würden sich
wohl sehr wundern.

Meelike sitzt vorne in der ersten Reihe und verfolgt die Veranstaltung mit fast unbewegter Miene; ab und zu macht sie
sich Notizen. Unmittelbar nach dem Film fordert die Vorsitzende die Anwesenden auf, sich zu einer Gedenkminute zu
erheben. Man wolle der Opfer des grauenvollen Erdbebens in
Armenien gedenken und der Frauen und Kinder, die in Georgien Opfer des Terrors geworden seien. Eine mutige Aufforderung. Es ist erst ein paar Tage her, daß in Tbilissi, der georgischen Hauptstadt, friedliche Demonstranten von Militärein-
heiten derart attackiert worden sind, daß 21 ihr Leben verloren. Noch gibt es keine offizielle Stellungnahme aus Moskau
dazu, die diese Vorkommnisse verurteilt. Es sei also noch einmal wiederholt: eine mutige Aufforderung.

In den folgenden Kurzreferaten einzelner Delegierter geht
es im wesentlichen um die Forderung, den Frauen die körperlich schwere Arbeit abzunehmen und sie im Erwerbsleben zu
entlasten. »Wenn wir nicht mehr so schuften müssen, dann
sehen wir auch besser aus!« schreit eine Delegierte unter dem
Beifall aller in den Saal. Man solle endlich die Arbeit in drei
Schichten abschaffen. Laut Verfassung sei das für Frauen
ohnehin verboten, nur Ausnahmen seien gestattet, aber in der
Realität gäbe es anscheinend nur noch Ausnahmen. Niemand
kümmere sich drum und kontrolliere das.

Als nächster Punkt wird die medizinische Versorgung angesprochen. Es sei eine Schande, wie Frauen während der

Schwangerschaft medizinisch betreut würden, nämlich gar nicht, und die Zustände in den Geburtshäusern »schreien zum Himmel«, wird gesagt. Das Personal sei schlecht ausgebildet und unfreundlich, die Ausstattung mit medizinischen Geräten vorsintflutlich und das Ganze höchst unhygienisch. »Dabei ist es doch unsere vornehmste Aufgabe, Kinder zu kriegen, wie wir gerade gehört haben, nicht wahr?«

Immer mal wieder entsteht im Saal eine Atmosphäre, die man dieser Versammlung, in der doch eher die älteren, etwas konservativ wirkenden Frauen in der Mehrzahl sind, gar nicht zugetraut hätte. Aber es tritt dann doch jedesmal rechtzeitig jemand aus dem Organisationskomitee der Frauen auf, der oder, besser gesagt, die mit ein paar mehr oder weniger platten Witzchen und beruhigenden Worten die Wogen wieder glättet. Und es treten eben auch Delegierte auf, deren Botschaft an die Worte in der Bibel erinnert: Die Frau sei dem Manne untertan. Eine ältere, sehr gepflegte Frau aus dem Süden der Republik bringt das tatsächlich auf den Nenner: »Was auch immer wir schaffen, leisten und können, eines ist doch klar, liebe Genossinnen, und daran sollten wir auch nicht rütteln: Der Mann ist der Kopf der Familie. Und es liegt an unserer Geschicklichkeit und unserem taktischen Empfinden, daß wir die Blickrichtung des Kopfes ein wenig mit beeinflussen.« Kein Protest aus dem Saal. Mir fällt die Sportstudentin Aivi ein, die ja auch den Mann als Kopf der Familie sah und die mit einer Rolle als Hals vollauf zufrieden war.

Eine Lehrerin ergreift das Wort und schlägt in die gleiche Kerbe wie ihre Vorgängerin. Diese hatte bessere Bedingungen für Frauen als Mütter gefordert, weil die Gesellschaft schließlich von den Frauen in erster Linie erwarte, daß sie Kinder kriegen. Mit der Erziehung verhalte es sich ähnlich, meint die Lehrerin. Ständig bekomme man gesagt, wie wichtig die Erziehung unserer jungen Generation doch sei; und dann lasse man Lehrer statt zehn Stunden in der Woche zehn Stunden am Tage geben, in viel zu großen Klassen. »Was sollen da für Menschen draus werden?« Und wen trifft's? Die Frauen; denn wie bei den Ärzten, wo der Anteil der Frauen siebzig Prozent beträgt, genauso sieht es bei den Lehrern aus: 75 Prozent aller Lehrkräfte sind Frauen.

Die Lehrerin bringt aber noch einen ganz anderen Aspekt ein, der ihr ein großes Anliegen zu sein scheint. Sichtlich erregt sagt sie: »Wie kann es angehen in unserem Land, daß Menschen sterben, nur weil wir keine Devisen zum Kauf von Arzneimitteln haben? An allen Ecken und Enden fehlt's, weil kein Geld da ist. Unsere Armee ist die größte der Welt, sie ist so groß wie die von China und den USA zusammen, soviel ich weiß. Das heißt doch, daß Geld genug da ist, es nur an der falschen Stelle ausgegeben wird.« Sie erntet viel Beifall. Solche kritischen Äußerungen über die sowjetische Armee wären vor gar nicht langer Zeit nicht ungestraft möglich gewesen.

Aber die Frauen auf diesem Kongreß gehen noch weiter. Man muß vorausschicken, daß zu diesem Zeitpunkt der neugewählte Volksdeputiertenkongreß noch nicht zusammengetreten war, auf dem die in Tallinn zur Sprache gekommenen Forderungen dann auch eine Rolle spielen sollten. Man kann die estnischen Frauen also gut und gerne als Vorreiter in dieser Angelegenheit bezeichnen. Es geht um die jüngste Vergangenheit und den Hitler-Stalin- bzw. Ribbentrop-Molotow-Pakt, in dessen geheimem Zusatzprotokoll die baltischen Staaten der sowjetischen Einflußsphäre zugeschlagen wurden. Dieser Pakt müsse von der Sowjetunion endlich der historischen Wahrheit entsprechend für völkerrechtswidrig erklärt werden, so eine Delegierte. Dieser Pakt und seine Konsequenzen seien der Grund allen Übels; und man stünde in Estland heute anders da, wenn es diesen Vertrag nicht gegeben hätte. Beifall.

Der Frauenkongreß ist in seiner Thematik breit angelegt. Über die beängstigende Umweltbelastung in der Sowjetunion, auch in Estland, wird ebenfalls gesprochen. »Wir fangen ja erst an, über etwas zu reden, wenn es bereits katastrophale Ausmaße angenommen hat«, meint die Vorsitzende. Sie kündigt einen Wissenschaftler – einen Mann – an, der eingeladen wurde, vor diesem Forum die Umweltsituation zu analysieren und die Fragen der Frauen zu diesem Thema zu beantworten.

Ausgerechnet auf dem Frauenkongreß sehe ich zum erstenmal Ain, Meelikes Mann. Er sitzt in einer der Sprecherkabinen und kommentiert das Geschehen live fürs estnische Radio, das große Teile dieser Veranstaltung direkt überträgt. Ein junger Mann, dreißig Jahre alt wie seine Frau, der etwas Gewichtsprobleme zu haben scheint, mit lockigen, weit über den Kragen reichenden dunklen Haaren und einer Haut, die eher zu einem Jungen in der Pubertät paßt. In einer kurzen Sendepause bedauert er sehr, daß wir uns neulich bei ihm zu Hause verpaßt haben, aber sein Chef habe ihn kurzfristig noch zu einem wichtigen Interview geschickt. Da sie kein Telefon haben, könne er in solchen Situationen, die leider keine Seltenheit seien, nicht mal zu Hause Bescheid sagen.

Ich beobachte ihn dann noch ein wenig bei seiner Arbeit, wie er ruhig, souverän und ohne den geringsten »männlich«-überheblichen Unterton, den man ja immerhin vermuten könnte, über diese »Weiber«-Veranstaltung berichtet. Neben ihm auf dem Tisch liegt die *Stimme des Volkes* von heute mit dem Artikel seiner Frau. Die Zeitung hat Meelikes Vorbericht mit einer Kohlezeichnung eines estnischen Künstlers illustriert, die aus dem Jahre 1930 stammt und in madonnenhafter Manier eine Mutter mit Kind zeigt.

Nachmittags steht auf dem Plan des Estnischen Frauenkongresses: Fragestunde. Auf dem Podium: ausschließlich Männer, Persönlichkeiten aus Partei und Regierung. Die Frauen dürfen fragen, die Männer sollen antworten. Ein rundum enttäuschender und oft beinahe peinlicher Programmpunkt. Er zeichnet sich dadurch aus, daß die Dame aus dem Vorstand, die die Fragen bündelt und weiterleitet, dies in unerträglich devoter Form tut, während die Herren auch auf konkrete Fragen nur höchst allgemein gehaltene Ausführungen parat haben, mit denen sie die Anwesenden systematisch einlullen. Was soll man mit Antworten anfangen, die da lauten: »So gut es geht, werden wir versuchen, Abhilfe zu schaffen . . . nach Maßgabe der Dinge . . . im Rahmen des Möglichen . . .«?

Meelike ist entsprechend begeistert, und wenn sich unsere Blicke treffen, meine ich ein »Siehst du, was hab' ich gesagt!« zu erkennen. Frauen werden immer nur vertröstet, sagt sie später zu mir.

Edgar, unser Ansprechpartner bei Nowosti in Tallinn, kommt zwischendurch kurz vorbei und fragt, ob ich nicht für eine estnische Zeitung einen kurzen Artikel schreiben wolle. Über meine Eindrücke von den Frauen in Estland, eben irgendwas, was zum Frauenkongreß paßt. Ein Zeitungskollege, mit dem er befreundet sei, habe ihn darum gebeten, und ein Foto von mir wolle man auch bringen. Denn viele würden sich sicher an den ARD-Abend im Sowjetischen Fernsehen erinnern, den ich moderiert habe, und das sei doch ganz reizvoll, wenn man von so jemandem auch mal was in der Zeitung lesen kann. Ich habe zunächst Bedenken, lasse mich schließlich aber überreden und schreibe:

»Zunächst einmal hielte ich es für vermessen, über die Probleme der Frauen speziell in Estland urteilen zu wollen, wenn man sich nur ein paar Tage hier aufgehalten hat. Aber einen Eindruck habe ich natürlich schon gewonnen und ein paar Informationen bekommen. Zum Beispiel liegen die Probleme von Frauen ganz klar auf der Hand, wenn man weiß, daß hier in Estland Frauen fast zu hundert Prozent berufstätig sind. Auf der ganzen Welt ist es ein großes Problem, Berufstätigkeit mit Familie und Kindern zu vereinbaren. Darüber werden auch bei uns in der Bundesrepublik immer wieder Diskussionen geführt. Es hat eine Zeit gegeben, wo man die Frauen, die zu Hause blieben und sich der Kindererziehung und dem Haushalt widmeten, fast mitleidig belächelt und als ›Nur‹-Hausfrauen fast beschimpft hat. Heute ist es bei uns eher so, daß man berufstätigen Frauen ein schlechtes Gewissen einredet, indem man ihnen vorwirft, ihre Kinder aufgrund der Berufstätigkeit zu vernachlässigen, quasi Karriere auf Kosten der Kinder zu machen.

Allerdings, und nun komme ich wieder auf Estland zurück, ist es natürlich wesentlich einfacher – immer noch schwer genug, aber doch wesentlich einfacher –, Beruf, Familie und Kinder miteinander zu vereinbaren, wenn die entsprechenden Hilfsmittel vorhanden sind, um den Alltag zu erleichtern. Das fängt beim unproblematischen Einkaufen ohne Schlangestehen an und hört bei modernen Haushaltsgeräten noch längst nicht auf. Ich denke, wenn estnische Frauen an den Entscheidungen beteiligt wären, wofür Devisen ausgegeben werden, sähe die Situation hier sehr schnell sehr viel besser aus, und der Alltag der doppelt und dreifach belasteten Frauen wäre leichter.

Bei uns in der Bundesrepublik lösen Frauen, die in ihrem Beruf Karriere machen wollen, das Problem der Doppelbelastung oft so, daß sie auf Kinder verzichten. Das mag man für richtig oder falsch halten, aber das ist bei uns durchaus verbreitet. Ich glaube, estnische Frauen denken da anders. Ich habe den Eindruck, daß sie sich fast verpflichtet fühlen, Kinder zu kriegen, möglichst zwei, drei oder noch mehr. Einmal, weil die Gesellschaft das hier von den Frauen zu erwarten scheint – das wird eben für die Hauptaufgabe und die Hauptrolle der Frau gehalten, so mein Eindruck –, und zum anderen, dieses Argument habe ich hier auch gehört, um den Anteil der Esten an der Bevölkerung zu erhöhen.

Ich habe bis jetzt den Eindruck gewonnen, daß sich zu viele Frauen in Estland, weit mehr als beispielsweise in der Bundesrepublik, fremdbestimmen lassen. Sie tun das, was man und eben auch die Männer von ihnen erwarten. Und sie trauen sich nicht so richtig, das zu tun, wovon sie selbst möglicherweise überzeugt sind.

Vor allen Dingen im Gespräch mit jungen Frauen hat es mich sehr überrascht zu hören, daß sie folgendes offenbar für selbstverständlich halten: Der Kopf der Familie, derjenige, der das Sagen hat, ist auf jeden Fall der Mann, und das soll er auch sein. Ich wollte es kaum glauben, als ich auf dem Kongreß von einer Abgeordneten hörte, das sei nun mal so, damit

161

müsse man sich abfinden und Frauen besäßen ja wohl genug diplomatisches Geschick, um mit dieser Tatsache umzugehen. Eine solche Auffassung und Einstellung findet man in der Bundesrepublik allenfalls noch auf dem Lande.

Damit bin ich beim Thema Gleichberechtigung. In Ihrem Land und auch in meinem ist Gleichberechtigung in der Verfassung verankert. Das heißt für die Praxis nicht viel. Nur, nach meinem bisherigen Eindruck beginnen estnische Frauen erst, auf ihrem Recht zu bestehen. Das wird sicher kein leichter Weg werden, aber ich denke, daß die Zeichen der augenblicklichen Politik günstig stehen, einer Politik, die endlich beginnt, die Würde des Menschen und auch seine Rechte in den Vordergrund zu stellen.

Eine Bemerkung zum Schluß, auch nicht unwichtig: Mir sind in Tallinn viele hübsche, auch sehr modebewußte Frauen aufgefallen, mehr als in Moskau. Und diese Feststellung bezieht sich durchaus nicht nur auf junge Frauen.«
Dieser Artikel erscheint am nächsten Morgen, Satz für Satz genau übersetzt.

Es ist Abend geworden. Der erste Kongreßtag ist zu Ende, der Artikel dazu bereits in der Setzerei, als Meelike sich mit mir noch einmal zu einem Gespräch trifft – im Park an der alten Stadtmauer. Die Sonne schimmert nur noch schwachrot durch die Bäume, und es ist beinahe empfindlich kalt geworden. Doch die frische Luft tut gut, nachdem wir einen langen Tag in den klimatisierten und künstlich beleuchteten Kongreßräumen verbracht haben. Auf den umliegenden Parkbänken sitzen außer uns beiden nur noch Liebespaare, die die niedrigen Temperaturen anscheinend völlig ignorieren.

Meelike macht meist einen etwas erschöpften Eindruck, und ich bin mir nicht sicher, ob da nicht auch so etwas wie Traurigkeit mitschwingt. Ich denke mir: Das ist eine Frau, die mehr kann, als man sie in ihrer Zeitung machen läßt, und das weiß sie selbst auch sehr genau, das ist ihr alles sehr bewußt. Wie wichtig ist ihr die Arbeit, möchte ich wissen. »Sehr wichtig«, meint Meelike, »denn eine Frau, die zu Hause sitzt, hat doch sehr geringe Kontaktmöglichkeiten und ist von allem abgeschnitten.« Sie macht eine lange Pause und fährt dann fort: »Mir ist klar, daß eine Frau im Grunde eine Wahl treffen muß. Denn es gibt natürlich Momente, in denen ich besser bei den Kindern sein sollte, aber es geht nicht, wegen beruflicher Termine. Das quält mich. Als die Kinder noch kleiner waren, war es noch schlimmer, und ich hoffe natürlich, daß es mich immer weniger belastet, je älter sie werden.«

»Ein Halbtagsjob wäre gut«, sagt sie plötzlich und fängt dann an, die Vorteile aufzuzählen, die ihr Beruf als Journalistin aufweist, im Vergleich zu anderen Berufen, beispielsweise in Fabriken. Zunächst einmal liebe sie ihren Beruf sehr. Mit Menschen und Ideen umzugehen, sich um Probleme und Schwierigkeiten zu kümmern, Zusammenhänge aufzuspüren und zu erklären – all das sei doch wunderbar. Dann sei es ein unbestreitbarer Vorteil, sich seine Arbeitszeit in gewissen Grenzen einteilen zu können. Daß das dazu führt, daß sie nachts, wenn alle schlafen, ihre Artikel schreibt, erwähnt sie jetzt nicht. Aber auf ihre Mutter kommt sie zu sprechen, ohne deren Hilfe gar nichts ginge, trotz aller Flexibilität des Journalistenberufes. »Man muß einfach lernen, sich selbst und seinen Tag gut zu planen!« setzt sie entschlossen als Schlußpunkt unter diesen Komplex.

Ich frage sie, wie sie sich in der Redaktion fühlt, wie das praktisch abläuft mit der Arbeitsverteilung und ob sie dort gleichberechtigt behandelt wird. »Ich fühle mich nicht benachteiligt«, meint Meelike lächelnd, »obwohl die Männer in der Überzahl sind. Aber die beschäftigen sich mit Politik, Wirtschaft und mit solchen Sachen, von denen man sagt, das sei kein Frauenjob. Ich halte das eigentlich auch für richtig so. Das ist schon die Sache der Männer. Dafür beschäftige ich mich mit solchen Bereichen wie Familie, Kinder, Frauen.« Ich kann nicht umhin zu schlucken, möchte im Grunde was einwenden, aber ich will sie nicht unterbrechen und schon gar nicht beeinflussen – erst sehr viel später werde ich erfahren, daß und wie ich sie beeinflußt habe, ohne es zu wollen. »Es gibt in der Redaktion wirklich wenige Frauen, aber die üben dennoch genügend Einfluß aus, um in der Zeitung eine gewisse Frauenlinie zu bewahren.« Damit kann ich auf Anhieb nichts anfangen und bitte sie, mir das genauer zu erklären. »Ich meine damit weiche, menschliche Artikel«, erwidert Meelike, »die Männer mit ihrer rationalen Denkweise einfach nicht schreiben können. Frauen helfen, die Zeitung im menschlichen Sinne ins Gleichgewicht zu bringen – besser kann ich das nicht erklären. Oder doch: Ich schreibe Artikel für die Seele.«

Bevor ich Meelike nach Hause fahre, möchte ich von ihr nach diesem ersten Tag des Frauenkongresses eine kurze Einschätzung haben. Was kann so eine Veranstaltung bewirken, oder, anders gefragt, kann sie überhaupt irgend etwas bewirken? »Etwas bestimmt«, meint Meelike, »aber dieser Kongreß wird nichts verändern. Die Schritte danach, die könnten zu einer Veränderung beitragen, denn es werden sicher Resolutionen verabschiedet, die dann der Regierung vorgelegt werden sollen. Insofern hat dieser Kongreß seinen bestimmten Wert, als erste Etappe sozusagen. In diesem Sinne ist er auch nicht unnütz.«

Auf dem Weg zum Auto – wir sind beide ein wenig durchgefroren – frage ich, was die Kinder denn jetzt machen, es ist immerhin fast acht Uhr. Und ich füge hinzu, daß es mir unangenehm ist, sie mit unseren Filmaufnahmen und Gesprächen nun auch noch davon abzuhalten, ihre Kinder zu sehen. »Sie werden wohl bei meiner Mutter sein«, sagt Meelike, »vielleicht ist ja auch mein Mann schon zu Hause«, und sie bemüht sich, mir meine Skrupel auszureden. Aber auf der Fahrt nach Hause spricht sie wieder von ihrem schlechten Gewissen und wie sehr sie oft leide, weil sie das Gefühl habe, sich nicht genug um ihre Kinder kümmern zu können.

Ich setze Meelike vor der Haustür ab. Keine Ahnung, ob ihr Mann heute schon zu Hause ist und die Kinder bereits selbst bei der Oma abgeholt hat.

Edgar, der Nowosti-Mann, hatte mir gleich zu Beginn von einer Frau vorgeschwärmt, die zwar aus irgendwelchen Gründen für unser Filmprojekt nicht zur Verfügung stünde, die aber gerne zu einem Gespräch mit mir bereit sei. Hille heißt sie und ist genau wie Meelike schreibende Journalistin, allerdings nicht bei einer Tageszeitung, sondern bei *der* estnischen Frauenzeitschrift, die bislang den Namen *Noukogude Naine* trug, was soviel heißt wie »Die sowjetische Frau«, und sich seit kurzem *Eesti Naine* nennt, also »Die estnische Frau«. Hille sei eine ungewöhnlich engagierte und couragierte Frau, lobt Edgar, und sie wisse über die Situation der estnischen Frauen genau Bescheid.

Ich bin mit Hille am nächsten Tag in einer Sitzungspause des Frauenkongresses verabredet. Um etwas Ruhe für unser Gespräch zu haben, verziehen wir uns in einen kleineren Sitzungssaal, der immer noch groß genug ist, um sich darin verloren vorzukommen. Hille ist vom Alter her schwer einzuschätzen, sie ist mittelgroß, schlank, hat halblange dunkle, kräftige Haare. Sie sieht so gar nicht aus, wie man sich eine Estin vorstellt, sondern irgendwie südländischer, ist aber dennoch estnischer Nationalität. Hille kann Ende Dreißig genausogut wie Anfang Fünfzig sein. Ich weiß auch nicht genau, warum ich ausgerechnet sie nicht nach dem Alter gefragt habe – oder vielleicht weiß ich es doch: Hille sieht erschreckend krank aus. Sie hat große gelbschwarze Augenränder, die sich unten bis zu den Backenknochen ziehen und oben bis an die Brauen reichen. Vielleicht hatte ich deshalb Hemmungen, nach ihrem Alter zu fragen.

Gleich zu Beginn unseres Gesprächs betont Hille, daß alles, was sie sage, ihre persönliche Meinung sei. »Jetzt haben wir ja Demokratie und Pluralismus«, sagt Hille, und damit will sie klarmachen, daß es *die* offizielle Meinung zu Sachverhalten und Problemen in der Sowjetunion nicht mehr gibt. Verschiedene Standpunkte sind erlaubt, unterschiedliche Lesarten üblich.

Ich möchte etwas über die Frauenbewegung wissen; gibt es

die und in welcher Form? Hille erzählt, daß die einzige Form der Frauenbewegung lange Zeit die Frauenräte waren. Diese Frauenräte existieren in der gesamten Sowjetunion, waren allerdings nach Hilles Ansicht in Estland besonders früh schon besonders aktiv. Seit über 25 Jahren arbeiten sie in weiten Teilen Estlands, genauer gesagt in etwa der Hälfte des Staatsgebietes, ausgezeichnet, meint Hille, weil sie nicht von oben diktiert worden seien, sondern von unten geschaffen. Das änderte sich etwas nach dem Parteitag 1980. Da wurde beschlossen, solche Frauenräte flächendeckend zu organisieren.

Dieser Beschluß stammte aus Moskau, kam also von oben und entsprach nicht einem Bedürfnis von unten – das sei schon mal der falsche Ansatz gewesen. Daraufhin seien ganz allmählich kleine örtliche Frauengesellschaften entstanden, auf freiwilliger Basis und unabhängig von den offiziellen Frauenräten. Denn viele Frauen meinten, es sei einfach wichtig, Kontakt miteinander zu halten. Über rein weibliche Probleme und Bedürfnisse reden zu können, in Zirkeln, die eben nicht von oben diktiert und in ihrer Leitung von oben besetzt worden seien. Was diese kleinen örtlichen Gruppen machten, so Hille, waren ganz simple Dinge, manchmal nur das Organisieren von gemeinsamen Festen. Hille erzählt weiter, daß es solche Frauengruppen bereits 1940 gegeben habe, als Estland noch eigenständig war. Insofern würde man mit diesen unabhängigen örtlichen Frauengruppen nur an eine alte Tradition anknüpfen.

Darüber hinaus sei in Tallinn dann noch etwas anderes entstanden, nämlich die sogenannte Initiativgruppe des Verbandes der Estnischen Frauen. Diese Gruppe sehe ihre Aufgabe darin, sich verstärkt um Familienleben und Kindererziehung zu kümmern, denn das sei schließlich die Hauptaufgabe und Hauptrolle der Frau. Allerdings – und auch das stehe in den Statuten des Verbandes –, angesichts der brisanten politischen Lage im Augenblick könne auch die Frau als Hausfrau und Mutter nicht politisch abseits stehen. Sie müsse sich einmischen und im politischen Leben mitmachen: Funktionen übernehmen, Meinung äußern, Engagement zeigen usw.

Und wie sieht Hille nun selbst die Aufgabe und Rolle der Frau? Sie meint ganz klar, eine Frau müsse unbedingt die Wahl haben. Niemand dürfe sie zwingen, ihr ganzes Leben nur in den eigenen vier Wänden zu verbringen, aber es dürfe auch niemand von ihr verlangen, auf jeden Fall zugleich berufstätig und Mutter zu sein. Hille fügt schnell hinzu, daß sie sehr wohl wisse, wie utopisch diese Forderung sei, und sie nennt noch einmal die für westliche Begriffe schier unglaubliche Zahl: 98 Prozent aller Frauen in Estland sind berufstätig.

Was nun die unterschiedlichen Frauengruppen, Frauenvereine und Frauenräte angeht, so ist es Hilles Position und auch die Position der Zeitschrift, daß man versuchen müsse, alle Bewegungen zu vereinen. Die Frauen in allen Gruppen müßten gemeinsame Themen finden, auf gemeinsamen Gebieten arbeiten, sich um Himmels willen nicht auseinanderdividieren lassen, denn wenn überhaupt, könnten nur alle gemeinsam etwas erreichen. Jeder für sich habe keine Chance und man würde die Frauen – zu Recht – nicht für voll nehmen, wenn die Gruppen allein vor sich hin wurstelten und möglichst noch gegeneinanderarbeiten würden. Deshalb sei es auch die Politik der Frauenzeitschrift, ein Forum für alle diese Gruppen zu sein. Alle müßten ihre Ideen, Kritikpunkte und möglichst auch Lösungsvorschläge darstellen können.

Aber auch wenn sich so etwas wie eine Aufbruchstimmung bemerkbar mache, gefördert von der allgemeinen politischen Situation –, man müsse doch ganz klar sehen, daß eine Frauenbewegung, ganz gleich, wie einig und stark sie sei, im Grunde kaum was ausrichten könne. Eine ernüchternde Erkenntnis, die Hille da völlig emotionslos vorträgt. »Sehen Sie«, erklärt Hille weiter, »die brennenden Probleme bei uns sind doch die: Es gibt keine Waren, es gibt keine Kinderkleidung, keine Kindernahrungsmittel, keine Medikamente, es gibt nur Schlangen. Das alltägliche Leben ist mangelhaft organisiert. Die Luft ist schlecht, die Umwelt kaputt, und so weiter, und so weiter. Und unter alldem haben Frauen einfach mehr zu leiden; denn wir, die Frauen, kriegen die Kinder, und wir haben uns um die Versorgung zu kümmern. Wir können nicht länger zusehen, wie die Männer Politik machen. Das Ziel der Frauen in den unterschiedlichsten Gruppen muß es sein, Einfluß auf die Männer auszuüben, damit sich die höchste Regierungsebene ernsthaft mit der Lösung all dieser Fragen beschäftigt. Und wenn das mal erreicht ist, dann kann die Frauenbewegung auch wieder von der Politik Abstand nehmen und sich anderen Dingen widmen. Aber jetzt müssen wir kämpfen. Das heißt nun nicht, daß die Frauen auf der Straße demonstrieren sollen oder mit den Fäusten um sich schlagen; das ist nicht weiblich, und das wollen wir nicht.«

Ich komme aus dem Staunen nicht heraus, finde aber in Hilles Redefluß keine Pause, um einmal einzuhaken, und richtig unterbrechen möchte ich sie nicht.

»Was wir wollen, ist folgendes«, und Hille beginnt jetzt mit Unterstützung ihrer Hände zu reden, den Oberkörper weit nach vorne gebeugt. »Wir wollen, daß, unabhängig von der Nationalität, unabhängig von der Ausbildung, Frauen gemeinsame Punkte finden und ihre ganze Kraft dafür einsetzen, auf die Regierung, auf die Männer einzuwirken und ihnen zu erklären, was wir brauchen. Und es handelt sich da nicht um reine Frauenprobleme, das sind gesellschaftliche Probleme, Probleme der Sowjetunion, um die wir uns alle gemeinsam kümmern müssen. Deshalb unterstützt auch jede Frau die Politik Gorbatschows. Denn jetzt wird endlich bei uns darüber gesprochen, wie schlecht es überall geht. Und auch wenn es paradox klingt, gerade das gibt uns die Hoffnung, daß es besser wird. Früher durfte man den Mund nicht aufmachen, und gerade auch die Frauen haben nur schweigend gelitten.

Estland ist klein, sehr klein, und wenn wir es hier nicht schaffen, etwas Gemeinsames zu finden, dann... Die Programme all dieser Frauenvereine und Gesellschaften sind doch im Grunde sehr ähnlich. Es muß doch möglich sein, mit vereinten Kräften zu zeigen, was die Frauen können. Wenn uns das nicht gelingt, dann bleibt uns nichts anderes übrig, als zuzugeben, daß wir offenbar wirklich nichts können.

Es geht gar nicht mal um die sogenannte große Politik. Es sind ja oft die kleinen Dinge, die das Leben so unerträglich machen. Zum Beispiel wird gerade ein Papier zusammengestellt mit einer Liste von Dingen, die in unserem Land einfach fehlen. Das fängt bei Damenbinden an und hört bei Babyflaschen und Schnullern auf. Nach solchen Dingen werden Männer nie fragen, das ist für deren Denken viel zu weit weg. Zumal unsere Regierung fast ausschließlich aus Männern besteht, die nicht mehr jung genug sind, um wenigstens durch Säuglinge in der eigenen Familie Anschauungsunterricht zu erhalten. Die Aufgabe der verschiedenen Frauengruppen wird es sein, zu kontrollieren, was mit dieser Liste geschieht und ob beschlossen wird, solche Dinge wie Damenbinden und Babyflaschen einzukaufen oder zu produzieren.

Außerdem müssen wir natürlich, das ist gar keine Frage, eine eigene Vertreterin in der Regierung sitzen haben. Im Obersten Sowjet in Estland hatten wir früher einmal mehr Frauen. Unter den gerade gewählten Volksdeputierten ist der Anteil der Frauen leider erschreckend gering. Ich weiß auch nicht, warum das so ist. Vielleicht liegt es ganz einfach daran, daß Gleichberechtigung im Grunde für die Frauen heißt: Doppelbelastung. Also, wer Kinder und Familie zu Hause hat und zusätzlich einen Beruf, wie soll der bzw. die dann auch noch Zeit finden, sich politisch zu betätigen? Das erfordert den ganzen und nicht nur den halben Einsatz.

Es ist ein verrückter Widerspruch: Wenn wir wirklich Gleichberechtigung hätten, dann wären die meisten unserer Probleme längst gelöst. Andererseits haben wir insofern Gleichberechtigung, als Frauen genauso schwer arbeiten müssen wie die Männer. Im übrigen, was die Ausbildung anbelangt, Frauen sind in der Regel hervorragend ausgebildet. In Estland sind nach der Statistik die Frauen im Vergleich zu den Männern sogar höher qualifiziert. Doch was nützt das alles, die Doppelbelastung bleibt.

Stellen Sie sich vor, auf 100 neugeborene Kinder kommen 137 Abtreibungen. Wir haben in unserer Zeitschrift darüber berichtet. Das ist unser Leid. Es fehlen eben auch Verhütungsmittel in der Sowjetunion, das ist ja kein Geheimnis. Wir müßten diese Mittel im Ausland kaufen, dafür braucht man Devisen, und die haben wir nicht, oder sie werden für andere Dinge ausgegeben.

In letzter Zeit spricht man bei uns viel davon, daß eine estnische Familie drei Kinder haben soll, damit wir als Nation erhalten bleiben. Wir Frauen nehmen das ganz und gar nicht mit Begeisterung an, weil es schwerwiegende Probleme bei der medizinischen Hilfe gibt, beim Wohnraum, bei allem möglichen. Aber trotzdem ist diese Propaganda offenbar recht wirksam.« Das kann man wohl sagen, denke ich mir; zu mehr an Reaktion komme ich nicht, denn Hilles Wortschwall erschlägt mich geradezu.

»Viele Frauen, auch die mit gehobener Ausbildung, gebären brav drei Kinder. Das heißt, die Frauen erfüllen die Forderung ganz bewußt, obwohl sie sich dann weniger leisten können, obwohl sie es noch schwerer haben werden. Das geht ja oft bis an die Grenze der körperlichen und seelischen Leistungsfähigkeit. Aber sie tun es und sind dann auch noch stolz darauf, oder ich weiß nicht, was.

Das hat die Propaganda, auch die der Presse, erreicht. Natürlich stimmt es, daß wir Esten in unserer Existenz als Nation gefährdet sind, wenn wir weiter so wenige Kinder zur Welt bringen, wie das bisher der Fall war. Daß wir über so was offen reden können, auch das verdanken wir Michail Gorbatschow und seiner Politik. Aber das Diktat der drei Kinder pro Familie ist sicher auch keine Lösung. Ich weiß gar nicht, wo dieser Anspruch seinen Ursprung hatte. Auf jeden Fall hat das Thema in der Presse eine große Rolle gespielt.

Ich erinnere mich daran, daß etwa vor einem Jahr [also Anfang 1988] auf dem Plenum des Schriftstellerverbandes ein junger Autor auftrat und zum erstenmal über die junge estnische Familie sprach. Er sagte, das größte Problem sei, daß

170

man keine Kinder mehr wolle; und wenn das so weitergehe, dann wären die Esten in hundert Jahren als Nation ausgestorben. Das hat unglaublich viel Wirbel gemacht und große Resonanz gefunden. Die Regierung hat diesen Gedanken aufgegriffen, und es gab viele Aufrufe an die junge estnische Familie in diesem Sinne. Das war eine völlig neue Situation, denn bis dahin hatten wir alle gedacht, es sei Privatsache, wie viele Kinder man habe, ob eins, zwei oder zehn.

Und dann ging es los. Die Jugendzeitungen haben mitgewirkt, diese Idee der drei Kinder zu verbreiten. Junge kinderreiche Familien – und kinderreich ist man ab drei Kindern – wurden vom Ministerrat empfangen. Das staatliche Komsomolkomitee – die Jugendparteiorganisation – war auch mit dabei. Da wurden zum erstenmal einfache junge Leute von der Regierung empfangen und nicht »Helden der Arbeit« oder so etwas.

Nun gibt es ja die Möglichkeit, daß eine Frau drei Jahre nach der Geburt eines Kindes zu Hause bleiben kann, allerdings ohne eine Kopeke. Das heißt, das können sich die meisten gar nicht leisten.«

Ein Klingelzeichen markiert das Ende der Sitzungspause und unterbricht Hilles Redefluß. Ihr ist trotz ihrer offensichtlichen gesundheitlichen Probleme keinerlei Erschöpfung anzumerken, ganz im Gegenteil, sie scheint sich jetzt erst warmgeredet zu haben. Hille verabschiedet sich von mir mit einem kräftigen Händedruck – eine Rarität bei sowjetischen Frauen – und dem nochmaligen Hinweis darauf, wie wichtig es sei, daß sich alle Gruppierungen von Frauen zusammentun, »denn wenn wir das nicht schaffen, werden wir unsere Probleme nie lösen«.

Wegen aktueller Ereignisse in der sowjetischen Hauptstadt fliegen wir am nächsten Tag zurück nach Moskau, und ich kann mich nicht weiter um den Frauenkongreß in Tallinn kümmern.

Von Meelike erfahre ich per Brief, was im einzelnen

beschlossen wurde. Und sie schreibt mir sehr offen, daß ihr meine Art, die Dinge anzugehen, mit meinem Leben umzugehen, persönlich geholfen habe, mehr Sicherheit zu entwikkeln. »Man kann wirklich, und soll es wohl auch«, so schreibt sie, »persönliche Wünsche und Vorstellungen einbringen und sie auch durchsetzen, ohne gleich befürchten zu müssen, rücksichtslos zu sein.« Es sei falsch, immer zurückzustecken und erst mal zu denken: »Das kann ich vielleicht nicht so gut« oder »Das darf ich nicht« oder aber »Was erwarten denn die anderen von mir?« Kurz und gut, es lohne sich, für etwas zu kämpfen, von dem man überzeugt ist, und es sei ein gutes Gefühl, sich durchzusetzen. Deswegen jedenfalls brauche man kein schlechtes Gewissen zu haben.

Georgien: *Medea*

Sie heißt Medea, wohnt in einem kleinen Städtchen namens Sagaredscho, etwa achtzig km östlich der georgischen Hauptstadt Tbilissi, und arbeitet sei fünfzehn Jahren als Erste Parteisekretärin im Kreis Sagaredscho. Medea ist Ende Fünfzig, klein und korpulent, hat ihre pechschwarzen langen Haare zu einem Knoten im Nacken gebunden, und ihr Gesicht bestimmen ein üppiges Doppelkinn und ein kräftiger dunkler Oberlippenbart – so einen habe ich bei einer Frau noch nie im Leben gesehen. Ich bemühe mich, nicht allzusehr darauf zu starren, obwohl ich immer wieder hinschielen muß, weil ich es nicht glauben kann. Aber Medea scheint daran gewöhnt und lächelt jovial.

Ich bitte Medea, mir über ihren Werdegang Auskunft zu geben. Sie lehnt sich in ihren überdimensionalen Bürostuhl zurück und beginnt zu erzählen. 1930 ist sie in Sagaredscho geboren, damals war das Städtchen noch ein Dorf. Heute hat der Ort 16 000 Einwohner, der Kreis Sagaredscho etwa 55 000. Medea stammt aus einer Bauernfamilie, das heißt, die Eltern waren Kolchosearbeiter. Auch Medea hat nach der Schule zwei Jahre in der Kolchose gearbeitet, bevor sie in der Bezirkshauptstadt Telavi, etwa 160 km entfernt, ein pädagogisches Institut absolvierte. Aber ihren Beruf habe sie nie ausgeübt, erzählt Medea, sie sei von Anfang an in der Parteiarbeit aktiv gewesen. Im pädagogischen Institut war sie Parteisekretärin der kommunistischen Jugendorganisation Komsomol, und bereits 1955 wurde sie Erster Komsomolsekretär für den ganzen Bezirk Telavi. Sie zählt ihre Ämter und Funktionen auf,

173

und ich habe Mühe zu folgen. Gleichzeitig sei sie nämlich Allunionsmitglied des Zentralkomitees der Komsomolzen gewesen und habe genau zu der Zeit im Politbüro der kommunistischen Jugendorganisation gesessen, als der jetzige sowjetische Außenminister Eduard Schewardnadse Erster Komsomolvorsitzender Georgiens war, nämlich von 1957 bis 1961. Ab 1961 war Medea dann Parteisekretärin von Sagaredscho, wurde zwei Jahre später nach Telavi berufen, wo sie zehn Jahre lang als Vorsitzende des örtlichen Exekutivkomitees arbeitete und während dieser Zeit mehrmals Mitglied des georgischen ZK war.

Ihren jetzigen Posten, also Erster Parteisekretär des Kreises Sagaredscho, übernahm sie Anfang 1973 und steht seitdem unangefochten an der Spitze. Sie war georgischer Delegationsvertreter auf dem 23. und 25. Parteitag der KPdSU. Und im georgischen Obersten Sowjet sitzt sie auch bereits seit über zehn Jahren.

Nach einer kurzen Pause – die ich auch dringend brauche, um all diese Funktionen wenigstens halbwegs auf die Reihe zu kriegen – fährt sie fort, dabei auf eine nicht unangenehme Weise stolz lächelnd: Sie wisse zwar nicht recht, was sie denn so Großartiges geleistet habe, aber sie trage den Leninorden, sei mit dem Roten Banner ausgezeichnet worden und habe noch zwei Verdienstmedaillen verliehen bekommen. Medea macht einen überaus zufriedenen Eindruck, als sie mir sagt, daß sie gerne arbeite und froh darüber sei, diese Arbeit auch so gut leisten zu können. Das einzige, was sie in ihrem Leben falsch gemacht habe, sei, nicht geheiratet zu haben. »Das war nicht richtig«, meint sie, »aber ich hatte einfach keine Zeit dazu.«

Auch jetzt drängt die Zeit, denn die Sprechstunde hat längst begonnen, und im Vorzimmer warten schon einige, die ihre Nöte und Probleme bei der Parteisekretärin loswerden wollen. In der Hoffnung natürlich, daß sie helfen kann.

Also läßt Medea uns jetzt erst einmal warten. Der Weg vom Vorzimmer zu ihrem Schreibtisch führt an einem langen Konferenztisch vorbei, zu dessen beiden Seiten je zwölf Stühle stehen. An der Stirnseite des Raumes thront dann Medea, umgeben von Akten und Papieren und fünf verschiedenfarbigen Telefonen. Später erklärt sie mir, daß jeder Apparat eine andere Funktion erfüllt: Einer ist nur für Gespräche innerhalb des Gebäudes zu benutzen, der nächste nur für die Stadt Sagaredscho, der daneben für ganz Georgien und Moskau, ein anderer nur für wichtige landwirtschaftliche Stellen – und schließlich ein Notrufapparat, der direkt mit der Polizei verbunden ist.

Der erste Klient der heutigen Sprechstunde heißt Valerian Aleksischwili, er ist hoch dekoriert, ein »Held der Arbeit« und wohl um die sechzig Jahre alt. Als Brigadier ist er für etwa 300 Hektar Weinanbau verantwortlich. Er hat das Problem, daß ein ihm seit langem zugesagter Traktor bis heute nicht geliefert wurde. Medea fackelt nicht lange, greift zu einem der Telefone, schleudert ein paar Befehle in die Leitung, und innerhalb kürzester Zeit hat sie denjenigen an der Strippe, der für die Auslieferung des Traktors zuständig ist. Er wolle wohl die Perestroika stören mit seinem Verhalten, schmettert sie ihm entgegen und stellt ihm ein Ultimatum von einer Woche. Sie scheint mit dieser Methode nicht nur Erfahrung, sondern auch Erfolg zu haben. Denn sie beruhigt Valerian, er solle sich keine Sorgen mehr machen, sie garantiere dafür, daß er spätestens in einer Woche den Traktor zur Verfügung habe. Valerian macht wirklich einen beruhigten Eindruck und verabschiedet sich, rückwärts Richtung Tür gehend, dabei seine Mütze zwischen beiden Händen hin und her drehend, mit Dankesworten und guten Wünschen für den Tag.

Diese Szenerie erinnert mich eher an Märchen aus meiner Kinderzeit, wo der gute König und die gute Königin großherzig den gebeutelten Untertanen ihr Ohr liehen und alle Probleme beiseite räumten, wofür die Untertanen, die unter ständigen Verbeugungen rückwärts den Thronsaal verließen, ihnen dann lebenslang zu Dank verpflichtet waren.

Als mir Medea wenig später erzählt, sie habe letzten Monat einem jungen Mann aus Sagaredscho, der die Hochschule in

Telavi mit Auszeichnung abgeschlossen hatte, zur Belohnung ein Auto geschenkt, da denke ich mir, daß ich mit meiner Märchenerinnerung nicht so ganz falsch liege.

Nachdem noch drei Einwohner von Sagaredscho Medea um Rat und Hilfe gebeten haben – wegen einer Wohnung, wegen eines Autos und wegen einer Dienstreise –, versammelt sie in ihrem Büro ein paar ihrer Mitarbeiter, um anhand von Modellen über ein Denkmal zu befinden. Im Siegespark des Städtchens soll nämlich ein Friedensdenkmal entstehen. Medeas Favorit unter den eingegangenen Vorschlägen ist die Darstellung eines Mannes, auf dessen Händen ein paar Tauben sitzen. Medea läßt sich ihre Wahl von ihren Mitarbeitern bestätigen und meint, jetzt sei alles Weitere nur noch eine Frage der Finanzierung.

Bis zum Mittagessen im Parteihaus, zu dem uns Medea eingeladen hat, bleibt noch etwas Zeit, und wir setzen unser Gespräch fort. Thema sind Perestroika und Nationalitätenproblem. Beim Wort Perestroika fängt Medea an zu lachen. »Perestroika und Glasnost gibt es in Georgien seit 1973. Eduard Amwrossijewitsch [damit meint sie Außenminister Schewardnadse] hat hier damit schon früh begonnen. Das war damals gar nicht leicht für uns, denn wir sind damals die einzigen gewesen, die so gearbeitet haben, wie es heute propagiert wird. Außerhalb unserer Republik hatten wir mit dieser Politik große Schwierigkeiten. Wir waren damals vorne dran, und die anderen waren noch nicht soweit. Jetzt, unter Michail Sergejewitsch Gorbatschow, ist es natürlich leichter – auch insofern, als wir schon ein paar Erfahrungen mit dieser offeneren Politik haben und der Idee der Selbstverantwortung jedes einzelnen.«

Medea ist eine stolze Georgierin, aber keine von denen, die Georgien aus dem sowjetischen Staatsverband herauslösen wollen und Selbständigkeit fordern. Das ist nicht ihre Sache. Auf zwischennationale und ethnische Probleme angesprochen, hält sie mir entgegen, daß 84 verschiedene Volksgruppen in Georgien friedlich miteinander leben (Anfang 1988, als

176

ich Medea besuchte, war von Spannungen und Gewalttaten zwischen Georgiern und Abchasen noch keine Rede). In georgischen Schulen würden sechs Sprachen unterrichtet: Georgisch nennt sie zuerst, dann Russisch, Armenisch, Aserbaidschanisch, Abchasisch und Kurdisch. Die Georgier seien ein friedliches und sehr gastfreundliches Volk; und die Wärme des Klimas hier finde man in der Wärme der Seele wieder. Sie wolle ja nichts gegen die Russen sagen, so Medea, aber die Russen seien nicht so herzlich und offen wie die Georgier. Zugegeben: Den Russen müsse man das nachsehen, die hätten ja schließlich das schlechtere Wetter.

Ein schöner harmonischer Bilderbogen, den Medea da vor mir entfaltet, aber trotz der gebotenen journalistischen Skepsis werde ich den Eindruck nicht los, daß sie von dem, was sie sagt, in jeder Phase tatsächlich überzeugt ist.

Mittagessen also. Der Zweite Parteisekretär kümmert sich persönlich um den Wasserkrug, aus dem er jedem von uns etwas Wasser über die Hände gießt, bevor wir uns zu Tisch setzen. Medea läßt unglaubliche Mengen georgischer Spezialitäten auffahren und viel Obst und frisches Gemüse. Das ist wie Weihnachten für uns, denn es ist Anfang März, und wir kommen aus einem zugefrorenen dunklen Moskau, wo es allenfalls Kohl, Knoblauch und eingelegte Gurken gab. Ich erzähle Medea davon, und sie genießt es sichtlich, Moskau zu übertrumpfen.

Ohne Rücksicht auf unser Fassungsvermögen werden immer neue Teller und Schüsseln hereingeschleppt und auf das bereits auf dem Tisch stehende Geschirr draufgepackt. Irgendwann stehen an manchen Stellen drei Lagen Geschirr übereinander, und nachdem wir das Mahl beendet haben, kann man kaum feststellen, daß da gegessen wurde, soviel ist noch übrig. Zu trinken gibt es Wein und Wodka, und wir werden aufgefordert, beides zu nehmen. Ich hatte schon gehört, daß Trinksprüche in Georgien eine besondere Tradition haben, aber so hatte ich mir das denn doch nicht vorgestellt: In rascher Folge wechseln sich unsere georgischen Gastgeber mit Wünschen ab

177

– für die Gesundheit, den Frieden, die Verwandten, die Freunde, die Kinder, die Verstorbenen usw. Und jedesmal müssen wir ex trinken, das gehört sich so, andernfalls bringt es Unglück. Also *bolomdee,* was soviel wie »ex« heißt. Für mich ist das höchst ungewohnt und neu, aber ich möchte natürlich auch niemanden beleidigen oder riskieren, daß mein halbvolles Glas Unglück bringt – nun denn, es lebe die Höflichkeit, nieder mit der Gesundheit!

Mit viel Konzentration und ein bißchen Schummeln überstehe ich dieses Mittagessen. Medea hat nachmittags einen Termin in einer Geflügelfarm. Das ist so eine Art Inspektion, und außerdem feiert eine dort langjährig Beschäftigte heute mit dem halben Betrieb ihren Geburtstag. Ich befürchte das Schlimmste, nachdem ich die Ausmaße georgischer Gastfreundschaft zu ahnen beginne.

Wir fahren eine knappe Stunde bis zu dieser Geflügelfarm, in der fast fünfhundert Menschen arbeiten. Der Betriebsleiter steht schon – beinahe devot – am Haupteingang, reißt Medea den Wagenschlag auf und tänzelt ständig um sie herum, immer darauf bedacht, auch ja keinen ihrer Wünsche zu übersehen. Wir werden alle in weiße Kittel gesteckt und mit einem Bus vom Verwaltungsgebäude durch die weitläufige Anlage bis zu den Legebatterien gefahren. 54 Millionen Eier werden hier jährlich produziert, verkündet der Betriebschef, und 600 Tonnen Geflügel.

Medea drängt – mit der Inspektion des Betriebes ist es wohl nicht so weit her –, wir sollten endlich zusehen, daß wir zur Geburtstagsfeier kommen, die habe bestimmt schon angefangen. Hatte sie. In einer Art Kantine sitzen etwa hundert Leute. Die Stimmung ist schon recht gelöst. Georgische Musik kommt abwechselnd von einem Plattenspieler und einer Dreimannkapelle, die mitten unter den Gästen an einem der Tische sitzt und mit Instrumenten ausgerüstet ist, die an Gitarren und Trompeten erinnern. Wir werden mit großem Hallo empfangen, wobei ich mir nicht sicher bin, ob es uns, den ausländischen Gästen also, oder Medea gilt.

178

So oder so folgt nun die Fortsetzung der Freßorgie: Eis, Kuchen, Torte, Cremes und alles zigfach, Champanskij, Konfekt, Wein, Kaviar und, und, und – dabei alles immer übereinander serviert, ohne Rücksicht darauf, was auf den zugedeckten Tellern noch an Köstlichkeiten übrig ist. Ein alter Mann, von dem ich später erfahre, daß er 82 Jahre ist, hält in den Musikpausen lange Reden, die eigentlich auch nichts anderes als Trinksprüche sind.

Es wird geschlemmt, gesungen und getanzt, in der den Georgiern eigenen Art zu tanzen: mit den Füßen rhythmisch stampfend, die Arme erhoben, die Hände im Takt gedreht. Meist tanzen Männer alleine oder in Gruppen, selten auch mal mit einer Frau; und so empfinde ich es als besondere Ehre, daß ich mehrfach zum Tanz aufgefordert werde. Natürlich fühle ich mich nicht ganz wohl dabei, denn so zu tanzen ist mir fremd. Selbstverständlich beobachten mich alle, allen voran Medea, die mir aufmunternd zukniept und energisch mit den Händen den Takt schlägt.

Am späten Nachmittag verlassen wir die Geflügelfarm. Wir haben gerade noch Zeit, uns ein wenig frisch zu machen, denn heute abend sind wir Medeas Gäste in einer Datscha. Auch dorthin fahren wir etwa eine Stunde mit dem Wagen. Die Datscha liegt mitten in einem 10 000 Hektar großen abgezäunten Naturschutzgebiet. Auf die Frage, was für eine Datscha das denn sei, bekomme ich nur eine ausweichende Antwort. Ich reime mir schließlich zusammen, daß dieses Haus mitten im Wald wie das ganze Gebiet offenbar zur Erholung hoher Parteifunktionäre dient.

Als wir ankommen, sind auf einem freien Platz neben dem Haus ein paar Frauen damit beschäftigt, Fladenbrote zu bakken, die sie in einem Ofen, der eher aussieht wie ein Brunnen, innen an die heiße Steinwand kleben. Gleich daneben zieht ein Mann Nüsse in einer steifen Honigmasse wie Kerzen und hängt sie zum Trocknen hin. Da es mit dem Essen noch etwas dauert – zum Glück! –, schlägt Medea vor, doch noch ein wenig durch dieses herrliche Naturschutzgebiet zu fahren. Wie

179

aus dem Nichts stehen plötzlich zwei Jeeps da, unser Team wird auf die beiden Wagen verteilt, und wir schaukeln durch die Gegend auf Wegen, die man wohl nur einem Jeep zumuten kann. Der Fahrer des Wagens, in dem ich sitze, legt seinen ganzen Ehrgeiz darein, uns in der Abenddämmerung etwas von den hier lebenden Tieren zu zeigen, und er spürt tatsächlich ein kleines Wildschweinrudel und einen kapitalen Eber auf.

Zurück in der Datscha, prasselt in einem gemütlichen Eßzimmer bereits das offene Kaminfeuer, der Tisch ist gedeckt, daß sich beinahe die Platte biegt, und das nächste große Fressen kann beginnen. Medea hat ein paar Leute aus der Partei und dem Stadtrat von Sagaredscho mitgenommen, und – das begreife ich aber erst später – am Tisch sitzen acht Männer aus dem Folkloreensemble, dem wir gleich am ersten Abend nach unserer Ankunft in Tbilissi im dortigen Stadttheater mit Begeisterung zugehört hatten. Das ist eine besondere Aufmerksamkeit von Medea gegenüber ihren ausländischen Gästen, und der eigentümlichen Atmosphäre kann sich niemand aus unserem Team entziehen, als mitten während des Essens diese Künstler wie beiläufig die schönsten Melodien singen. Mir fallen wieder die Märchen ein, und ich habe Gelage an Fürstenhöfen im Kopf . . .

Wir kämpfen uns durch die Berge von Köstlichkeiten. Den Kaviar, der pfundweise in Schüsseln dasteht, rühren wir bei soviel Auswahl gar nicht erst an. Gebratene Wachteln könnte man essen bis zum Platzen. Eine wahrlich unbeschreibliche Völlerei. Zum Trinken wird wieder Rotwein und selbstgebrannter, außergewöhnlich starker Wodka angeboten. Als einzige Frau außer Medea genieße ich das Privileg, nur Rotwein trinken zu dürfen. Die Männer und auch Medea trinken abwechselnd beides, *bolomdee* natürlich.

Medea animiert mit einer Ausdauer zum Trinken, als sei sie am Umsatz beteiligt. Aber sie macht das auf eine sympathische Art, und man kann ihr nichts abschlagen. Ich wundere mich darüber, wieviel Alkohol diese Frau verträgt, ohne daß man ihr auch nur das Geringste anmerkt. Die Männer –

sowohl die georgischen als auch die russischen und bundesdeutschen aus unserem Team – zeigen schon die ersten Ausfall-
erscheinungen, als bei Medea immer noch keinerlei Wirkung
festzustellen ist. »Wenn man es ernst meint, muß man ex trinken«, lacht sie uns an und kippt zum Beweis dafür, daß sie bis
zum letzten Tropfen ausgetrunken hat, jedesmal ihr Glas um.
Das sei auch der Grund, warum man früher hier aus Kuhhör-
nern getrunken habe, denn die müsse man austrinken und
könne sie nur umgedreht abstellen.

Ein Trinkspruch jagt den anderen. Nach meinem vierten
Weinglas auf ex erkämpfe ich mir das Recht, nur noch halbe
und schließlich viertel Gläser austrinken zu müssen: In meinem Trinkspruch zu diesem vierten Glas sage ich, man möge
meine Wertschätzung für die Anwesenden daran erkennen,
daß ich mich zu Ehren der Gastgeber Trinkgewohnheiten
anpasse, die mich, so fürchte ich, umbringen werden. Medea
nimmt mich mütterlich in den Arm.

Am nächsten Tag hat Medea wegen nicht näher bezeichneter
wichtiger Termine für uns keine Zeit. Wir bleiben in Tbilissi,
wo wir ja auch im Hotel untergebracht sind, und schauen uns
ein wenig um. Nach fünf Monaten Moskauer Winter genießen
wir das südliche Flair in Tbilissi besonders. Der Himmel ist
blauer, die Menschen schauen freundlicher, die Schaufenster
sind bunter, die Märkte voller. Und immerhin haben wir erst
Anfang März. Mir hat mal jemand gesagt, die Georgier seien
die Italiener der Sowjetunion – so ganz falsch ist das nicht.

Was sonst noch in Tbilissi auffällt: daß Stalin allgegenwärtig
ist. Es gibt eine Stalinstraße. Das georgische Puppentheater,
gleich neben dem russischen, ziert ein Fries, der Stalin inmitten von Kindern zeigt. An einem Gebäude, in dem heute ein
Kunstmuseum untergebracht ist, verrät eine Gedenktafel,
daß Stalin an dieser Stelle, im ehemaligen Priesterseminar,
vom 1. September 1894 bis zum 29. Mai 1899 lebte und studierte. Im Schalterraum einer Bank steht eine Stalinstatue aus
Bronze, und an der Wand hängt ein Stalinporträt neben Bil-

dern von Lenin und Kalinin. Bei manchen Lkws entdecke ich kleine Stalinbilder im Führerhaus oder neben dem Nummernschild. In einem gutsortierten Obst- und Gemüsegeschäft auf einer Hauptstraße hängt ein großes Stalingemälde in einem Nebenzimmer, dessen Tür zum Verkaufsraum stets geöffnet ist. Der Direktor dieses Geschäfts, der zur Zeit gerade nicht da ist, so erzählt mir ein Verkäufer, habe das Stalinporträt schon vor fünfzehn, sechzehn Jahren dorthin gehängt und er sei nach wie vor ein hundertprozentiger Stalinanhänger. In einem kleinen Fotoladen steht unübersehbar Stalin neben Lenin, beide in Postkartengröße abgebildet, im Schaufenster. Das ist hier eben so, bekomme ich immer wieder zu hören, Stalin sei nun mal der berühmteste Sohn Georgiens.

Medea hatte bereits angekündigt, daß sie uns etwas ganz Besonderes zeigen wolle, etwas, worauf sie sehr stolz sei. Wir sollen möglichst um zehn Uhr früh bei ihr sein, weil wir von Sagaredscho aus noch mal knapp fünfzig km Richtung Osten fahren müssen, in ein Dorf namens Udabno, was soviel heißt wie Wüste. Die Straße dorthin zieht sich zunächst durch eine Ebene, die schließlich Hügeln weicht, und dann sind die hohen Berge des Kaukasus zu sehen. Das kahle Land um uns ist ohne jede Ansiedlung, alles sieht dunkel, fast schwarz aus. Schwarze Wüste, so nennen es die Einheimischen. Die Straße wird zur Piste – wie so oft bei unseren Reisen –, es ist kalt und windig. Medea erzählt, daß 155 Tage im Jahr der schwarze Wind hier wehe. Ich kann mir beim besten Willen nicht vorstellen, daß hier irgendwo Menschen leben sollen. Wer diese Gegend körperlich heil übersteht, muß zumindest trübsinnig werden und Schaden an seiner Seele nehmen, so denke ich mir.

Nach einer Wegbiegung ist plötzlich eine Ansiedlung zu erkennen, mitten im schwarzen Nichts. Vor fünf Jahren habe man mit diesem ehrgeizigen Projekt begonnen, schwärmt Medea, damals sei auch das gesamte georgische Politbüro hier zu Besuch gewesen, inklusive Schewardnadse natürlich, um sich an Ort und Stelle mit diesem Plan vertraut zu machen, den sie selbst schon seit langem verfolge. Das Gebiet hier sei nämlich sehr fruchtbar, das einzige Problem sei die Bewässerung. Aber als sie es dann schließlich geschafft hatte, die Partei vom Sinn und Nutzen dieser Idee zu überzeugen – was nicht leicht gewesen sei –, habe man sie auch voll unterstützt. Zunächst mußte eine Straße gebaut werden, es gab ja gar nichts. Dann zog man eine Wasserleitung aus Tbilissi bis hierher. Zur Zeit unseres Besuches, also Anfang 1988, lebten in Udabno bereits 300 Familien, insgesamt etwa tausend Personen. Mittlerweile ist die Zahl der Familien auf über 400 angewachsen.

Die Bekanntmachung sei damals bei den Menschen sofort auf riesiges Interesse gestoßen, erzählt Medea. Es seien nicht nur Anträge von Familien aus ganz Georgien, sondern aus der ganzen Sowjetunion eingegangen, in das unwirtliche Wüstendorf ziehen zu dürfen. In der Sowjetunion kann man sich ja nicht so ohne weiteres niederlassen, wo man will; ein Umzug muß beantragt, zumindest registriert und meist genehmigt werden. Ein Erbe des stalinistischen Kasernensozialismus. Für eine ganze Reihe von Städten in der Sowjetunion – für alle Republikhauptstädte sowieso – herrscht Zuzugsverbot. Das kann man nur durch Heirat umgehen oder wenn bestimmte Arbeitskräfte gesucht werden. Im letzteren Fall ist man ein sogenannter Limitschik, der nur so lange in der jeweiligen Stadt wohnen darf, wie seine Arbeitskraft gebraucht wird. Ein brutaler Hebel, den die Betriebsleitung da ansetzen kann. In Moskau kommen immer wieder Klagen aus dem Automobilwerk »Sil«. In dieser Fabrik soll aus den Arbeitern das Letzte herausgeholt werden, so heißt es, immer unter der Androhung, die Arbeit in Moskau und damit den Wohnsitz Moskau zu verlieren.

Aber zurück in die schwarze Wüste, nach Udabno. Der Andrang der Bewerber für diesen unbequemen Wohnort erklärt sich vielleicht auch aus der Tatsache, daß jede Familie kostenlos Haus und Möbel gestellt bekam.

Wir sind im Ort angekommen. Mit der Wasserversorgung klappt es noch nicht ganz problemlos, was man unter anderem

183

daran erkennt, daß es nur vereinzelt kleine, kahle, vertrockne-
te Bäume gibt. Sonst nichts, nur die Ein- oder Zweifamilien-
häuser, die – obwohl sie ja weniger als fünf Jahre alt sein müssen – schon reichlich verkommen wirken. Zugegeben, dieser
Eindruck mag zu einem Teil auch an der unbeschreiblich tri-
sten Umgebung liegen.

Im Dorf gibt es einen Kindergarten, eine Krankenstation,
eine Schule natürlich, in der mittlerweile etwa 350 Kinder
unterrichtet werden, eine Post und ein Warenhaus, wo ein
reichhaltiges Angebot an kristallartigem Geschirr und Gum-
miüberschuhen auffällt. Seit neuestem habe man auch eine
Banja, diese russische Dampfbadversion, und ein Gasthaus.
Sogar ein kleines Museum wurde wegen der vielen, zum Teil
prähistorischen Funde in dieser Gegend eingerichtet.

Geplant sei hier der Anbau von Wein, von Getreide und
Früchten, die Einrichtung eines Milchkombinats und einer
Schweinefarm. Sie liegt aber wegen der Geruchsbelästigung
weiter außerhalb. Und die werden wir uns erst nach dem Mittagessen anschauen, beschließt Medea. Im Parteihaus, das
sich teilweise noch im Rohbau befindet, ist das Mittagessen
schon vorbereitet, wie wir das ja nun bereits kennen: kein
freies Fleckchen mehr auf dem Tisch, und in kürzester Zeit
zwei bis drei Lagen Geschirr übereinander mit Essen vollgepackt. Diesmal bin ich für den Wodka dankbar, denn es ist so
kalt in diesem halbfertigen Gebäude, daß wir alle beim Essen
unsere Mäntel anbehalten.

Während der Mahlzeit erzählt Medea, der Ortsvorsteher –
der übrigens auch ins georgische ZK aufgenommen wurde –
habe den Namen des Dorfes ändern wollen. Das habe sie aber
abgelehnt. Denn der Name »Wüste« habe schließlich Symbol-
wert und man solle auch später noch daran erinnert werden,
daß das alles hier aus dem Nichts, aus der Wüste, entstanden
ist, basta. Das habe der Ortsvorsteher dann auch eingesehen.
Was bleibt ihm übrig, denke ich für mich, denn mir ist mittlerweile aufgefallen, daß ein Wort von Medea genügt, und alle
springen.

184

Medea ist sehr stolz auf dieses Projekt und betont immer wieder, es sei einzigartig in ganz Georgien. Man habe immer noch große Schwierigkeiten mit der Bewässerung, aber das kriege man schon irgendwie hin, wäre ja gelacht. Und dann solle hier ja auch ein Park der Freundschaft entstehen.

Wir bleiben beinahe im Schlamm stecken, als wir die zwei, drei Kilometer bis zur Schweinefarm fahren. Der erste Komplex für 27 000 Schweine soll 1990 fertiggestellt sein, danach, bislang ohne Zeitvorgabe, ein weiterer Trakt in der gleichen Größenordnung. »Aber die Bauarbeiten dauern länger als erwartet«, räumt Medea ein. »Hier ist ja keine Eisenbahnlinie in der Nähe, es muß alles per Lkw rangeschafft werden, und wir haben hier schneereiche Winter.« Weil die Bauarbeiter in der Einöde und unter klimatisch harten Bedingungen ihrem Beruf nachgehen, werden sie sehr gut bezahlt. Sie bekommen zwischen 450 und 500 Rubel monatlich, zwei- bis dreimal soviel wie normal.

Medea ist zwar eine Frau, die keinen Widerspruch duldet, dennoch frage ich vorsichtig, ob dieser Aufwand denn überhaupt noch im Verhältnis steht zu dem, was irgendwann vielleicht einmal dabei herauskommt. Denn fruchtbarer Boden alleine, das reicht ja wohl nicht. Medea meint unbeirrt, es sei ihr schon klar, daß alles, was hier geerntet und produziert werde, viel teurer verkauft werden müsse, weil die Investitionen so hoch seien. Na und? Kein Grund, sich davon zu verabschieden. Es sei eine Chance. Die Menschen hier hätten alles, was sie brauchen: Jede Familie ein Haus für sich allein, der Verdienst sei gut, selbst die Hirten auf der Schweinefarm würden 300 Rubel monatlich verdienen – das erreiche kein Lehrer und kein Arzt.

Auf der Baustelle der Schweinefarm kommt es zu einer hitzigen Diskussion um Installationsleitungen und Bauteile für die Lüftung. Schon vor zwei Monaten hätte das alles geliefert werden sollen, also geht es wieder einmal nicht recht weiter. Medea schnaubt vor Wut und erklärt den Arbeitern, die zurück in die Stadt wollen, weil sie ja ohne Material nichts ausrichten können, sie werde das morgen in Tbilissi im zuständigen Ministerium regeln. Es lohne sich nicht wegzufahren, das Material komme in Kürze, sie garantiere dafür.

Ihr Stellvertreter, der Zweite Parteisekretär, bemerkt meine ungläubigen Blicke, nimmt mich beiseite und flüstert: »Medea ist weit über die Kreisgrenze hinaus bekannt – und gefürchtet. Sie wird das Material bekommen.«

Es hat zu schneien begonnen, ein eisiger Wind weht, eine Landschaft wie auf dem Mond oder in einem bedrückenden Science-fiction-Film und dazu Medea: ohne Kopfbedeckung, in Kleid und Mantel, mit nur knöchelhohen leichten Stiefeln, inmitten der eingemummten, unzufriedenen Bauarbeiter, auf die sie wie ein Wasserfall einredet. Eine phantastische Szene. Das glaubt dir zu Hause kein Mensch, denke ich mir.

Da gelingt es einem der Männer, ihren Redefluß zu unterbrechen. Nun ist sie sowieso schon sauer, so scheint er zu denken, da kommt es auf eine Hiobsbotschaft mehr oder weniger auch nicht mehr an. Es geht um den Baukran, der von der Stadt – damit ist immer Tbilissi gemeint – zur Verfügung gestellt worden sei und den man benötige, weil ja noch zusätzliche Wohnhäuser gebaut werden sollen. Die Stadt aber wolle den Baukran jetzt wieder zurückhaben. Was solle man da machen? »Der Kran bleibt, und der Kran wird bleiben«, erklärt Medea ruhig und bestimmt. Und der Zweite Parteisekretär nickt mir wieder bestätigend zu: Wenn Medea das so sagt, dann bleibt der Kran, daran besteht überhaupt kein Zweifel.

Medea erkundigt sich nach weiteren Problemen, ob sie sonst noch irgendwie helfen könne. Ein älterer Arbeiter, der fünf Kinder hat und aus familiären Gründen oft in die Stadt fahren muß, wie er erzählt, bringt ein, daß es zuwenig Autos im Dorf gebe. Er würde sich ja einen Wagen kaufen, aber er bekomme einfach keinen. Medea macht einem ihrer Mitarbeiter ein Zeichen: Er soll sie daran erinnern, morgen wird sie einen Wagen herschicken lassen. Mich verwirrt das alles, und ich weiß langsam nicht mehr, was ich davon halten soll. Medea, die gute Fee; aber wehe dem, der sie zum Feind hat.

Medea hatte uns schon vorher gesagt, daß es heute nachmittag im Kulturhaus in Sagaredscho eine Feier zum 8. März gebe, also dem Internationalen Frauentag, und wir seien herzlich eingeladen. Wir müssen noch unsere Filmaufnahmen zu Ende bringen, denn wir sind ja zum Arbeiten und nicht zum Feiern hier. Also fährt die Parteisekretärin in ihrem Dienstwagern voraus, einer schwarzen »Wolga«-Limousine, die uns immer begleitete, auch wenn Medea in unserem Kleinbus saß oder wir ohne sie in Sagaredscho zu Außenaufnahmen unterwegs waren.

Als wir uns dann auch auf den Weg nach Sagaredscho machen, ist aus dem leichten Schneefall ein dichtes Schneetreiben geworden. Viel später als geplant kommen wir vor dem Kulturhaus an. Natürlich gehen wir davon aus, daß die Feier schon in vollem Gange ist. Was sich dann abspielt, ist in gewisser Weise ein Alptraum.

Im großzügigen Foyer des Kulturhauses ist ein Bazar mit Handarbeiten aus den unterschiedlichsten Materialien aufgebaut. Medea nimmt uns gleich in Empfang, führt uns herum und besteht darauf, daß wir uns als Andenken etwas aussuchen sollen. Es scheint, als seien wir die Hauptpersonen, alle kümmern sich nur um uns. Nachdem wir die Waren gebührend bewundert und bestaunt haben, führt uns Medea in eine Cafeteria. Eine Unmenge von kunstvoll gestalteten Supertorten steht da auf der Theke, mit Schwänen aus Buttercreme, Blumengebinden aus Zuckermasse und farbenfrohen, phantasievollen Gebilden, die viel zu schade zum Aufessen sind. Aber es wird natürlich gegessen – und nicht zu knapp. Ehe wir uns versehen, hat jeder von uns mindestens drei Stück Torte vor sich stehen, dann kommen Crêpes mit Honig dazu, schließlich Crêpes mit Smetana, dieser milden sauren Sahne, und Kaffee – und, und, und. Überall sollen wir kosten, aber das ist nicht zu schaffen. Medea drängt mal wieder – wenn ich da schon gewußt hätte, warum, ich wäre wohl lieber im Boden versunken!

Wir sollen nun in den Festsaal gehen, meint Medea

187

bestimmt und zieht mich an der Hand hinter sich her. Jemand öffnet uns eine Doppelflügeltür, und vor uns liegt ein vollbesetzter Theatersaal, in dem sich alle – es müssen einige hundert sein – sofort von ihren Plätzen erheben und zu klatschen anfangen. Vor lauter Schreck bekomme ich das nur noch wie durch einen Schleier mit. Es ist halb sechs, der geplante Beginn der Veranstaltung war vier Uhr gewesen, im Saal ist es empfindlich kalt – die haben anderthalb Stunden hier auf uns gewartet und empfangen uns so statt mit Buhrufen und Pfiffen. Selten in meinem Leben ist mir etwas derart peinlich gewesen. Ich weiß nicht, wie ich den Menschen, die mich anlachen, in die Augen gucken soll. Die müssen mich doch verfluchen, denke ich.

Medea und ich werden zu unseren Ehrenplätzen in der ersten Reihe geleitet, sie wendet sich noch einmal zum Saal um, nimmt meine Hand und hält sie wie triumphierend hoch, noch mal Applaus, und dann setzen wir uns. Kleine Mädchen und junge Männer bringen uns Körbe mit Blumen, und das Festprogramm beginnt: Reden, Gesang und Tanz – alles zu Ehren der Frauen. Der 8. März, der Internationale Frauentag, ist in der Sowjetunion der zweithöchste Feiertag, gleich hinter dem Jahrestag der Oktoberrevolution. Die Sängergruppe, die auf der Datscha gesungen hatte, ist auch wieder da; ein Frauenchor; kleine Mädchen, höchstens vier, fünf Jahre alt, singen georgische Volkslieder, ungeachtet der Kälte im Saal in leichten Sommerkleidchen und Kniestrümpfen; und zwei der Kleinen tragen uns zu Ehren tatsächlich ein Lied in deutscher Sprache vor. Vier Geschwister treten auf, drei Frauen und ein Mann im Alter zwischen sechzig und siebzig, und spielen Volksmusik. Und irgendwann ziehen unter Beifall Mütter mit kleinen Kindern durch den Saal und quer über die Bühne.

Das Programm dauert alles in allem gut eine Stunde. Trotz Wintermantel und Stiefeln friere ich bis auf die Knochen, und der Gedanke, daß die Menschen in dieser Eiseskälte nur wegen uns zusätzliche Zeit ausgeharrt haben, ist mir unerträglich. Ich schäme mich, obwohl es nicht meine Schuld ist, aber immerhin bin ich ja der Anlaß dafür gewesen.

Als wir den Festsaal verlassen – nicht ohne noch mal mit Beifall und Blumen bedacht worden zu sein –, schneit es so stark, daß man kaum die Hand vor Augen sieht. »Macht nichts«, meint Medea, »wir müssen trotzdem unseren Baum pflanzen.« Da erst klärt mich ihr Stellvertreter auf, der immer dabei ist, daß Medea ihm heute mittag eröffnet habe, sie wolle mit mir einen Freundschaftsbaum vor dem Parteihaus pflanzen. Es sei auch alles bereit. Und da stehen wir nun, wir beide, Medea und ich, bekommen eine Kiefer angereicht, die fast so groß ist wie wir selbst, und bugsieren den Wurzelballen in ein vorbereitetes Loch, aus dem wir nur mehr den dicht fallenden Schnee herausschippen müssen. Wir bekommen von irgend jemandem kleine Gläschen mit Erde und Wasser in die Hand gedrückt, die wir symbolisch auf die Baumwurzeln in der Grube schütten, und dann schaufeln ein paar Männer das Loch so mit Erde zu, daß der Baum aufrecht stehen bleibt. Medea und ich schütteln uns die Hände, sie zieht mich zu sich herüber, nimmt mich in den Arm, und alle klatschen – und ich finde das nicht mal kitschig.

Heute ist unser letzter Abend bei Medea. Wir sind bei ihr zu Hause eingeladen, eine große Ehre. Sie wohnt zusammen mit ihrem Bruder, dessen Frau, zwei Kindern und einem Enkelkind in ihrem Vaterhaus, einem geräumigen freistehenden Haus mit viel Garten rundherum. Als wir ankommen, es schneit noch immer in dichten Flocken, werden wir bereits vor der Tür von Medea und ihrer Familie in Empfang genommen. Sie bieten uns Wein, Brot und Salz und verschiedene Gemüse an. Davon müssen wir vor der Tür noch essen, ganz gleich, wie stark es schneit, bevor wir ins Haus gebeten werden. Auf dem ersten Stock ist in einem ungewöhnlich langen Zimmer eine Riesentafel vorbereitet. Medea hat Verwandte und Bekannte eingeladen und ein paar Frauen aus dem Festchor, die diesmal den Part der musikalischen Unterhaltung während des Essens übernehmen.

189

Knapp vierzig Menschen sitzen an dem langen, reichge-deckten Tisch, und es beginnt mal wieder ein üppiges Mahl mit häufigen Trinksprüchen, mit Musik und Tanz. Eines der geor-gischen Lieder, ein schwermütiges, habe ich zumindest von der Melodie her im Kopf, auch an einige Textzeilen kann ich mich erinnern, selbstverständlich ohne zu wissen, was sie bedeuten. Auf jeden Fall versuche ich mitzusingen, was Medea und auch die Frauen aus dem Chor begeistert aufneh-men. Und als das Lied zu Ende ist, meint Medea beiläufig, das sei das Lieblingslied von Stalin gewesen.

Stalin ist ein Thema, über das Medea eigentlich nicht reden will. Als ich sie besuchte, Anfang 1988, begann die Aufarbei-tung der Stalinzeit in der Sowjetunion gerade erst, und in Georgien, der Heimat Stalins, war die Verunsicherung beson-ders groß. Vielleicht war es ein Fehler, und ich hätte mehr insi-stieren sollen, aber ich habe damals Medeas Wunsch respek-tiert und das Thema Stalin im Gespräch mit ihr nicht ver-tieft.

Ich beobachte Medea, wie sie mit dem Enkelkind ihres Bru-ders spielt, das sich bei ihr wohler zu fühlen scheint als beim Großvater. Der hat es nämlich nicht geschafft, das schreiende Kind, das im übrigen den ganzen Abend mit uns verbringt, zu beruhigen. Ich frage Medea, ob man, ihrer Meinung nach, auf eine eigene Familie verzichten muß, um so erfolgreich arbei-ten zu können, wie sie es tut. Medea zögert, bevor sie antwor-tet: »Ehrlich gesagt, es stimmt schon, daß mich meine in vieler Hinsicht schwere Arbeit daran gehindert hat, eine eigene Familie zu gründen. Ich bin vor lauter Arbeit ja nicht einmal dazu gekommen, darüber nachzudenken. Wenn Sie so wollen: Im Grunde habe ich mich, mein eigenes Ich, über all der Arbeit vergessen. Aber ich habe ja zum Glück eine Familie«, lacht sie, wirft ihr Enkelkind in die Höhe und fängt es wieder auf.

Mir fällt ein Erlebnis von heute ein, als wir gemeinsam mit ihr im Auto unterwegs waren. Ein kleiner Stau hatte sich auf-gebaut, Medea schaute den Fahrer des Wagens rechts neben uns nur an und machte eine Kopfbewegung, die in etwa bedeutete: »Los, zurück«, und der Fahrer setzte, ehe ich die Situation voll begriffen hatte, seinen Wagen zurück. Die Autos vor uns machten das nach, so gut sie konnten, oder sie wichen seitlich aus, und in kürzester Zeit war für Medea der Weg frei. In Erinnerung daran und an viele ähnliche Beispiele sage ich Medea, mir sei aufgefallen, daß ein Wort von ihr, manchmal nur ein Blick, genüge, und jeder funktioniere, so wie sie das will. Wie macht man das? möchte ich wissen.

Medea findet diese Verhaltensweise aller Menschen um sich herum völlig in Ordnung und ganz leicht zu erklären. »Das eigene Beispiel, das ich den Menschen gebe, die ununterbrochene Arbeit, der ständige Kontakt und Umgang mit den Menschen hier – die wissen, was sie an mir haben und was ich für sie tun kann. Außerdem, es fällt mir wirklich nicht schwer, wenn ich jemanden ansehe, ihm verständlich zu machen, was zu tun ist.« Von Zweifeln wird Medea offenbar nicht geplagt, aber vielleicht gehört auch das zum Geheimnis ihres Erfolges.

Sie ist ja nun schon lange im politischen Geschäft, als engagierte und durchsetzungsfähige Frau. Was bedeutet es denn da für ihre Arbeit, daß jemand wie Michail Gorbatschow an der Spitze der Sowjetunion steht? frage ich weiter.

»Es hilft natürlich«, sagt Medea, »aber ich möchte doch noch einmal betonen, daß die Perestroika, die Umgestaltung, in Georgien im Oktober 1973 begonnen hat, als Eduard Amwrossijewitsch Schewardnadse Erster Parteisekretär in Georgien wurde. Vielleicht ist Ihnen bekannt«, fährt Medea geschäftsmäßig fort, »daß schon damals in Georgien gegen gewisse negative Erscheinungen und Mißstände gekämpft wurde. Wir setzten uns schon damals für die allgemeine Verbesserung des politischen Klimas ein und für die Ehrlichkeit im Umgang miteinander. Insofern sind wir hier auf Gorbatschows Politik der Perestroika nicht nur bestens vorbereitet gewesen, wir haben sie auch im Griff.« Als ein konkretes Beispiel nennt sie den wirtschaftlichen Bereich. Der Übergang zur Selbstfinanzierung und sogenannten wirtschaftlichen Rechnungsführung, der in Georgien reibungslos funktioniere, stärke beispielsweise die Kolchosen und Sowchosen. Man habe in Georgien früh begriffen, daß diese Eigenverantwortung zur Anhebung des allgemeinen Lebensstandards führe. »Und was Demokratisierung und Offenheit angeht«, so Medea weiter, »das ist eine Politik, die unsere Bevölkerung sehr gut aufnimmt. Bei uns werden schon seit geraumer Zeit die Kolchos- und Sowchosvorsitzenden gewählt, und zwar wirklich gewählt. Da gibt es immer drei oder vier Kandidaten. Nur so kann es gehen.«

Medea ist eine bemerkenswerte Frau. Sie hat politisches Gewicht in einem gewissen Rahmen, und das ausgerechnet in einer Republik, in der Frauen beruflich und politisch nicht viel zu melden haben. Sie müssen in erster Linie für den Mann und die Familie dasein; so erwartet es die Gesellschaft von ihnen, ganz gleich, ob auf dem Lande oder in der Stadt, und auch unabhängig vom Bildungsgrad. Medea hat nun keine eigene Familie, keine eigenen Kinder, was normalerweise eine Frau ins Abseits stellt – und trotzdem wird Medea akzeptiert und geachtet. Und sie wird gefürchtet. Sie ist unglaublich autoritär, obwohl sie von Demokratie schwärmt. Sie macht den Eindruck eines eigensinnigen Landesfürsten, der von seinen Untertanen erwartet, daß sie ihm schon glauben, daß er nur das Beste für sie will. Sie ist in gewissem Sinne nichts anderes als ein Diktator, der nach Kräften versucht, eine Politik zu befördern, deren Repräsentanten man sich – nicht nur optisch – ganz anders vorstellt.

So paradox sich das anhören mag und so gefährlich die Idee im Grunde ist, vielleicht liegt die große Chance der Sowjetunion im Moment genau in den Menschen, die mit autoritären Mitteln versuchen, demokratische Elemente einzuführen. Denn soviel Zeit hat dieses Land nicht, darauf zu warten, daß ein bisher bevormundetes und verängstigtes Volk demokratisches Verhalten zeigt, ohne jemals gute Erfahrungen mit Selbstbestimmung und Eigeninitiative gemacht zu haben.

Es ist weit nach Mitternacht, als wir uns verabschieden dürfen. Den letzten Schluck Wein aus Keramikschalen trinken wir unten vor dem Auto im immer noch anhaltenden Schneetreiben. Im allgemeinen Abschiedstrubel bemerken wir nicht, wie zwei Wagen mit Medeas Mitarbeitern wegfahren. Sie erwarten uns am Ortsausgang, stoppen uns und schicken uns dann mit den besten Wünschen für einen guten Heimweg auf die Reise.

Frauen in der Sowjetunion:
Elvira, Inga
und die anderen

Die sowjetische Frau gibt es natürlich genausowenig wie *die* deutsche Frau. Es ist allein deshalb beinahe unmöglich zu verallgemeinern, weil die regionalen Unterschiede in der Sowjetunion viel zu groß sind. Im europäischen Teil herrschen ganz andere Lebensbedingungen und gesellschaftliche Normen als im asiatischen Teil dieses Riesenlandes. Im hohen Norden sieht der Alltag anders aus als im tiefen Süden.

Wenn sich etwas zusammenfassend sagen läßt, dann das: Die Probleme, die Frauen in der Sowjetunion haben, sind die gleichen wie überall in der Welt; etwa wenn es darum geht, sowohl berufstätig als auch Mutter zu sein. Sowjetische Frauen leiden unter dieser Doppelfunktion – die die meisten Frauen, unabhängig von ihrer Nationalität, als Dilemma empfinden – aus zwei Gründen besonders: Zum einen zwingen in der sowjetischen Gesellschaft ganz bestimmte Erwartungshaltungen den Frauen ganz bestimmte Verhaltensmuster auf, und zum anderen ist der »ganz normale Alltag« viel schwieriger zu organisieren, als sich das ein Bundesbürger vorzustellen vermag:

– Das Einkaufen gerät zum Alptraum, weil es mit stundenlangem Schlangestehen verbunden ist und trotz dieser hohen Investition an kostbarer Zeit oft deprimierend erfolglos verläuft; und weil es mit schwerer Schlepperei verbunden ist, da fast alle Frauen den Einkauf zu Fuß bzw. mit öffentlichen Verkehrsmitteln erledigen müssen.
– Haushalt und Familie zu versorgen ist körperliche Schwerst-

195

arbeit, da die simpelsten technischen Erleichterungen fehlen. Waschmaschinen sind eine Seltenheit, von Küchengeräten jeglicher Art ganz zu schweigen. Ein Fleischwolf – bei uns fast ein musealer Gegenstand – ist für unfaßbar viele Frauen ein utopischer Wunschtraum.
– Familienplanung ist einzig und allein Frauensache. Dabei fehlt es meist an Verhütungsmitteln, oder sie sind mangelhaft. Und weit verbreitet ist ein Typ Mann, der »sein sexuelles Recht« einfordert. Das alles führt dazu, daß nahezu jede sowjetische Frau (mit gewissen Ausnahmen in Mittelasien) mindestens einen Schwangerschaftsabbruch hinter sich hat und viele Frauen zwischen fünf und zehn über sich ergehen lassen, unter unvorstellbaren hygienischen Bedingungen und häufig ohne jede Betäubung.

Wie kommt es bloß, daß Frauen in einem Land mit einem so hohen Anspruch, was Gleichheit der Menschen betrifft, so leben müssen? Und warum wehren sich diese Frauen nicht? Sie könnten sich doch ohne Schwierigkeiten auf Lenin berufen, auf Nadeschda Krupskaja, die Frau Lenins, auf Alexandra Kollontaj, die Schriftstellerin und Politikerin – auf all diese anerkannten Persönlichkeiten könnten sich die sowjetischen Frauen berufen, wenn sie eine Verbesserung ihrer Lebensumstände fordern.
Artikel 34 der sowjetischen Verfassung verkündet die Gleichheit der Männer und Frauen vor dem Gesetz und betont darüber hinaus, daß diese Gleichheit in allen Sphären des wirtschaftlichen, sozialen und kulturellen Lebens gewährleistet wird. Artikel 35 garantiert die Verwirklichung gleicher Rechte für Männer und Frauen als Bürger und Arbeiter. Also: gleiche Rechte bei der Ausbildung, bei der Arbeit, bei der Entlohnung und im Zusammenhang mit gesellschaftlich-politischen und kulturellen Tätigkeiten. Die rechtliche Basis stimmt also. Die praktische Umsetzung stimmt nicht.
Aber warum soll es ausgerechnet in diesem Teilbereich funktionieren? Die sowjetische Verfassung regelt viele Lebensbe-

reiche – theoretisch – vorbildlich, und dennoch spüren die Sowjetbürger in ihrem praktischen Leben nichts davon. Es wäre unrealistisch zu erwarten, daß es sich ausgerechnet beim Thema Gleichberechtigung anders verhält. Schließlich haben auch andere Länder, selbst die mit demokratischer Tradition, auf diesem Gebiet ihre Schwierigkeiten.

In sowjetischen Abhandlungen zum Thema »Frauen« ist neuerdings immer wieder zu lesen, die Stellung der Frau sei ein Barometer für den Entwicklungsstand der Gesellschaft, und zwar in jeder Beziehung: in der Arbeitswelt, in der Familie und auch was den Grad der Demokratisierung angeht.

Auf der Suche nach Zielen und Strategien sowjetischer Frauenpolitik melde ich mich in Moskau beim »Komitee der Sowjetfrauen« an. Dieses Komitee existiert seit 1941, damals allerdings zunächst unter dem Namen »Antifaschistisches Komitee sowjetischer Frauen«. Da bis zu Gorbatschows Zeiten die glorreiche Sowjetunion in jeder Beziehung glorreich zu sein hatte, bestand die Hauptaufgabe dieses Frauenkomitees über die Jahrzehnte hinweg ausschließlich darin, internationale Kontakte zu pflegen. Denn Probleme im eigenen Lande, um die sich dieses Komitee hätte kümmern können, gab es offiziell nicht.

Beim Termin im Komitee erwarten mich vier Frauen, die sich viel Zeit für meine Fragen nehmen und die auch von mir über die Bundesrepublik viel wissen wollen.

Da ist zunächst Elvira Nowikova, sie arbeitet im wissenschaftlichen Zentrum der Gewerkschaften und ist Mitglied in der UNO-Expertenkommission, die sich zum Ziel gesetzt hat, weltweit die Benachteiligung von Frauen zu beseitigen. Elvira sieht in ihrer altmodischen Kleidung, mit ihrer Frisur, der man anmerkt, daß sie nur praktisch und nichts weiter sein soll, und mit ihrer dunklen Hornbrille mit den dicken Gläsern so aus, wie man sich eine russische Frauenfunktionärin vorstellt. Ich bin eben auch nicht ganz frei von Vorurteilen, denke ich mir, während ich Elvira betrachte.

Ein Kontrast, wie er stärker nicht sein könnte: die Frau neben Elvira. Inga Grebeschewa ist ihr Name, sie leitet im sowjetischen Gesundheitsministerium eine Abteilung für medizinische, soziale und rechtliche Probleme beim Schutz von Müttern und Kindern. Sie ist – wie Elvira auch – eine Frau mittleren Alters. Inga hat gepflegte, halblange blonde Haare, feine Gesichtszüge, ist dezent geschminkt, elegant gekleidet – kurz: eine sympathische und attraktive Erscheinung.

Dann sitzen da noch Jelena Baschun, zuständig für die Beziehungen des Frauenkomitees zu deutschsprachigen Ländern, eher ein unauffälliger Typ, und Marina Gordejeva. Sie ist Doktor der Wirtschaftswissenschaften und Leiterin der Informationsabteilung bzw. der Abteilung für Propaganda und Agitation, wie das hier offiziell, völlig ohne negativen Beigeschmack, heißt. Marina ist offensichtlich die jüngste Frau in dieser Runde.

Elvira, der »Funktionärstyp«, ergreift sofort das Wort und gibt es für beinahe eine Stunde nicht wieder ab. Sie scheint vor Informationen und vor Engagement förmlich zu platzen. Sie beginnt sogleich mit einer Gliederung, und man merkt, daß sie oft Vorträge hält.

Um die in der Verfassung garantierte Gleichberechtigung in die Praxis umzusetzen, bedürfe es bestimmter Mechanismen, die es zusätzlich auszuarbeiten gelte. Diese Anstrengungen müsse man auf drei Gebieten unternehmen, so Elvira, nämlich erstens auf dem juristisch-politischen, zweitens auf dem sozial-ökonomischen und drittens auf dem psychologischen Sektor. Denn neben der Verfassung existieren verschiedene Arten der Gesetzgebungen, sozusagen die Ausführungsbestimmungen zu den einzelnen Artikeln; und die müßten die Verfassung eindeutig stützen, das sei aber in der Praxis leider nicht immer so.

Und noch eine Schwierigkeit: Es gehe nicht nur darum, daß die Gesellschaft insgesamt bereit ist, Gleichberechtigung als Prinzip zu akzeptieren und damit eben auch Karrieren von Frauen. Wichtig sei auch, daß die Frauen selbst die Möglichkeiten nutzen, die ihnen eine gesetzlich verankerte Gleichberechtigung grundsätzlich bietet. »Wie die Praxis zeigt«, so Elvira, schräg über den Rand ihrer Brille schauend, »ist das alles nicht so einfach.

Wir sollten versuchen, uns klar darüber zu werden, was wir bis jetzt erreicht haben. Es verhält sich doch so: Bis April 1985 – wir haben jetzt diese neue Zeitrechnung«, meint Elvira mit Blick auf das Datum, an dem Michail Gorbatschow Generalsekretär der Kommunistischen Partei wurde, »bis April 1985 haben wir immer nur unsere positiven Leistungen aufgezählt, irgendwelche Daten mit denen von 1917 oder davor verglichen usw. Solche einfachen wissenschaftlichen Analysen mögen bis zu einem gewissen Grad auch nützlich sein, aber man kann nicht in die Zukunft blicken, wenn man ihr dauernd den Rükken zukehrt. Seit April 1985 sind wir dazu übergegangen, mehr darüber nachzugrübeln, was wir alles nicht erreicht haben, obwohl wir es gerne erreicht hätten. Diese Veränderung in der Betrachtungsweise kann man zweifellos auch als Errungenschaft bezeichnen.«

Da wir nun schon einmal bei den Errungenschaften sind, erläutert Elvira den Unterschied zwischen der sowjetischen Verfassung von 1936 und der von 1977, die in vieler Hinsicht Verbesserungen gebracht habe. Dabei seien auch Nuancen wichtig, weil sie veränderte Denkweisen symbolisieren. 1936 stand in der Verfassung: »Die Frauen haben die gleichen Rechte wie die Männer.« Auf diese Weise gilt der Mann als Maßstab, an dem sich die Frau orientiert. »Und der Mann ist ja schließlich kein Ideal, dem sich die Frau annähern sollte«, fügt Elvira mit dem wohl für sie typischen Blick über die Brille hinzu.

In der Verfassung von 1977 habe sich dann schließlich folgende Formulierung durchgesetzt: »Mann und Frau sind gleichberechtigt.« Dieses unscheinbare Wörtchen »und« sei von prinzipieller Bedeutung, meint Elvira.

Die Verfassung von 1977 unterscheide sich zudem darin, daß in ihr bereits ein gewisser Mechanismus beschrieben sei, mit dem der Gleichberechtigungsgrundsatz in der Praxis verwirklicht werden soll. Zum Beispiel wird ein System staatlicher Hilfen angeführt, das es erleichtern soll, Mutterschaft und Berufstätigkeit miteinander zu vereinbaren. Und schließlich enthalte die Verfassung von 1977 eine zusätzliche Bestimmung, die sich im Artikel 53 findet und die vom Schutz der Familie und von der gleichen Verantwortung beider Elternteile spricht. So etwas habe es früher überhaupt nicht gegeben.

Das alles dürfe aber keinesfalls über diverse, auch rechtliche Unzulänglichkeiten hinwegtäuschen. »Was nützt es«, sagt Elvira, »wenn die Verfassung Gleichberechtigung von Mann und Frau festschreibt und daneben eine Gesetzgebung existiert, die bestimmt, daß im Krankheitsfalle des Kindes nur die Mutter Urlaub nehmen kann, nicht aber der Vater. Das steht im Widerspruch zur formalen Logik!«

Ein kleiner Nachtrag hierzu: Eine berufstätige Frau kann, wenn ihr Kind krank ist, bis zu zehn Tagen bezahlten Urlaub im Jahr nehmen, der nicht auf ihren sonstigen Urlaubsanspruch angerechnet wird.

»Ich bin alles andere als eine Idealistin«, fährt Elvira fort, »und ich gebe mich keinerlei Illusionen hin, daß nun ab morgen alle Väter wegen ihrer kranken Kinder Urlaub nehmen würden, wenn es die gesetzliche Möglichkeit dazu gäbe. Das ist ja nicht mal in Schweden so, habe ich mir sagen lassen, als ich neulich dort zu Besuch war, obwohl das Land doch auf dem Sektor als vorbildlich gilt. Aber auch dort machen nur zehn Prozent der Väter von diesem Recht Gebrauch.«

Elvira setzt auf langfristige Entwicklungen. Der Gesetzgeber müsse die notwendigen Grundlagen sofort schaffen, damit ein Bewußtseinswandel einsetzen könne, damit die Männer endlich mal begriffen, daß zu Hause zu sitzen und auf die Kinder aufzupassen nicht notwendigerweise eine weibliche Tätigkeit sei. Elvira erzählt von den zahlreichen Briefen, die das Komitee erreichen, und von der Leserpost einzelner Zeitungen und Zeitschriften, die den Schluß zulassen, daß nicht wenige junge Männer sich mit dieser veränderten Aufgabenstellung durchaus anfreunden können.

Weil wir nun gerade bei der rechtlichen Seite sind, frage ich Elvira, wie die gesetzlichen Grundlagen dafür aussehen, daß Frauen und Männer für die gleiche Arbeit auch den gleichen Lohn bekommen, und ob die Praxis auch auf diesem Gebiet von der Theorie abweicht.

Elvira berichtet, daß in diesem Punkt das Geschlecht in der Gesetzgebung gar nicht erwähnt wird. Da sei lediglich die Rede von einer Bezahlung, die sich nach Quantität und Qualität der geleisteten Arbeit richtet. »Wenn wir von Quantität und Qualität sprechen, dann führt das zur Frage der Qualifikation. Das aber ist ein Problem, das sich nicht nur unserer Gesellschaft stellt. Dieses Problem haben auch die westlichen Gesellschaften.« Elvira führt in diesem Zusammenhang eine Forderung der ILO an, der Internationalen Arbeitsorganisation der UNO, in der es heißt: gleiche Bezahlung für gleichwertige Arbeit. Das sei das bessere Prinzip, meint Elvira, und sie erklärt, wieso.

In der Sowjetunion gibt es, wie in anderen Ländern auch, sogenannte typische Frauenberufe. Hier sind das Ärztinnen, Krankenschwestern, Lehrerinnen und Beschäftigte im Dienstleistungssektor, soweit vorhanden. »Alles Bereiche, in denen man direkt mit Menschen zu tun hat«, meint Elvira und ergänzt: »Im Grunde genommen ist das eine gute Sache, denn es hilft den Frauen selbst. Sie fühlen sich von diesen Bereichen besonders angezogen, weil sich dort das Weibliche entfalten kann, nämlich Warmherzigkeit, Güte, Geduld und Duldsamkeit. Das soll auch so sein.«

Ich bin etwas fassungslos ob dieser Aussage und frage mich, wer von uns beiden die größeren Vorurteile hat.

Dann kommt Elvira zum Kern dessen, was sie zum Begriff »gleichwertige Arbeit« erklären will. Die genannten Berufe rangieren allesamt auf den untersten Stufen der Lohnskala. In der Schwerindustrie, wo hauptsächlich Männer arbeiten, wird wesentlich besser bezahlt, um nur ein Beispiel zu nennen. Und es ist vollkommen normal, wenn der Kraftfahrer, der die Ärztin zu ihrem Noteinsatz bringt, mehr verdient als sie.

»Man kann ja nun wirklich nicht sagen, daß die Arbeit eines Arztes oder eines Lehrers weniger wert ist als die eines Industriearbeiters oder Kraftfahrers«, sagt Elvira.

Ich frage sie, ob sie mir erklären kann, woran das liegt. Hat die schlechtere Bezahlung vielleicht weniger mit der kommunistischen Ideologie zu tun, wonach im Zweifel Handarbeit besser zu bezahlen sei als Kopfarbeit, weil die Handarbeit als gesellschaftlich wichtiger und nützlicher gilt? Hängt sie womöglich mehr damit zusammen, daß in diesen Bereichen Frauen arbeiten?

Elvira schüttelt sofort den Kopf und meint, die heutige Situation sei nur historisch zu erklären und habe nichts mit einer prinzipiellen Schlechterstellung von Frauen zu tun – was soll sie auch anderes sagen? Als sich in den dreißiger Jahren in der Sowjetunion die Industrialisierung vollzog, habe der Staat ganz bewußt durch höhere Lohntarife Anreize schaffen wollen, in der Schwerindustrie zu arbeiten. »Das war damals wichtig, und deshalb war diese Entscheidung im Grunde richtig – auch wenn sie sich heute negativ für die Frauen auswirkt«, meint Elvira.

»Aber wenn es die Männer getroffen hätte, die hätten sich das sicher nicht so lange gefallen lassen wie die Frauen«, erwidere ich spontan, und alle – auch Elvira – lachen zustimmend. Dann fährt Elvira fort: »Das ist schon richtig, aber ich wollte was anderes unterstreichen, nämlich die enormen Kräfte der Frauen selbst. In Wahrheit sind wir stärker. Es ist doch kein Zufall, daß vor der Revolution achtzig Prozent aller Frauen Analphabeten waren, und jetzt sind drei Viertel aller Ärzte Frauen, drei Viertel aller Lehrer Frauen, und die Hälfte aller Ingenieure in der Industrie sind ebenfalls Frauen. Das heißt doch was! Das zeigt doch, wie sich die Frauen erhoben haben, als der Staat ihnen die Möglichkeit dazu gab. Und sie haben sich keine leichten Bereiche ausgesucht, wahrlich nicht.«

Elvira wird beinahe etwas hektisch, als sie in ihren mitgebrachten Unterlagen blättert und mich mit folgenden Zahlen versorgt:

- Im Landesdurchschnitt sind über 90 Prozent aller Frauen berufstätig bzw. studieren; insgesamt stellen sie 51 Prozent aller Werktätigen in der Volkswirtschaft.
- Unter den hochqualifizierten Fachkräften sind Frauen mit etwa sechzig Prozent vertreten.
- In der Feinmechanik und im Radiobau macht der Frauenanteil 65 Prozent aus, in der Datenverarbeitung 50 bis 60 Prozent und bei den Agronomen, Zootechnikern und Tierärzten mehr als ein Drittel.
- 54 Prozent, also mehr als die Hälfte, der Studenten an den Hochschulen sind Frauen, und an den technischen Hochschulen sind es immerhin auch noch 42 Prozent. Bei den wissenschaftlichen Arbeitern beträgt die Quote 40 Prozent.
- Der Frauenanteil unter den Abgeordneten des Obersten Sowjet macht 33 Prozent aus, und in den örtlichen Verwaltungsbehörden sind sie mit gut 50 Prozent vertreten.
- Über die Hälfte der Mitglieder in den Gewerkschaften und im Komsomol und knapp 30 Prozent der Mitglieder der KPdSU sind Frauen.

Ich bemerke, daß die anderen Anwesenden etwas unruhig werden, sich gegenseitig Blicke zuwerfen und nicht mit allen Ausführungen Elviras einverstanden zu sein scheinen. Mir selbst sind die Reden der Vorsitzenden des Frauenkomitees, Zoja Puchowa, auch noch zu gut im Gedächtnis, als daß mich Elviras Erfolgsliste zu sehr beeindrucken könnte.

Frau Puchowa sagte beispielsweise im Sommer 1988 vor der 19. Parteikonferenz, daß es auf den Ebenen, wo Entscheidungen getroffen werden, viel zuwenig Frauen gebe. Sie wolle zwar auf keinen Fall Männer auf rein administrativem Wege, quasi automatisch, durch Frauen ersetzen, aber wie wolle man es denn bitte erklären, daß von den Männern, die Hochschul- und Fachschulbildung haben, jeder zweite, genau gesagt 48 Prozent, leitende Stellen auf allen Ebenen einnehmen, während es bei den Frauen nur sieben Prozent seien? Es gibt keine einzige Unionsministerin und nur vereinzelt Ministerinnen in den Republiken. Frau Puchowa beschrieb sogar eine rückläufige Entwicklung: Bis vor kurzem sind wenigstens von den fünfzehn Ministerien für Sozialfürsorge in den Republiken zehn von Frauen geleitet worden, jetzt sind es nur mehr vier. Und bei den Sekretären der Gebietsparteikomitees betrage der Frauenanteil lediglich sieben Prozent, obwohl die Frauen doch in der Kommunistischen Partei insgesamt mit 29 Prozent vertreten sind. Frau Puchowa beschloß damals dieses Kapitel ihrer Rede mit einer Frage: »Ist es gerecht und staatsbewußt, daß heute, wo 61 Prozent der Fachleute mit Hochschul- und Fachschulausbildung Frauen sind, ihre Beförderung auf leitende Posten beschränkt wird?«

So kann man das also auch betrachten. Und es kommt noch etwas hinzu, das den Anwesenden hier, vor allem der Medizinerin Inga, offenbar auf den Nägeln brennt. Wenn sich in der Sowjetunion Gleichberechtigung von Mann und Frau irgendwo ganz deutlich zeigt, dann darin, daß in diesem Land Frauen »gleichberechtigt« mit den Männern schwerste körperliche Arbeit verrichten »dürfen«. Frauen im Straßenbau, im Hoch- und Tiefbau sind keine Exoten in typischen Männerberufen, sondern eine vollkommen alltägliche Erscheinung, an die die Menschen hier gewöhnt sind. Frauen asphaltieren Straßen, bauen Häuser und graben Kanäle. »Da haben wir uns überlisten lassen mit der Emanzipation«, wirft Inga ein, »ich glaube, da haben uns die Männer kräftig reingelegt.«

Inga, nun wieder ernsthaft, erzählt von einer Liste, die das Gesundheitsministerium und der Zentralrat der Gewerkschaften gemeinsam ausgearbeitet haben. In dieser Liste sind Berufe aufgeführt, wo Frauenarbeit grundsätzlich oder zumindest für schwangere Frauen verboten sein soll. Mit dieser Liste befaßt sich jetzt ein Komitee des Obersten Sowjet, damit die darin enthaltenen Bestimmungen Gesetzeskraft erlangen können.

»Was die Arbeit von Frauen in Nachtschichten angeht, so müssen wir auch dringend etwas unternehmen«, meint Inga weiter. »Vier Millionen Frauen arbeiten in der Sowjetunion in

Nachtschicht, obwohl es laut Arbeitsgesetzgebung eigentlich längst verboten ist. Da heißt es ganz klar: ›Nachtschicht für Frauen ist nur als eine zeitweilige Maßnahme in besonderen Notfällen zugelassen.‹ Wenn trotzdem vier Millionen Frauen Nachtschichten leisten, dann stimmt etwas nicht.«

Inga erzählt, daß das Problem auch wegen des Verhaltens der Frauen selbst so schwer in den Griff zu bekommen sei. »Sie müssen das verstehen«, meint Inga, »manchmal verheimlichen Frauen sogar ihre Schwangerschaft, solange es nur irgend geht. Sie wollen die schwere körperliche Arbeit nicht verlieren, weil sie ja sonst weniger, teilweise sogar drastisch weniger verdienen. Von den Schwierigkeiten, die diesen Frauen das Arbeitskollektiv macht, in dem sie arbeiten, gar nicht zu reden. Denn für diese fehlende Arbeitskraft müßte ja Ersatz her, gibt es aber in der Regel nicht. Das bedeutet, das Kollektiv muß die Arbeit der befreiten Frau mit übernehmen. Zu welchen innerbetrieblichen Belastungen das führen kann, muß man nicht näher erläutern.«

Inga versucht weiter, um Verständnis für die bestehende Situation zu werben. Es geht ihr wohl darum, daß ich nicht den Eindruck mitnehme, sowjetische Frauen müssen deshalb so hart arbeiten, weil diese Gesellschaft so brutal mit ihnen umgeht. Die Geschichte und die Schwierigkeiten dieses Landes lassen es nicht anders zu, das will sie mir klarmachen. Inga verweist darauf, daß die Fabriken zum Teil seit Jahrzehnten mit denselben, mittlerweile total veralteten Maschinen ausgerüstet sind. Vielen Betrieben – selbst wenn die Betriebsleitung sich einsichtig und verständnisvoll zeigt, was auch nicht immer der Fall ist – bleibe gar nichts anderes übrig, als weiterhin Frauen auch Schwerstarbeit leisten zu lassen, wenn man den Plan wenigstens halbwegs erfüllen wolle.

»Es ist doch so«, meint Inga, »aufgrund der miserablen technischen Ausstattung unserer Produktionsstätten gibt es in manchen Bereichen nur körperlich schwerste Arbeit. Was soll man denn in solchen Betrieben mit den Frauen machen, die ja auch Geld verdienen müssen? Und selbst wenn einige der

Frauen weggingen, woher sollte man die fehlenden Arbeitskräfte nehmen? So viele Männer haben wir nicht.«

Vor diesem Hintergrund wird zur Zeit in der Sowjetunion die Frage diskutiert, ob man den Frauen nicht sämtliche Zuschläge und Prämien weiter bezahlen könnte, auch wenn sie von der schwersten Arbeit, vor allem während einer Schwangerschaft, befreit werden. »Wenn unserer Gesellschaft Familie und Kinder wirklich so wichtig sind, wie immer gesagt wird, wieso kann man sich dann nicht zu einer solchen Lösung entschließen? Dafür müßte der gesamte Betrieb aufkommen«, wirft Inga ein.

Alle hier am Tisch sind der Meinung, daß Nachtschicht für Frauen grundsätzlich, ohne verwässernde Ausnahmeregelungen, verboten werden sollte; zumindest also für Frauen im gebärfähigen Alter, weil diese ja nicht nur ihre eigene Gesundheit, sondern auch die Gesundheit künftiger Generationen gefährden. Der zweite Punkt, in dem sich alle einig sind, ist die Forderung nach umfassender Aufklärung über die gesundheitlichen Gefahren in bestimmten Produktionsbereichen. »Das ist auch ein Kriterium für Demokratie!« meint Inga. 3,5 Millionen Frauen werden unter gesundheitsschädlichen Bedingungen eingesetzt, in Werkshallen mit übermäßiger Gas- oder Staubentwicklung, bei starkem Lärm, bei extrem hohen oder extrem niedrigen Temperaturen – kurz, unter Arbeitsbedingungen, die nicht den Normen und Regeln des Arbeitsschutzes entsprechen. Man müsse die Frauen auch über die möglichen Gefahren für ihre künftigen Kinder aufklären. »Wir brauchen diese Liste«, meint Inga, »aus der die Berufe und Beschäftigungen hervorgehen, in denen Frauen zwischen dem 18. und dem 45. Lebensjahr grundsätzlich nicht eingesetzt werden dürfen, also unabhängig davon, ob sie schwanger sind.«

Wie dramatisch die Lage wirklich ist, läßt sich auch daran ermessen, daß sogar in der Regierungszeitung *Iswestija* am 25. August 1989 zu lesen war, die Zustände in der Sowjetunion, was Schwerstarbeit von Frauen angehe, seien »wie sonst nirgendwo in der zivilisierten Welt«. 4,2 Millionen Frauen sind mit körperlicher Arbeit beschäftigt, ohne mit entsprechenden Hilfsgeräten ausgestattet zu sein. 300 000 Frauen leisten Schwerstarbeit, die die Zeitung so beschreibt: »Sie haben über zehn Kilo schwere Lasten hochzustemmen und transportieren auf diese Weise über sieben Tonnen pro Schicht.« Auf solche Arbeitsbedingungen stößt man auch in sogenannten Renommierbetrieben wie beispielsweise den Sil-Autowerken.

Der Gipfel eines pervertierten Verständnisses von Gleichberechtigung manifestiert sich in der Aussage eines Abteilungsleiters, der auf die Frage, warum man zu solchen Arbeiten denn überhaupt Frauen einsetze, antwortet: »Weil Männer bei diesen Arbeiten weniger leisten.«

Und eine neuerliche Anfrage des Sowjetischen Ministeriums für Mineraldüngererzeugung, bei der Förderung von Apatit-Erzen auf der Halbinsel Kola, im Nordosten des Landes, ausnahmsweise Frauen unter Tage beschäftigen zu dürfen, läßt auch nicht gerade hoffen, was die Einstellung gegenüber Frauen in der Sowjetunion betrifft. Kaum zu glauben, daß sogar die zuständige Gewerkschaft diesen Antrag befürwortet hat, obwohl seit 1957 Untertagearbeit von Frauen gesetzlich verboten ist. – Nachtrag: Der Antrag wurde inzwischen abgelehnt.

In der *Iswestija* heißt es in dem zitierten Artikel weiter: »Die Geduld unserer Frauen ist einfach unglaublich.« Sie wagen nicht einmal, die Vergünstigungen in Anspruch zu nehmen, die ihnen zustehen, beispielsweise einen verkürzten Arbeitstag oder eine verkürzte Arbeitswoche, wenn sie Kinder bis zum Alter von acht Jahren zu versorgen haben. Wenn Frauen von solchen Erleichterungen Gebrauch machen wollen, werden sie in den Betrieben nicht selten mit solchen Bemerkungen abgespeist: »Was die sich in Moskau alles ausdenken! Wer soll denn den Plan erfüllen?«

»Das Problem der Frauenarbeit stinkt immer mehr zum Himmel.« Das stammt nicht aus dem Kommentar eines nörgelnden ausländischen Korrespondenten, sondern ist schwarz auf weiß in der *Iswestija* zu lesen. An diese Zustände hat Frau Puchowa wohl gedacht, als sie in einer ihrer Reden sagte: »Aber wir [und damit meint sie die sowjetische Gesellschaft] begreifen noch nicht, welche nicht wiedergutzumachenden Folgen das geringschätzige Verhalten gegenüber Frauen haben kann.«

Die ansonsten recht ruhig und zurückhaltend wirkende Inga wird plötzlich sehr bestimmt und kämpferisch: »Wissen Sie«, sagt sie zu mir, »ich habe mir Tag und Nacht den Kopf darüber zerbrochen, warum in Japan und auch in der Bundesrepublik die Rate der Kindersterblichkeit soviel niedriger liegt als bei uns in der Sowjetunion. Mittlerweile bin ich fest davon überzeugt, einen wesentlichen Grund herausgefunden zu haben: In Japan und in der Bundesrepublik arbeiten schwangere Frauen traditionell nicht oder nicht so lange und auf jeden Fall nicht so schwer wie bei uns. Und das wirkt sich eben auf die Gesundheit aus, sowohl bei der Frau als auch beim Kind.«

Ich denke an die Textilfabrik, die ich in Tallinn mit der Journalistin Meelike besucht habe. Der Lärm, der Staub – und in diesem Industriezweig arbeiten zu achtzig Prozent Frauen. Mir fällt ein, daß Zoja Puchowa, die Vorsitzende des Frauenkomitees, selbst etwa dreißig Jahre in der Textilindustrie als Weberin gearbeitet hat. Sie weiß, wovon sie redet, wenn sie ihren Parteigenossen sagt: »Lärm, Feuchtigkeit, Staub, ständige Spannung, dazu mehr Nachtschichten als in den anderen Industriezweigen. Der Puls einer Weberin ist höher als neunzig pro Minute. So was gibt es vielleicht noch bei einem Schmied.«

Elvira mischt sich wieder ein: »Es sieht in der Tat so aus, daß wegen der staatlichen Politik, die nicht vollkommen ausgereift ist – die *noch* nicht vollkommen ausgereift ist«, verbessert sie sich, »denn wir befinden uns ja mitten in der Perestroika –, es sieht so aus, daß wir die sozialen Aspekte endlich in den Vordergrund rücken müssen. Nicht die Industrie, sondern alles, was auf den Menschen ausgerichtet ist, muß Priorität bekommen.« Man dürfe nicht länger nur große Reden darüber schwingen, man müsse dringend auch praktisch tätig werden und zum Beispiel das Lohnniveau der Ärzte und Lehrer anheben, denn deren Arbeit sei eine Art Kapitalanlage. »Gut ausgebildete und medizinisch gut betreute Menschen wirken sich schließlich positiv auf die Produktivität einer Gesellschaft aus und damit letztendlich auch wieder auf die Schwerindustrie.« Typisch Elvira, denke ich mir, diesen gedanklichen Bogen hätte außer ihr hier wohl niemand geschlagen.

Bei dieser Gelegenheit erfahre ich noch ein paar Einzelheiten über die Bezahlung von Lehrern und von Krankenschwestern. Die Bemühungen, das Lohnniveau anzuheben, sehen im Lehrerberuf so aus, daß seit einiger Zeit etwa das Heftekorrigieren zu Hause, das Leiten von zusätzlichen Arbeitskreisen und ähnliche Aktivitäten extra honoriert werden. Das war früher alles pauschal mit dem Gehalt abgegolten. Krankenschwestern, die bislang mit achtzig Rubel, seit neuestem mit 110 Rubel monatlich das Schlußlicht in der Lohnskala bilden, hat man erlaubt, zusätzlich zu ihrem eigentlichen Aufgabengebiet auf eigenen Wunsch auch Wasch- und Putzarbeiten zu übernehmen. Keine glückliche Lösung, wie ich finde, und am Kern des Problems geht diese Regelung völlig vorbei. Die meisten hier am Tisch scheinen darin dennoch eher einen Fortschritt zu sehen.

Elvira kramt noch mal in ihren Statistiken, um mir eine – wie sie es nennt – paradoxe Situation zu erklären. Das Niveau der Ausbildung sei bei Frauen erstaunlich hoch und bei jungen Frauen sogar höher als bei den Männern. In Zahlen liest sich das so: Von 1000 in der Volkswirtschaft beschäftigten Frauen haben 888 eine abgeschlossene Hochschul- oder Fachschulausbildung. Die entsprechende Kennziffer für die Männer lautet 900. Sie liegt zwar unwesentlich höher, aber wenn man die erschwerten Bedingungen für Frauen berücksichtigt, zeugt die nahezu erreichte Parität von großer Energie und Zielstrebigkeit der Frauen.

An den Hochschulen liegt der Frauenanteil zur Zeit zwischen 54 und 56 Prozent, so daß bereits jetzt in Rußland auf zehn Frauen mit Hochschulbildung nur mehr sechs Männer mit entsprechenden Abschlüssen kommen. »Du verstehst«, meint Elvira, die mich plötzlich duzt, »das kann zu erheblichen Zusammenstößen in der Ehe führen. Vor diesem Problem darf man auch nicht die Augen verschließen. Auf den ersten Blick sehen diese Zahlen natürlich prächtig aus, aber die Auswirkungen auf das Zusammenleben von Mann und Frau sollte man nicht unterschätzen.« Was sie denn damit sagen wolle? Elvira antwortet lediglich, man müsse das Problem erkennen. Allerdings dürfe das selbstverständlich nicht dazu führen, daß man Frauen in ihrem Ausbildungsdrang nun bremse oder gar behindere. – Das wäre ja auch noch schöner.

Ich will – so interessant sie im einzelnen auch sind – von den Zahlen weg und beginne, über das Selbstbewußtsein von Frauen zu sprechen. Nach meinem Eindruck, sage ich, sei das bei bundesdeutschen Frauen im allgemeinen wesentlich ausgeprägter als bei sowjetischen.

»Da hast du vollkommen recht«, meint Elvira sofort, »und das ist genau der Hintergrund, vor dem sich hier alles abspielt. Mir scheint, der Unterschied zwischen uns und euch besteht darin, daß unsere Leute so kollektivistisch erzogen worden sind. Zumindest bis in die allerjüngste Vergangenheit haben die meisten zu stark nur an den Staat geglaubt und gedacht: Der Staat wird's schon machen, und was der Staat macht, das ist gut.«

»Das ist nun wirklich zu einfach . . .«, Inga schüttelt vehement den Kopf. »Ja, mag sein«, entzieht ihr Elvira gleich wieder das Wort, »aber Tatsache ist doch, daß es bei uns Massenbewegungen, wie sie für westliche Staaten charakteristisch sind, nie gegeben hat. Und warum nicht? Weil wir glaubten und so erzogen wurden, daß der Staat sich von den höchsten ethischen Überlegungen leiten läßt . . .« Die anderen drei widersprechen Elvira, und für kurze Zeit reden alle durcheinander, bis sich – erwartungsgemäß – Elvira wieder durchsetzt und fortfährt. »Man kann natürlich über alles streiten, aber die meisten bei uns glauben doch, daß der Staat sich kümmert und an alles denkt. In eurer westlichen Gesellschaft ist das anders, da ist die Orientierung auf die eigenen Kräfte charakteristisch, der individuelle Ansatz ist viel stärker ausgeprägt. Das Bewußtsein, daß die Frauen eine diskriminierte Gruppe sind, ist bei euch viel größer. Bei uns fängt das erst langsam an.«

Den Beginn dieser Veränderung sieht Elvira nicht so sehr im April 1985, dem beinahe magischen Gorbatschow-Datum, sondern im März/April 1989, nach der Wahl zum neuen Volksdeputiertenkongreß, der dann Ende Mai desselben Jahres seine Arbeit aufnahm. Zu dieser Zeit, während und nach der Wahlkampagne, haben die sowjetischen Frauen in verstärktem Maße begonnen, sich für politische Prozesse zu interessieren, so Elvira. »Und nun haben wir endlich begriffen, daß wir selbst – und nicht der Staat – unsere Forderungen formulieren und für diese Forderungen auch kämpfen müssen.« Und Elvira meint weiter, zu diesem Bewußtseinswandel habe sicherlich auch beigetragen, daß man in der Presse Kritik am Staat lesen konnte. Auf diese Weise erfuhr man: Der Staat war in den letzten Jahren und Jahrzehnten gar nicht so sehr besorgt um seine Bürger.

Auf eine möglichst höfliche Art versuche ich, Inga zum Wort zu verhelfen. Ich habe seit längerem den Eindruck, daß sie eine Menge ergänzen möchte, sich aber gegen die dominierende Elvira nicht so recht durchsetzen kann oder mag.

Inga sagt zunächst einmal, daß sie im wesentlichen mit Elviras Argumenten einverstanden sei. In einem Punkt allerdings habe sie eine andere Meinung. »Wir tun uns nicht nur deshalb schwer damit, uns zu wehren, weil wir immer alle an den Staat und seine Fürsorge geglaubt haben. Es liegt sicher auch daran, daß es in unserer Gesellschaft so außerordentlich schwierig oder gar unmöglich war, Probleme überhaupt anzusprechen und darüber zu diskutieren. Diejenigen, die schon längst nicht mehr an den Staat glaubten, haben sich nur nicht getraut, davon zu reden.« Als Beispiel führt Inga das Frauenkomitee selbst an. »Das Komitee wurde für die internationalen Beziehungen zu Frauen im Ausland eingerichtet. Mit den Problemen im eigenen Land hat sich das Komitee nicht beschäftigt. Die offizielle Meinung war: Unsere Frauen besitzen alle Rechte und Möglichkeiten. Es hatte überhaupt keinen Zweck, dagegen den Mund aufzumachen.« Betretenes Schweigen, kein Widerspruch, alle nicken zustimmend.

»Ich glaube«, fährt Inga schließlich fort, »in keinem Land der Welt sind Frauen und Männer faktisch gleichgestellt. Das hat meines Erachtens biologische Gründe. Und auch, wenn einige Frauen immer wieder dagegen argumentieren, letztlich können auch Frauen diese biologischen Fakten nicht abstreiten. Aber dazu komm' ich später noch«, beeilt sich Inga zu sagen, um meinen Einwand, zu dem ich schon angesetzt hatte, erst mal zu verschieben. »Das Paradoxe ist«, so Inga weiter, »in keinem Land der Welt sind die rechtlichen Voraussetzungen für eine wirkliche Gleichstellung so gut wie in der Sowjetunion, und trotzdem funktioniert es nicht. Im Gegenteil, gerade bei uns öffnet sich die Schere zwischen Theorie und Praxis besonders weit.«

Inga macht dann noch einmal auf die enormen regionalen Unterschiede innerhalb der Sowjetunion aufmerksam, die man wirklich keine Sekunde außer acht lassen sollte. Das mindeste, was man an Differenzierung aufbringen muß, ist, den europäischen und den asiatischen Teil der Sowjetunion zu unterscheiden. In den mittelasiatischen Republiken sind die meisten Arbeitsplätze – wenn man vom landwirtschaftlichen Bereich einmal absieht – von Männern besetzt. Aufgrund der hohen Geburtenrate können die Frauen kaum berufstätig sein, einmal abgesehen davon, ob ihre Ehemänner sie überhaupt außerhalb des häuslichen Bereiches arbeiten ließen.

»Und dabei hat die Entwicklung in den mittelasiatischen Republiken in den zwanziger, dreißiger Jahren gerade für die Frauen so vielversprechend begonnen«, meint Inga. »Wo sonst in der islamischen Welt hat man zu dieser Zeit die Frauen vom Schleier befreit und sie als Lehrerinnen in der Öffentlichkeit arbeiten lassen? Das ist ja heutzutage noch für manche moslemischen Staaten undenkbar. Aber der Alltag hat diese positiven Ansätze zurückgedrängt; und daß die Frauen dort unter der islamischen Tradition und den dieser Tradition verhafteten Männern leiden, brauche ich Ihnen nicht zu sagen.«

Inga kehrt zu den Frauen im europäischen Teil der Sowjetunion zurück und kommt auf deren Alltag zu sprechen. Sie führt genau das an, was mir die Ärztin Tatjana in Jakutsk gesagt hat und Anna, die Arbeiterin in der Fischindustrie auf Sachalin, und viele andere Frauen in verschiedenen Teilen der Sowjetunion: Es wäre vieles soviel leichter, wenn der Alltag nicht so voller Hindernisse stecken würde, wenn es Küchengeräte und Haushaltsmaschinen gäbe. So banal sich das anhört – man muß es sich ganz konkret vor Augen führen, um die Tragweite ermessen zu können.

Eine Frau, die einen Achtstundentag in einem Betrieb hinter sich hat, fährt zunächst mit öffentlichen Verkehrsmitteln nach Hause; unterwegs versucht sie – bei den sattsam bekannten Versorgungsengpässen –, für sich und die Familie einzukaufen. Dafür hat sie ständig Taschen und Einkaufsnetze bei sich, denn Plastiktüten, wie man sie bei uns überall für spontane Käufe bekommen kann, sind hier weitgehend unbekannt. Es empfiehlt sich auch, ein Einmachglas dabeizuhaben – für den Fall, daß irgendwo mal frische Sematana, diese saure Sahne, aus Eimern oder großen Milchkannen angeboten wird. Ansonsten bedeutet einkaufen in erster Linie Schlange stehen und in letzter Zeit zunehmend auch, den Platz in der Schlange zu verteidigen, zu drängeln und selbst bedrängt zu werden.

Wenn es Defizitwaren gibt – und was ist hier nicht Defizit –, dann wird gleich auf Vorrat gekauft; wer weiß, ob das morgen wieder angeboten wird. Trotzdem müssen sich die gekauften Mengen in Grenzen halten; nicht nur deshalb, weil das alles irgendwann wirklich nicht mehr zu schleppen ist, sondern weil durchaus nicht jede Familie über einen Kühlschrank verfügt. Im Winter ist das kein Problem, da stellt man Verderbliches auf den Balkon oder aufs Fensterbrett.

Für die Vorbereitung des Essens stehen in der Regel kaum elektrische Geräte zur Verfügung. Kohl schneiden oder Kartoffeln zerstampfen – alles Handarbeit. Zynisch gesprochen: Das Problem, Apfelsinen oder Zitronen mit der Hand auszupressen, stellt sich wenigstens kaum, weil es Apfelsinen und Zitronen nur so selten gibt. Aber auch ohne Zynismus fällt die Alltagsbeschreibung düster genug aus.

Mixer und Brotschneidemaschinen: Fehlanzeige. Man kann darüber streiten, ob es elektrische Dosenöffner, Toaster oder Eierkocher unbedingt geben muß, aber so ein Streit erübrigt sich hier mangels entsprechender Gerätschaften.

Halbfertige Nahrungsmittel oder gar Fertiggerichte, die man nur mal eben aufwärmen muß, Fertigsoßen, Gewürzmischungen und was es bei uns sonst noch alles gibt – für die sowjetische Hausfrau kein Thema.

Geschirr wird selbstverständlich mit der Hand gespült, Geschirrspülmittel sind Mangelware wie so vieles andere; und fließend warmes Wasser ist keineswegs eine Selbstverständlichkeit.

Wäsche wird nicht in der Maschine, sondern im Wasserbekken, in der Badewanne oder in einer Bütte per Hand gewaschen. Als Waschmittel dient meist zerriebene Kernseife, die allerdings seit Anfang 1989 auch aus den Regalen der Geschäfte verschwunden ist. Das Trocknen der Wäsche ist vor allem in den Wintermonaten ein großes Problem. Wäscheleinen vor dem Fenster oder auf dem Balkon – falls vorhanden – lassen sich kaum benutzen, denn die Wäsche wird einfach nicht trokken, sie gefriert höchstens. In den meist winzigen Wohnungen reicht der Raum oft nicht mal für die Schlafstellen aller Bewohner, geschweige denn für einen Platz zum Wäschetrocknen.

Auch wenn es sich wie ein mieses Klischee anhört: Es entspricht in aller Regel den Tatsachen, daß sich die Frauen nach

214

einem vollen Arbeitstag im Erwerbsleben mit diesen alltäglichen Gegebenheiten herumschlagen, während die Männer das Fernsehprogramm verfolgen und darauf warten, das Essen vorgesetzt zu bekommen.

»Ich rede nicht mal von der Erziehung der Kinder«, meint Inga, »damit sind ja alle Frauen auf der ganzen Welt beschäftigt. Ich rede davon, daß unsere Frauen einen immensen Teil ihrer Zeit, ihres Lebens, mit diesem unorganisierten Alltag verbringen müssen. Und genau darin liegt der Hauptgrund, warum die Frauen nicht, wie man bei uns sagt, auf einem Brett mit dem Manne stehen können.«

In dem Zusammenhang fällt mir eine Untersuchung ein, die ich neulich gelesen habe. Danach bringt, statistisch gesehen, eine berufstätige sowjetische Mutter im Durchschnitt täglich (damit sind 24 Stunden gemeint) siebzehn Minuten für ihr Kind auf; für sich selbst, einschließlich Körperpflege, hat sie fünfzehn Minuten zur Verfügung.

Und noch ein paar Zahlen, die eine Menge über die sowjetische Gesellschaft aussagen: Es werden mehr Schwangerschaften abgebrochen als Kinder zur Welt gebracht. Die letzten veröffentlichten Angaben stammen aus dem Jahr 1987. Da standen 5,6 Millionen Geburten 6,5 Millionen registrierten Schwangerschaftsabbrüchen gegenüber. Man muß davon ausgehen, daß die tatsächliche Zahl der Abbrüche höher ist, denn auch in der Sowjetunion, wo diesbezüglich eine liberale Gesetzgebung herrscht, vermutet man eine nicht näher quantifizierbare Dunkelziffer.

Mit den gesetzlichen Grundlagen verhält es sich so: Seit 1956 sind in der Sowjetunion Schwangerschaftsabbrüche bis zur 12. Woche grundsätzlich erlaubt. Liegen medizinische oder psychiatrische Gründe vor, kann man auch über die 12. Woche hinausgehen, ohne sich strafbar zu machen. 1986 sind diese Bestimmungen erweitert worden. Jetzt kann eine Frau bis zur 28. Woche ihre Schwangerschaft wegen familiärer Komplikationen abbrechen. Dazu zählt der Tod des Ehemannes ebenso wie eine Scheidung. Auch nach einer Vergewaltigung gilt die Frist bis zur 28. Woche. Bei medizinischen Gründen gibt es keinerlei zeitliche Einschränkungen. Bis zur 12. Woche reicht allein der Wunsch der Frau aus, um einen legalen Schwangerschaftsabbruch vorzunehmen. Die Zustimmung des Ehemannes ist nicht erforderlich; allerdings müssen bei minderjährigen Frauen (unter achtzehn Jahren) – genau wie bei jeder anderen Operation auch – die Eltern einwilligen.

Ein Schwangerschaftsabbruch ist dann illegal, wenn die eben beschriebenen Regeln nicht eingehalten werden oder wenn er außerhalb eines medizinischen Zentrums stattfindet. Für den legalen Eingriff sind Spezialabteilungen der Krankenhäuser oder der in der Sowjetunion weitverbreiteten Geburtskliniken zuständig.

Immer wieder ist zu hören, daß sowjetische Frauen bei Schwangerschaftsabbrüchen keinerlei Betäubung bekommen. Ich frage Inga danach. Die Frage ist ihr sichtlich unangenehm, und nach einer Pause, in der sie beinahe hilfesuchend in die Runde blickt, beginnt sie ihre Antwort so: »Eine Abtreibung muß unter Narkose stattfinden. So sind die Bestimmungen. Aber man muß zugeben, daß vieles vom Bildungsgrad der Frau abhängt; viele Frauen wissen nicht, daß ihnen eine Betäubung zusteht. Im nächsten Jahr erscheint unter meiner Redaktion ein Buch mit dem Titel ›Unser Kind‹, in dem genaue Informationen darüber enthalten sind, welche Rechte die Frauen haben...« Ich unterbreche sie und bitte sie um eine konkrete Aussage über die heutigen Zustände. Diesmal versucht sie auszuweichen, indem sie regionale Unterschiede anführt: »Je nach dem Stand der medizinischen Versorgung, dem Ausbildungsgrad der Ärzte – da spielen regionale Unterschiede eine große Rolle...«

Es tut mir leid, Inga so in die Enge zu treiben. Ich ahne, wie entsetzlich unangenehm und peinlich ihr das sein muß; und vielleicht ist es ja trotz Glasnost und Perestroika immer noch von Belang, wie die anderen Gesprächspartnerinnen an unserem Tisch über die Beantwortung solch heikler Fragen denken. Wer weiß, vielleicht wäre Inga offener, wenn sie nicht ins-

216

geheim befürchtete, hinterher von den anderen nichts als Vorwürfe zu hören. Aber so leid es mir auch tut, ich brauche Klarheit.

Inga scheint das zu akzeptieren, und nun antwortet sie entschlossen: »Also, ich kann Ihnen sagen, daß es bei uns einen Erlaß des Gesundheitsministeriums gibt, der Betäubung vorschreibt. Außerdem ist gesetzlich festgelegt, daß bei einer Abtreibung auf jeden Fall ein Anästhesist anwesend sein muß. Der muß neben der Frau stehen und intravenös ein Betäubungsmittel spritzen. So. Aber leider macht man das nicht immer.«

Durch dieses Thema muß Inga jetzt mit der Vehemenz einer Dampfwalze durch, so wirkt es jedenfalls auf mich. »Warum das so ist? Das ist die reine Spekulation. Ich verrate Ihnen ja kein Geheimnis, wenn ich Ihnen sage, daß auch bei Medikamenten erhebliche Defizite bestehen, gerade auch bei Narkosemitteln. Wenn man damit spekuliert, kann man viel Geld herausschlagen. So ist das. Von der Seite des Gesetzes her ist es verboten, ohne Betäubung abzutreiben; und die Frau kann das anzeigen, wenn man ihr eine Betäubung verweigern will. Aber können Sie mir mal sagen, wie das in der Praxis aussehen soll? Bis eine gerichtliche Klärung abgeschlossen wäre, käme das Kind wahrscheinlich schon in den Kindergarten. Und nachträglich, wenn die Frau die Tortur überstanden hat – wer hat dann noch den Nerv, sich gerichtlich auseinanderzusetzen? Außerdem, und das darf man nicht vergessen, die Gesetzeslage zum Thema Abtreibung ist sehr liberal, die Gesellschaft ist es nicht. Jede Frau, die abtreibt, wird verlacht oder verachtet. Oder was glauben Sie, warum so viele Frauen in andere Städte fahren, wenn sie dazu die Möglichkeit haben, oder sich einem Kurpfuscher in die Hände geben? Doch nur, damit im Betrieb niemand erfährt, daß sie abgetrieben hat. Das steht nämlich auf dem Krankenschein.«

Mir fällt schon die ganze Zeit auf, daß Inga immer nur von Abtreibung und nie von Schwangerschaftsabbruch spricht. Ich hingegen bemühe mich, das längere, auch im Russischen viel kompliziertere Wort anzuwenden. Ich will auf jeden Fall vermeiden, ganz bestimmte wertende oder, besser gesagt, abwertende Untertöne hineinzubringen, die im deutschen Begriff »Abtreibung« immer mitschwingen. Aber ich habe den Eindruck, diese Unterschiede werden hier nicht gemacht. Die Diskussion, wie sie in der Bundesrepublik geführt wurde und immer noch geführt wird, findet hier nicht statt.

Ich frage Inga, wie sie es sich erklärt, daß die Zahl der Abtreibungen so hoch ist, daß viele Frauen mehrfach abtreiben. Inga macht zwei Gründe dafür geltend. Erstens, »daß es so einfach und nicht verboten ist«. Bei dieser Begründung bin ich mehr als skeptisch. Wenn Frauen eine Abtreibung ohne Betäubung über sich ergehen lassen müssen, ist das wohl kaum »einfach«. Außerdem gibt es Untersuchungen, nach denen nirgendwo auf der Welt ein nennenswerter Rückgang von Abtreibungszahlen zu registrieren ist, wenn plötzlich der gesetzliche Rahmen enger wird. Anders ausgedrückt, ein Verbot kann die Zahl von Schwangerschaftsabbrüchen nicht wesentlich verringern.

Den zweiten Grund – und der leuchtet mir natürlich auf Anhieb ein – sieht Inga in der Misere auf dem Gebiet der Verhütungsmittel. In letzter Zeit habe es bei den Spiralen eine Verbesserung gegeben, meint Inga, wobei sie sich gleich wieder selbst korrigiert, indem sie anfügt: »Man kann natürlich über die Qualität streiten.« Auf jeden Fall sei die Spirale das am weitesten verbreitete Verhütungsmittel. In den letzten sieben Jahren habe sich die Zahl der sowjetischen Frauen, die Spiralen benutzen, auf vierzehn Prozent erhöht, das entspreche in etwa der Verbreitung in Finnland.

Ohne die genauen Zahlen zu kennen, denke ich mir, daß dieser Vergleich so gut wie nichts aussagt. Denn in Finnland steht – im Gegensatz zur Sowjetunion – den Frauen sicher die gesamte Bandbreite von Verhütungsmitteln zur Auswahl.

Inga sagt dann von sich aus, ohne eine entsprechende Frage abzuwarten, daß es mit Kondomen sehr schlecht bestellt sei. Ganz abgesehen von der miserablen Qualität und der lustfeindlichen Dicke des Gummis (Inga umschreibt diese Tatsache dezenter, im Sexualbereich geht's in der Sowjetunion recht verklemmt zu), gibt es einfach zu wenige. Die Nachfrage sei natürlich auch wegen Aids stark gestiegen. Wobei Inga keinen Hehl daraus macht, daß Kondome auch vor dem Bekanntwerden von Aids nicht in ausreichender Zahl vorhanden waren.

Das größte Problem besteht bei der Versorgung mit Antibabypillen. Inga macht dafür die früheren Gesundheitspolitiker verantwortlich, die sich von konservativen Medizinern beraten ließen. Die sprachen sich mit wissenschaftlichen Argumenten gegen die Produktion von Antibabypillen aus, obwohl diese Form der Verhütung in der gesamten westlichen Welt gang und gäbe war. Bei dieser Entscheidung waren – das sieht auch Inga so – letztlich nicht medizinische Bedenken ausschlaggebend. Die Produktion oder auch der Import von Antibabypillen hatte schlicht keine Priorität.

»Es ist ja nicht nur das«, sagt Inga plötzlich, »es sind auch nicht nur die fehlenden Betäubungsmittel – schlimm genug –, es sind eben auch die Verhältnisse in unseren Kranken- und Geburtshäusern; ganz gleich, ob eine Frau abtreibt oder ein Kind zur Welt bringt. Es gibt zuwenig Betten, zuwenig Personal. Man mutet speziell den Frauen da eine ganze Menge zu.«

Daß schwangere Frauen oft viel zu lange und viel zu schwer arbeiten, davon haben wir ja schon gesprochen, aber wie sieht es denn theoretisch mit Mutterschutz und Schwangerschaftsurlaub aus, möchte ich wissen. Die gesetzlichen Bestimmungen sehen vor, daß eine schwangere Frau 56 Tage vor der Niederkunft und 56 Tage danach von ihrer Arbeit befreit ist, bei einer Bezahlung, die sich aus dem Durchschnittslohn des vorangegangenen Jahres errechnet. Diese Frist erhöht sich auf je 72 Tage davor und danach bei Mehrlingsgeburten oder gesundheitlichen Komplikationen.

Was die Möglichkeiten angeht, über diese Fristen hinaus zu Hause bleiben zu können, ist gegenwärtig einiges im Umbruch. Bislang bestand eine Arbeitsplatzgarantie bis zu anderthalb Jahren. In dieser Zeit bekam die Frau eine monatliche Beihilfe von 35 Rubel bzw., wenn sie im Norden oder im Fernen Osten lebte, von fünfzig Rubel. Neuerdings kann eine Frau, wenn sie will – und es sich leisten kann –, bis zu drei Jahre beim Kind bleiben, ohne ihren Arbeitsplatz zu verlieren. Anderthalb Jahre lang bekommt sie eine Bezahlung in Höhe des Durchschnittsverdienstes des letzten Jahres. Die restlichen anderthalb Jahre muß sie mit dem eben erwähnten Betrag von 35 Rubel bzw. fünfzig Rubel monatlich auskommen. Diese Dreijahresregelung gilt ab 1. Dezember 1989 im Fernen Osten, in Sibirien und im Norden des Landes, ab 1. Juli 1990 soll sie in den übrigen Republiken der Sowjetunion eingeführt werden, bis auf Mittelasien, wo man erst ab 1. Januar 1991 damit beginnen wird.

Bei aller spontanen Begeisterung über solche Möglichkeiten darf man die problematischen Begleiterscheinungen nicht ganz vergessen. Meine Gesprächspartnerinnen machen mich zum Teil selbst darauf aufmerksam. Das Dilemma läßt sich etwa so verdeutlichen: Die Frauen, die es sich aufgrund der familiären Lage finanziell leisten könnten, mit 35 oder fünfzig Rubel monatlich zu Hause zu bleiben, haben oft einen Beruf, in den sie nach einer dreijährigen Pause so ohne weiteres nicht mehr hineinkommen. Und bei den Frauen, die diese drei Jahre gerne in Anspruch nähmen, weil sie auf ihre Fließbandarbeit oder die körperlich anstrengende Schufterei liebend gerne verzichten würden, sind die Familien auf den vollen Verdienst der Frau angewiesen.

Inga weist noch auf eine zusätzliche Schwierigkeit hin. »Wir werden aufpassen müssen«, sagt sie, »daß diese Regelung nicht auf Kosten des weiteren Baus von Kindergärten finanziert wird. Davon gibt es ja jetzt schon zuwenig. Und wenn man daran spart, dann hat die Frau ja wieder keine Wahl.«

Nach einer kurzen Pause fährt Inga fort: »Ich persönlich, ich wäre die ersten drei Jahre nach der Geburt meines Sohnes gerne zu Hause geblieben, wenn es damals die Möglichkeit

220

gegeben und der Verdienst meines Mannes ausgereicht hätte.« Von der Sorge um ihre eigene berufliche Qualifikation als Medizinerin spricht sie nicht, sondern nur davon, daß sie jetzt mithilft – wahrscheinlich finanziell –, ihrer Schwiegertochter diese drei Jahre ohne Berufstätigkeit zu ermöglichen.

»Ich bin fest davon überzeugt«, sagt Inga, »daß sich fehlende Zuwendung und Liebe in den ersten drei Lebensjahren eines Kindes stark auf das spätere Verhalten innerhalb der Familie und auch in der Gesellschaft auswirkt. Es zieht die Kinder von zu Hause weg. Die Eltern-Kind-Beziehung ist von einer gewissen Kälte geprägt, obwohl niemand niemandem Böses will. Aber die Eltern haben keine Zeit, den Kindern ihre Liebe zu zeigen; und die Kinder spüren das, ohne es freilich verstehen zu können.«

Ich habe den Eindruck, daß sich Inga heute noch gewisse Vorwürfe macht, ihrem Sohn damals nicht genug Aufmerksamkeit geschenkt zu haben. Denn sie schaut niemanden von uns an, sondern hat den Blick sozusagen »auf unendlich« eingestellt, als sie weitererzählt: »Mein Sohn war vier Monate alt, als ich wieder zu arbeiten begann. Es war nicht leicht, daheim eine Atmosphäre des Vertrauens und der Zusammengehörigkeit entstehen zu lassen. Und ich kann mir vorstellen, daß nicht alle Frauen dazu die Kraft haben, wenn sie nach einem anstrengenden Arbeitstag nach Hause kommen. Viele Mütter versuchen, ihre Schuldgefühle loszuwerden, indem sie zu Hause immer alles in Ordnung halten und das Essen pünktlich auf den Tisch bringen. Dabei wäre für das Kind zärtliche Zuwendung viel wichtiger.«

Inga meint, daß ein Kind im Alter von drei Jahren schon langsam verstehen könnte, daß seine Mutter auch andere Verpflichtungen hat. Wenn es aber in den ersten drei Lebensjahren, ohne irgend etwas zu begreifen, die Mutter zu oft entbehren mußte, dann verkümmern Gefühle, die sich später nicht so ohne weiteres wieder entwickeln lassen.

»Es gibt einen Unterschied zwischen Mutter- und Vaterliebe«, sagt sie dann plötzlich. Die Psychologie des Mannes sei so, daß er erst dann aktiv würde, wenn das Kind ihn zu ganz konkreten Dingen braucht, also etwa zum Lesenlernen oder um das Skifahren beigebracht zu bekommen. »Am Anfang ist die Mutterliebe für das Kind wichtiger – was nicht heißen soll, daß einem Mann seine Vaterschaft nicht auch sehr viel bedeuten kann«, beeilt sich Inga hinzuzufügen, weil die anderen Frauen am Tisch Widerspruch anmelden.

»Darüber kann man nun wirklich ganz anderer Meinung sein«, sagt Marina entschlossen und entwirft folgendes Szenario, um von dieser »übertriebenen Mutterliebe bei uns mal runterzukommen«, wie sie sich ausdrückt. »Oft ist es doch tatsächlich so, daß Mütter mit ihren Gefühlen das Kind über ein vernünftiges Maß hinaus zudecken. Zu Hause die Mutter, die Großmutter, in der Schule meist weibliche Lehrkräfte; da wird dem Mann schon als Junge seine Entfaltung in der Familie schwergemacht, und daraus resultieren sicher auch ein paar Probleme. In unserer Gesellschaft überwiegt trotz aller Schwierigkeiten im einzelnen – durch Doppelbelastung usw. – nach wie vor der Einfluß der Mutter auf das Kind; und ich bin überzeugt, daß das einer harmonischen Persönlichkeitsentwicklung nur abträglich ist.«

Inga hakt wieder ein, und in dem, was sie sagt, wird der Widerspruch zwischen Theorie und Praxis, zwischen Anspruch und Wirklichkeit ganz deutlich. Einerseits betont sie, wie wichtig es ist, daß sich eine Frau gerade in den ersten drei Lebensjahren ausschließlich um ihr Kind kümmert. Andererseits liefert sie dann selber Argumente, warum es auch problematisch ist, wenn sich eine Frau drei Jahre aus dem Berufsleben zurückzieht: »Unsere Männer wurden immer so erzogen, daß die Frau für Haushalt und Kinder zuständig ist. Auf die Idee, sich die Arbeit zu teilen, kommen sie nicht, unsere Männer.« Mit dieser Dreijahresregelung für Frauen verstärke man also indirekt diese zementierte Einstellung der Männer zusätzlich.

Es geht noch eine Weile hin und her, was denn nun das richtige sei für das Kind, aber eben auch für die Frau, bis Inga schließlich sagt: »Wir haben viel zu lange geglaubt, daß es nur einen einzigen Weg gibt, der für alle richtig ist und alle glücklich machen kann. Wir sind noch nicht dazu fähig, diese überkommene Denkweise ganz abzulegen. Wir müssen einfach lernen, pluralistisch zu denken, Varianten zuzulassen. Wenn sich also eine Familie, und jetzt sage ich bewußt Familie, dafür entscheidet, daß einer der beiden Elternteile drei Jahre zu Hause bei dem Kind bleibt, dann bitte sehr. Wenn sich nach einer Zeit herausstellt, daß die Entscheidung doch falsch war, dann muß man sie korrigieren dürfen.«

Ich erzähle meinen Gesprächspartnerinnen von meiner Reise nach Turkmenistan, um das Thema Kinder- und Müttersterblichkeit anzuschneiden. Inga greift das sofort auf und weist erneut auf die enormen regionalen Unterschiede hin. »Die Sowjetunion liegt, was die Kindersterblichkeit angeht, mit 25,4 Todesfällen auf 1000 Geburten im statistischen Weltvergleich an 52. Stelle. Aber diese Zahl, die den Landesdurchschnitt angibt, hat überhaupt keinen Aussagewert. Im europäischen Teil der Sowjetunion sind es zwischen elf und dreizehn Fälle auf 1000, bisweilen sogar unter zehn, etwa im Baltikum; dafür schnellen die Zahlen in Mittelasien hoch, und in der RSFSR [also sozusagen in der russischen Kernrepublik] liegen sie bei neunzehn auf 1000.«
Inga macht mich darauf aufmerksam – was ich ja von meinem Turkmenistanbesuch schon weiß –, daß in der Sowjetunion bei der Definition von Kinder- und Müttersterblichkeit andere Kriterien zugrunde gelegt werden als bei der WHO, der Weltgesundheitsorganisation der UNO. Inga erklärt: »Der Hauptunterschied beim Thema Kindersterblichkeit besteht darin, daß bei uns ein Kind nach der 28. Woche mit wenigstens einem Kilo Gewicht und nach zumindest einem selbständig gemachten Atemzug als lebend eingestuft wird. Wohingegen die WHO bereits 500 Gramm Gewicht und das Vorhandensein eines Lebenszeichens wie etwa Herzschlag oder Muskelkontraktion als ausreichend ansieht, um von

223

einem lebenden Kind zu sprechen. Können Sie sich vorstellen, wie sich unsere Zahlen verändern, wenn wir diese WHO-Kriterien übernehmen? Unsere Zahlen werden sich sofort um zirka zehn Prozent erhöhen.«

Ich frage Inga, wie sich diese unterschiedlichen Bewertungskriterien erklären lassen. Darauf Inga ganz spontan: »Wir haben uns früher nicht an die WHO gehalten, weil wir etwas verheimlichen wollten. Das hat sich jetzt geändert. Wir legen unsere Zahlen und Daten offen. Wir haben jetzt ein ganz anderes Problem. Das hängt mit dem Gewicht von 500 Gramm zusammen. Wir müssen davon ausgehen, daß ein Kind von 500 Gramm mit Medikamenten versorgt werden muß, künstlich ernährt, möglicherweise künstlich beatmet usw. Ich weiß, daß die Behandlung solcher Winzlinge sogar in der Bundesrepublik größte Probleme bereitet, obwohl euer Land ja medizinisch-technisch viel besser ausgerüstet ist als unseres.« Inga berichtet weiter, man habe in den Geburtskliniken mit der Registrierung dieser 500-Gramm-Kinder bereits begonnen. »Aber der Unterschied zwischen euch und uns ist zu kraß. Ihr habt statistisch pro Säugling 1,3 Brutkästen zur Verfügung, aus der grandiosen Überlegung heraus, daß man einen Kasten in Reserve braucht, wenn ein anderer ausfällt. Wir haben einen Kasten pro Krankenhausabteilung.«

Bei der Müttersterblichkeit ist man in der Sowjetunion nun auch dabei, sich auf die Kriterien der WHO umzustellen. Auch hier muß man damit rechnen, daß sich die Zahlen erhöhen, denn bislang werden in der Sowjetunion werdende Mütter, die etwa bei Autounfällen ums Leben kommen, nicht mitgerechnet, was ja im Grunde einen gewissen Sinn macht. Schließlich sollte eine Zahl zur Müttersterblichkeit doch etwas über das medizinische und hygienische Niveau in einer Gesellschaft aussagen und nicht die Gefährlichkeit des jeweiligen Straßenverkehrs beziffern.

So entschlossen und energiegeladen unser Gespräch begann, so resigniert und beinahe traurig wirken meine

224

Gesprächspartnerinnen jetzt. Sogar Elvira schweigt und ergreift nicht mal das Wort, wenn Pausen entstehen.

Um die Atmosphäre etwas aufzulockern, frage ich nach dem Feminismus in der Sowjetunion, wohlwissend, daß das eine politische Richtung ist, die hier eher belächelt als ernst genommen wird. Sie lachen wirklich gleich, alle vier, und Elvira meint: »Wenn man in der Sowjetunion das Wort Feministin hört, dann fürchtet man sich und rennt lieber weg.«

Aber dann fährt Elvira, um Sachlichkeit bemüht, fort: »In der Sowjetunion galt der Feminismus immer als eine Bewegung der bourgeoisen Frauen, deren Hauptforderung auf sexuelle Freiheit zielte. Und man muß der Fairneß halber einräumen, daß die Frauenbewegung im Westen, zumindest die in den sechziger Jahren, in der Tat im Sog einer Art sexueller Revolution verlief. Mittlerweile sehen wir das etwas differenzierter. Ich persönlich«, so Elvira weiter, »bin eine Anhängerin von Betty Friedan, die nicht nur die psychologischen Ursachen für Ungleichheit und Unfreiheit der Frau aufgedeckt, sondern auch die Rolle des Berufes im Leben einer Frau sehr gut beschrieben hat. Die Bücher von Betty Friedan zeigen, wie ein, sagen wir, gemäßigter Feminismus entsteht: Im ersten Stadium sah sie die Familie als Fessel, als Ursache und Hort der Ungleichheit; später zeigte sie auf, daß die Familie auch ihre guten Seiten hat und daß eine Frau sehr wohl beruflich vorankommen und trotzdem ein harmonisches Familienleben führen kann. Heute sehen wir, daß die Forderung der Feministinnen nach Gleichheit auf dem Arbeitsmarkt, ihre Beteiligung an der Friedensbewegung und im Umweltschutz sowie das hohe Niveau ihrer wissenschaftlichen Untersuchungen, daß all das auch uns in der Sowjetunion wertvolle Erkenntnisse gebracht hat.«

Das ist das erstemal, daß ich in diesem Land jemand so positiv über Feminismus reden höre. Elvira macht nur eine kleine Einschränkung: »Wir sind vom marxistischen Standpunkt aus nicht mit jedem methodologischen Detail feministischer Untersuchungen einverstanden, aber die praktischen Ergebnisse können wir nicht einfach ignorieren. – Ich würde sogar so weit gehen, zu sagen, wenn wir unter einer Feministin eine Frau verstehen, die sich für die Rechte der Frauen einsetzt, dann bin ich eine Feministin und kann daran nichts Schlimmes finden.«

Bevor wir über die verschiedenen Ausprägungen einer möglichen sowjetischen Frauenbewegung heute sprechen, werfen wir noch einen kurzen Blick in die Vergangenheit. Die ersten Frauenräte sind auf Initiative der Partei in den dreißiger Jahren entstanden. Ihre Aufgabe war es, das Analphabetentum zu bekämpfen, nichterwerbstätige Frauen politisch zu betreuen – was immer das im einzelnen bedeutete –, Frauen beim Erlernen von Berufen behilflich zu sein und, wie es hieß, »neue moralische Grundlagen in der Familie zu festigen, wobei die nationalen Besonderheiten und die historischen Traditionen der Völker unseres Landes berücksichtigt werden sollen«. 1941 entstand dann, wie bereits erwähnt, das Antifaschistische Komitee der Sowjetfrauen, das später das »antifaschistisch« aus seinem Namen gestrichen hat und bei dem ich gerade zu Gast bin.

Auf dem 27. Parteitag der KPdSU im Frühjahr 1986 tauchte der Vorschlag auf, ein einheitliches System der Frauenräte zu schaffen, mit dem Frauenkomitee an der Spitze. Nach der Unionskonferenz der Frauen im Januar 1987 wurden schließlich die schon vor fünfzig Jahren existierenden Frauenräte neu belebt. Heute gibt es etwa 250 000 Frauenräte, die alle auf ehrenamtlicher Basis arbeiten. Ihr Anspruch ist es, Probleme zu ermitteln, Lösungen anzuregen und zu kontrollieren, ob entsprechende Beschlüsse auch wirklich in die Tat umgesetzt werden.

Die Idee, die hinter diesen Frauenräten steckt, hat etwas Faszinierendes: nämlich Interessengruppen in Dörfern, Stadtteilen und Betrieben, also in kleinen überschaubaren Einheiten, zu bilden, die unmittelbar die Probleme von Frauen erkennen und sich direkt um Abhilfe kümmern können. Soviel zur Theorie. In der Praxis krankt das System an zweierlei: Ein-

mal gehen ehrenamtlich Tätige in der Regel noch einer haupt-
amtlichen, das heißt zeitraubenden, Beschäftigung nach. Sie
können sich also oft gar nicht so einsetzen, wie es nötig wäre.
Zum anderen sind diese Räte mit keinerlei Kompetenzen ausgestattet. Folglich hängt ihre Effektivität sehr wesentlich
davon ab, wie sehr sie von den örtlichen Entscheidungsträ-
gern in Politik und Verwaltung ernst genommen werden. Und
schließlich stoßen sich nicht wenige an der Tatsache, daß diese
Frauenräte eine Organisation der Partei sind – im Augenblick
nicht gerade eine Empfehlung.

Das ramponierte Ansehen der Partei und das neue Denken
in der Sowjetunion, das Meinungsvielfalt zuläßt und Pluralismus für eine gute Sache hält, beides begünstigt das Entstehen
von Frauenorganisationen außerhalb der Partei. Es existiert
bereits eine unabhängige Gruppe von filmschaffenden Frau-
en. Eine Organisation von Schriftstellerinnen wird gerade
gegründet. Die Vorbereitungen für eine breiter angelegte
Assoziation schöpferisch tätiger Frauen – also bildende Künst-
lerinnen, Designerinnen, Schauspielerinnen usw. – laufen auf
Hochtouren. Diese Gruppe formiert sich deshalb, weil die
Dominanz der Männer im offiziellen Künstlerverband die
kreativen Frauen bisher in ihrer Entfaltung behinderte.

Im wissenschaftlichen Bereich arbeitet seit kurzem eine
Initiativgruppe namens »Lotos«. Diese Organisation, in der
sich Frauen aus den unterschiedlichsten Wissenschaftsdiszipli-
nen zusammengeschlossen haben, möchte aktiv dazu beitragen, Vorurteile und Stereotype in der Gesellschaft zu beseitigen; Beispiel: Politik ist Männersache, und Kindererziehung
ist die natürliche Aufgabe der Frau.

Wie steht es denn, abgesehen von all diesen berufsbezoge-
nen Frauenorganisationen, um eine politische Frauenbewegung, die für die praktische Umsetzung der in der Verfassung
so schön verankerten Gleichberechtigung kämpft? »So etwas
gibt es nicht«, sagt Inga. Um die Situation zu illustrieren,
kommt sie auf die Wahlen zum Volksdeputiertenkongreß und
zum Obersten Sowjet zurück. Wieder seien Frauen nur sehr

schwach vertreten, »und das in einem Land, wo über neunzig Prozent der Frauen im erwerbsfähigen Alter berufstätig sind«, seufzt Inga. In den oberen Partei- und Parlamentsorganen war der Frauenanteil ohnehin gering, doch ausgerechnet in der Zeit der Perestroika ist die Zahl der Frauen in einflußreichen politischen Positionen noch zurückgegangen. Inga meint, es lohne in diesem Zusammenhang nicht, mehr als zwei Namen zu nennen: Alexandra Birjukowa, Kandidatin des Politbüros und eine der zwölf stellvertretenden sowjetischen Ministerpräsidenten (im übrigen zuständig für soziale Entwicklung), und Zoja Nowoschilowa, Botschafterin in der Schweiz.

»Da sehen Sie doch, welche Prioritäten hier gesetzt werden«, sagt Inga. Dann kritisiert sie das im Obersten Sowjet neu geschaffene Komitee für Frauenfragen. »Ich weiß«, sagt sie, »daß bei den Regierungen im westlichen Ausland Komitees für Frauenfragen existieren; bei uns hat man es leider ›Komitee für Frauen, Familie und Kinder‹ genannt. Da packt man wieder alles zusammen und sieht die Frau wie üblich in Verbindung mit der Familie.« Nichts gegen die Bedeutung der Familie, meint Inga, aber zumindest genauso wichtig sei es zum jetzigen Zeitpunkt, daß sich ein Komitee beim Obersten Sowjet mit den politischen Rechten der Frau als *Frau* und nicht als Ehefrau und Mutter beschäftigt.

Inga nennt am deutlichsten die Versäumnisse der Vergangenheit. »Vielleicht sind wir auch deshalb mit unserem politischen Bewußtsein so weit zurückgeblieben, weil wir immer geglaubt haben, daß es eigentlich in unserem Lande ganz gut aussieht. Es war ja auch immer möglich, eine Vorzeigefrau zu finden, eine Renommierfrau. Die konnte man präsentieren und sagen: Na bitte! Aber was es diese Frau gekostet hat, Vorzeigefrau zu werden, das weiß niemand, und es hat auch niemanden interessiert.«

Es klingt ein wenig verbittert, wie Inga das sagt, obwohl ihre Mimik und ihre ganze Art alles andere als verbittert wirken. Ingas Stimme bekommt wieder diesen entschlossenen

Unterton, als sie fortfährt: »Frauen sind imstande, viele Fragen und Probleme nicht nur genausogut zu lösen wie Männer, sondern sogar besser, und zwar wegen der Flexibilität ihres Denkens. Das ist einfach so.« Pause. »Aber ich denke trotzdem, daß die Hauptaufgabe der Frau in der Erziehung der Kinder besteht. Davon bin ich überzeugt.«

Nach all diesen Ausführungen überrascht mich ihre Kehrtwendung zum Schluß vollkommen, ja sie verwirrt mich geradezu. Einen Moment lang bin ich mir nicht sicher, ob ich Inga richtig verstanden habe. Aber die Reaktion der anderen zerstreut meine Zweifel, denn alle drei fallen geradezu über Inga her: Was sie sich denn um alles in der Welt nun dabei gedacht habe . . .

Inga bleibt ganz ruhig und gelassen, lacht und meint, das sei nun mal ihre persönliche Überzeugung. Sie verlange von niemandem, genauso zu denken. Ihre politische Forderung laute auf jeden Fall, die Frau solle selbst entscheiden, was sie machen will: sich voll im Beruf engagieren oder Kinder gebären oder beides. Und damit Frauen diese Wahl treffen können, müßten politische Rahmenbedingungen geschaffen werden. Als ein Beispiel nennt sie, daß es Frauen erleichtert werden soll, wieder ins Berufsleben zurückkehren zu können, wenn die Kinder groß sind.

Wirklich, die gleichen Probleme wie überall auf der Welt und die gleichen Sackgassen, aus denen herauszukommen für meine Begriffe noch niemand einen überzeugenden Weg gefunden hat, denke ich mir. Die Frau soll die Wahl haben, wie sie ihr Leben gestaltet – davon war ja auch in Tallinn immer wieder die Rede. Diese Forderung klingt gut, aber lügt man sich damit nicht pausenlos in die eigene Tasche? Wenn man ehrlich wäre, müßte man zugeben, daß es mit dieser Wahlfreiheit nicht so weit her ist. Denn wenn eine Frau sich für Kinder und gegen Berufstätigkeit entscheidet, braucht sie einen Ehemann, der genug Geld verdient, oder ein dickes Bankkonto oder reiche Eltern . . . Wenn sie das alles nicht hat, was bleibt dann von ihrer Wahlfreiheit übrig? Wenn eine Frau sich für einen Beruf entscheidet und gegen Kinder, hat sie mit ihrem schlechten Gewissen zu kämpfen – das abhängig von der eigenen Erziehung und der Gesellschaft, in der sie lebt, mehr oder weniger stark ausgeprägt ist. Und dann gibt es die dritte Möglichkeit: Eine Frau will beides, Kinder und Beruf. Das zu vereinbaren, ohne daß irgend jemand zu kurz kommt, verstehen ja viele – wie ich finde, zu Recht – unter verwirklichter Gleichberechtigung. Wenn eine Frau also beides will, dann müssen derart viele Komponenten ineinandergreifen, daß, genau betrachtet, wahrscheinlich eine verschwindend geringe Zahl von Frauen übrigbleibt, die tatsächlich die freie Wahl hat, und das nicht nur in der Sowjetunion.

Was erwartet denn die sowjetische Gesellschaft – die im europäischen Teil des Landes – von einer Frau, möchte ich von meinen Gesprächspartnerinnen wissen, soll sie in erster Linie Kinder bekommen?

»Was heißt schon: Was erwartet die Gesellschaft?« antwortet Inga. »Ich kann Ihnen sagen, was die Männer erwarten. Wir haben nämlich zur Zeit eine sehr ausgeprägte Tendenz, daß sich in allen möglichen Gremien die Männer zu Wort melden und verkünden, was eine Frau zu tun und zu lassen hat. Es wundert mich wirklich, wie viele Männer neuerdings über Frauenprobleme reden.« Inga gibt ein Beispiel aus einer Fernsehdiskussion, wo ein Mann unwidersprochen verkündete, eine Frau solle vorrangig Kinder gebären und großziehen. Niemand in dieser Männerrunde sei auf die Idee gekommen, Frauen nach ihrer Meinung zu befragen.

»Daran trägt der stalinistische Kasernensozialismus viel Schuld«, wirft Elvira plötzlich ein. »Was hat dieser Kasernensozialismus aus den Idealen der zwanziger Jahre gemacht?« Elvira beschreibt ihn als eine Männerherrschaft, die in der Frau nur ein Objekt sah, das man in jeder Weise benutzen konnte. Brauchte man für die Industrialisierung Arbeitskräfte, holte man die Frauen. Waren genügend Männer vorhanden, schickte man die Frauen wieder nach Hause. Während es bis zum Beginn der dreißiger Jahre in der Sowjetunion Frauen

in leitenden Funktionen gab, ist unter Stalin der Typ der sogenannten Sternenfrau entwickelt worden. Stalin liebte es, einzelne Frauen vorzuführen: etwa besonders qualifizierte und
mutige Fliegerinnen oder einsatzfreudige Lokführerinnen.
Vorzeigefrauen sollten es sein, Frauen als Symbole für irgendwelche fragwürdigen Ideale.

»Nebenbei bemerkt«, so Elvira, »ich bin schon lange der
Auffassung: Je demokratischer ein Staat ist, desto mehr Frau-
en bekleiden leitende Positionen. Wenn wir zum Beispiel die
Leninsche Periode der Demokratie betrachten, so finden wir
eine ganze Reihe von Frauen in der Regierung. Damals brach-
te unser Land ganz neue Erscheinungen hervor wie eine Frau-
enministerin und eine Botschafterin. Bei Stalin hingegen
sehen wir überall nur Männer.«

Wenn man über Frauen in der Sowjetunion spricht, darf
man den Zweiten Weltkrieg nicht vergessen. Zwanzig Millionen Tote, vorwiegend Männer – das hatte aus der Sowjetunion
ein »Amazonenland« gemacht, wie Elvira sich ausdrückt.
»Für eine ganze Generation von Frauen stand die Frage nach
einer eigenen Familie überhaupt nicht zur Debatte«, bemerkt
Elvira. Man müsse in gewisser Weise auch Verständnis für
Stalins Politik, beginnend mit einem Erlaß im Jahre 1944,
haben, Mütter mit vielen Kindern auszuzeichnen und moralische und materielle Anreize für Frauen zu schaffen, damit sie
viele Kinder gebären. Der Staat förderte die Mutterschaft und
erwartete von einer Frau, daß sie diese Rolle freudig übernahm.

In den Stagnationsjahren unter Breschnew wurde der
Bevölkerung systematisch eingeimpft, daß Politik Männersache sei. Alle Fragen, die sich um den Alltag und die Familie
drehen, galten als Sache der Frauen. Elvira meint, diese Haltung habe im wesentlichen zwei Gründe. Zum einen machten
damals Männer recht hohen Alters Politik, denen der Sinn für
Menschen in der Blüte ihres Lebens mit all ihren Bedürfnissen
und Sorgen abhanden gekommen war. Zum anderen handelte
es sich bei den Themen Alltag und Familie um ein Feld, auf

dem der Staat mit Problemlösungen versagt hatte. Der bequeme Ausweg bestand darin, die Frauen in diesem Bereich einzusetzen, damit sie dort das leisteten, wozu der Staat nicht imstande war.

»Ist Mutterschaft die Pflicht einer Frau oder das Recht einer Frau?« diese Frage müsse beantwortet werden, bevor man die Rolle der Frau in der heutigen sowjetischen Gesellschaft beschreiben könne, meint Elvira. Von der Antwort hänge auch die politische Strategie der Gesellschaft ab.

Bis jetzt herrscht allerdings im gesellschaftlichen Bewußtsein noch die Meinung vor, denke ich mir, eine Frau habe die Pflicht, Kinder zu gebären. Ein Blick in die Presse bestätigt das, wo sich vor allem Männer in diese Richtung äußern. Häufig beklagen sie, daß Frauen wegen Überlastung im Beruf und im Haushalt ihren Charakter verlieren, daß sie keine Zeit mehr für die Kindererziehung haben und daß genau aus diesem Grund die Familien auseinanderfallen und die Scheidungsrate zunimmt. Die Schlußfolgerung dieser Männer lautet kurz und knapp: Die Frau muß zurück ins Haus.

Das scheint auf den ersten Blick den Forderungen, die ich von jungen Frauen gerade in Estland gehört habe, zu entsprechen – aber wirklich nur auf den ersten Blick, denn diese Frauen sprachen ja von einer Wahlmöglichkeit. Und einer Meinungsumfrage zufolge beantworten achtzig Prozent der berufstätigen Frauen in der Sowjetunion die Frage, ob sie ihren Beruf aufgeben würden, wenn die Familie auch so finanziell zurechtkäme, mit Nein.

Ich weiß nicht so recht, was ich davon halten soll, wenn Frau Puchowa in ihren Reden betont, die Festigung der Familie und die Unterstützung junger Ehen nehme den »Hauptplatz in der Tätigkeit des Frauenkomitees« ein. Problematisch auch, wenn sie die demographische Situation als beunruhigend bezeichnet und sagt: »Die Hälfte der Familien hat nur ein Kind. Die Scheidungsquote ist hoch. In vielen Familien herrschen ungeordnete Verhältnisse, und die Eltern gehen ihren Erziehungspflichten nicht nach.« Sie selbst will es sicher nicht so verstanden haben, doch weite Teile der sowjetischen Gesellschaft werden diese Entwicklung voll den Frauen anlasten.

Jelena schaltet sich ein, diejenige, die für die Kontakte zu deutschsprachigen Ländern zuständig ist, und sinniert über zwei gegensätzliche Eigenschaften, die Frauen ihrer Auffassung nach besitzen: Geduld und Mut. Sie hat zunächst Probleme, genau zu beschreiben, was sie meint. Sie möchte auf keinen Fall mißverstanden werden, so als messe sie den biologischen Unterschieden zwischen Mann und Frau zuviel Bedeutung bei. Denn das sei ganz und gar nicht ihr Anliegen, betont Jelena. »Aber die Frau ist von der Biologie her das Lebewesen, das auf jeden Fall auch die schwierigsten Lebensumstände durchstehen soll – wegen der Arterhaltung.« Ich verstehe nicht ganz. Jelena macht ihre Gedanken an einem konkreten Beispiel anschaulich und erzählt von Forschungsergebnissen über das Verhalten von Wölfen und Wölfinnen. Wenn man Wölfe jage, dann umringe man den Ort, an dem sie sich aufhalten, mit kleinen roten Fahnen. Wenn die Abstände eng genug sind, dann schaffe es ein Wolf irgendwann nicht mehr, aus diesem Kreis auszubrechen. Eine Wölfin mit Jungen jedoch sei sehr wohl imstande, dieses Hindernis, das auch sie als solches wahrnimmt, zu überwinden. Denn es sei ihre Aufgabe, die jungen Wölfe – im doppelten Sinne – durchzubringen.

»Andererseits, wenn die Situation es erfordert«, meint Jelena, »kann es auch, vereinfacht ausgedrückt, so sein, daß der Mann kämpft und stirbt, während die Frau sich verkriecht und anpaßt. Sie erträgt dann die unerträglichsten Situationen, um aus einem Arterhaltungstrieb heraus zu überleben.«

Jelena scheinen ihre eigenen Ausführungen nicht so ganz geheuer, und sie geht auf das Thema über, warum in der Sowjetunion eine Frauenbewegung im eigentlichen Sinne so gar keine Tradition hat. Nach der Oktoberrevolution seien die Frauen davon ausgegangen, daß alle Probleme im Lande durch die zuständigen gesellschaftlichen Organisationen gelöst werden würden; es gab ja die Gewerkschaft und die Partei. Also gab es keinen Grund, spezielle Frauenorganisationen

233

zu schaffen. Daher gab es für sowjetische Frauen keinen Ort und keine Möglichkeit zu lernen, wie man für die eigenen Belange kämpft: In der Gewerkschaft hatten die Männer das Sagen und in der Partei sowieso.

Obwohl ja nur 29 Prozent aller Parteimitglieder Frauen seien, hätte die Partei nun das Frauenthema für sich entdeckt, führt Jelena weiter aus. Es habe bei der Wahl zum Volksdeputiertenkongreß im März 1989 kaum einen Bewerber gegeben, der in seinem Programm nicht diese zwei Themen angesprochen habe: Umwelt und Frauen. »Auf diesem Roß sind sie dann in den Obersten Sowjet eingezogen«, meint Jelena vorwurfsvoll. »Die Frauen haben diese männlichen Bewerber sogar dann unterstützt, wenn als Mitbewerber eine Frau zur Wahl gestanden hat.« Es gebe offenbar auch im Unterbewußtsein von Frauen die Vorstellung, bedauert Jelena, daß eine Frau sich politisch allein schon deshalb nicht so durchsetzen könne wie ein Mann, weil ihr dafür angesichts all ihrer Pflichten keine Zeit mehr bleibe. Besonders ärgerlich seien dann Vorkommnisse wie im Volksdeputiertenkongreß, als eine Frau aus Kasachstan in den Saal gerufen habe: »Wann hören wir denn endlich auf, ich muß nach Hause!«

Bezeichnend für die Einstellung der Männer auch im Volksdeputiertenkongreß, die ja im Wahlkampf versprochen hatten, sich speziell für die Belange von Frauen einzusetzen, sei die Tatsache, daß sie sich immer wieder an die Vorsitzende des Frauenkomitees, Zoja Puchowa, wenden, die selbst Volksdeputierte ist. Briefe und Anfragen von Frauen leiten sie lieber an diese »Berufsfrau« weiter, statt sich selbst darum zu kümmern.

Meine Gesprächspartnerinnen schwanken ständig zwischen dem Ärger über das gedankenlose und gleichgültige Verhalten der Gesellschaft und der Freude über noch so kleine Verbesserungen hin und her. Zwischen Resignation, weil es gar so langsam – wenn überhaupt – vorangeht, und Hoffnung, weil doch die Zeichen der Zeit keine Rückschritte mehr zulassen.

Marina ist beispielsweise ganz begeistert über die Existenz

eines neugeschaffenen Frauenrates, der unmittelbar beim Ministerrat angesiedelt und dem Vorsitzenden des Ministerrates, also Ministerpräsident Ryschkow, direkt unterstellt ist. So etwas habe es noch nie gegeben. Das bedeutet – zumindest theoretisch –, daß Anliegen und Probleme von Frauen nicht schon auf mittleren Ebenen abgewürgt werden, sondern ohne Umwege ins Zentrum der Macht vordringen können.

Und über noch etwas freut sich Marina, wovon sie allerdings beinahe verlegen erzählt. »Michail Sergejewitsch gibt ein gutes persönliches Beispiel«, sagt sie und wird fast ein wenig rot dabei. Sie findet es großartig, daß der sowjetische Staats- und Parteichef sich auf seinen Reisen im In- und Ausland von seiner Frau Raissa begleiten läßt. Marina ist allerdings bewußt, daß sie mit dieser Einstellung in der Sowjetunion zu einer kleinen Minderheit gehört. »Das ist für uns ja ein absolutes Novum«, meint Marina, »und das schätzen längst nicht alle Sowjetbürger, ganz im Gegenteil.«

Da spricht Marina etwas an, das mir in der Sowjetunion auch schon oft begegnet ist, und zwar in den unterschiedlichsten Schichten der Bevölkerung. Die meisten Menschen reagieren nicht nur sehr zurückhaltend, sondern beinahe feindselig auf Raissa Gorbatschows Auftritte in der Öffentlichkeit. »Das schickt sich nicht. Was hat sie da zu suchen? Er macht doch die Politik, wieso stellt sie sich so heraus?« So und ähnlich kann man es hören. Daß böse Bemerkungen über Raissas exquisite Garderobe fallen, darf angesichts der Tatsache, daß es so etwas in der Sowjetunion in der Regel nicht zu kaufen gibt, kaum verwundern. In der öffentlichen Meinung spielt es keine Rolle, daß man diesen Mangelzustand Frau Gorbatschow nun wirklich nicht persönlich anlasten kann.

Marina erzählt von einer Beobachtung, die sie in letzter Zeit gemacht hat. Obwohl die Präsenz der Präsidentengattin vielfach als störend empfunden wird, gehen Männer in leitenden Funktionen immer mehr dazu über, bei ihren Dienstreisen ihre Ehefrauen mitzunehmen. »Das sind noch die Typen von früher«, lacht Marina, »ganz gleich, was sie selbst darüber denken, sie benehmen sich angepaßt.«

*

Ein Zitat von Michail Gorbatschow (aus seinem Buch *Perestroika. Die zweite russische Revolution,* München 1987, Seite 147):

»Heute engagieren sich die Frauen in der wissenschaftlichen Forschung, arbeiten auf Baustellen, in der Industrie und im Dienstleistungssektor und sind schöpferisch tätig und haben daher nicht mehr genügend Zeit, um ihren täglichen Pflichten zu Hause nachzukommen – dem Haushalt, der Erziehung der Kinder und der Schaffung einer familiären Atmosphäre. Wir haben erkannt, daß viele unserer Probleme – im Verhalten vieler Kinder und Jugendlicher, in unserer Moral, der Kultur und der Produktion – zum Teil durch die Lockerung der familiären Bindungen und die Vernachlässigung der familiären Verantwortung verursacht werden. Dies ist ein paradoxes Ergebnis unseres ernsthaften und politisch gerechtfertigten Wunsches, die Frau dem Mann in allen Bereichen gleichzustellen. Mit der Perestroika haben wir angefangen, auch diesen Fehler zu überwinden. Aus diesem Grund führen wir jetzt in der Presse, in öffentlichen Organisationen, bei der Arbeit und zu Hause hitzige Debatten über die Frage, was zu tun ist, um es den Frauen zu ermöglichen, zu ihrer eigentlichen weiblichen Lebensaufgabe zurückzukehren.«

Wie soll man das nun verstehen? Spricht daraus ehrliche Sorge? Ist damit eine Entlastung der Frauen gemeint, in dem Sinne, daß man sie von schwerer körperlicher Arbeit befreien will? Und möchte man zunächst eine Stufe gesellschaftlicher Entwicklung erreichen, auf der eine Frau sich überhaupt Gedanken über ihre eigene Rolle machen kann, um sich dann zu entscheiden, wie ihr Leben aussehen soll? Oder ist dieser begnadete Politiker, der nach meinem Eindruck weltweit zu den fähigsten und glaubwürdigsten Persönlichkeiten im politi-

236

schen Geschäft zählt, eben auch nur ein Mann, der seine festen Vorstellungen von der Rolle der Frauen hat, ohne sie selbst nach ihren Wünschen zu fragen?

Noch bin ich nicht lange genug in diesem Land, um die Frage beantworten zu können.

James A. Michener

Alaska

912 Seiten, 2 Karten, gebunden, Schutzumschlag

James A. Michener, Bestsellerautor von Rang, hat in seinem neuen Roman die dramatische Geschichte dieses Landes, das Amerika 1867 für lumpige 7,2 Millionen Dollar dem Zaren abkaufte, niedergeschrieben. Von Alaskas Besiedlung durch sibirische Jägerhorden und Eskimos spannt sich der Bogen zu den Forschungsreisen von Bering und den Missionierungsversuchen russisch-orthodoxer Mönche. Aber erst in unserem Jahrhundert kommt es zu den ersten größeren Siedlungen durch das Aufblühen der Lachsindustrie, und nach dem Zweiten Weltkrieg beginnt durch die Erschließung der Ölfelder ein Wirtschaftsboom, der die soziale Struktur Alaskas völlig umgestaltet. Auch hier sind die historischen Fakten aber nur Hintergrund für Micheners packenden Roman. Ob in der bewegenden Geschichte des Visionärs Zazruk, der sein Volk auf die Aleuten-Inseln führte, ob in der Gestalt Alexander Baranows, des ersten Russen, der das Land regierte, und seines Gegenspielers Rabenherz, Häuptling der Tlingits, stets verbindet sich der große Atem der Literatur mit der Liebe zum informativen Detail.

ECON Verlag
Postfach 30 03 21 · 4000 Düsseldorf 30

Michail Gorbatschow

Das gemeinsame Haus Europa und die Zukunft der Perestroika

304 Seiten, gebunden, Schutzumschlag

Michail Gorbatschow, Generalsekretär des ZK der KPdSU und Staatspräsident der Sowjetunion, besucht vom 12. bis 15. Juni 1989 die Bundesrepublik Deutschland. Auf diesen Besuch richten sich große Erwartungen – was das sowjetisch-bundesdeutsche Verhältnis angeht, die Beziehungen zwischen den beiden deutschen Staaten, aber auch die gesamteuropäischen Perspektiven. Michail Gorbatschow fand für seine visionäre Konzeption das Wort vom »gemeinsamen Haus Europa«. Voraussetzung für ihr Gelingen ist eine gemeinsame Strategie der Politiker in aller Welt und der Mut in die Zukunft zu schauen.

In seinem neuen Buch, das auch die Reden anläßlich seines Besuches in der Bundesrepublik enthält, macht Gorbatschow deutlich: Heute kann man von der Spaltung Europas nicht mehr so sprechen wie noch vor 20 oder sogar vor 10 Jahren. Die vielfältigen Prozesse, die sich in Europa vollziehen, beinhalten große Möglichkeiten für die Lösung der globalen Probleme. An erster Stelle steht die Abrüstung, die gewaltige materielle und geistige Ressourcen für die Entwicklung und den Schutz der natürlichen Umwelt freisetzen kann. Untrennbar verbunden damit ist die Politik der Perestroika, die für die UdSSR eine echte Revolution bedeutet und sich bereits jetzt auch revolutionär auf die gesamte internationale Entwicklung auswirkt. Michail Gorbatschow: »In dieser Bewegung des aufgewachten großen Volkes wird es auch Schwierigkeiten und womöglich auch ernste Augenblicke geben. Aber: Wir schaffen es! Wir betreiben die Politik der Umgestaltung!«

ECON Verlag
Postfach 30 03 21 · 4000 Düsseldorf 30

Brigitte Blobel

Die Botschafterin

400 Seiten, gebunden, Schutzumschlag

Indien, Bonn, Warschau und eine Insel in der Karibik: Das sind die Schauplätze dieses Romans, eines Romans, der die Geschichte einer außergewöhnlichen Frau in einem außergewöhnlichen Beruf erzählt. Ada von Leyden. die attraktive Tochter eines ehemaligen Botschafters, der nach seiner Diplomatenlaufbahn in Indien lebt, entschließt sich, ebenfalls in den Dienst des Auswärtigen Amtes zu treten. Ablehnung, persönliche Ressentiments – das sind die Begleitumstände, mit denen sie sich konfrontiert sieht, mit denen sie sich aber auch auseinandersetzen muß, will sie sich in dem kleinstädtischen Machtzentrum behaupten . . .

Ein greiser, fast blinder Präsident hat mehr und mehr die Bindung zu seinem Volk verloren und ist praktisch zu einer Marionette im Spiel der politischen Kräfte geworden. Jorge Rubiendo, ein Staatsminister, der den Inselstaat mit Korruption überzogen hat, ist der eigentliche Regent. Sein einzig ernst zu nehmender Gegenspieler scheint General Ortiz de Vega zu sein, der Kommandant der Streitkräfte.

Der geheimnisumwitterte General und die selbstbewußte Botschafterin; sie beginnen eine leidenschaftliche Liaison, eine Liaison, die – vor dem Hintergrund wachsender politischer Unruhen und Intrigen – letztendlich chancenlos ist, da die politische Realität keine Alternative zuläßt . . .

ECON Verlag
Postfach 30 03 21 · 4000 Düsseldorf 30

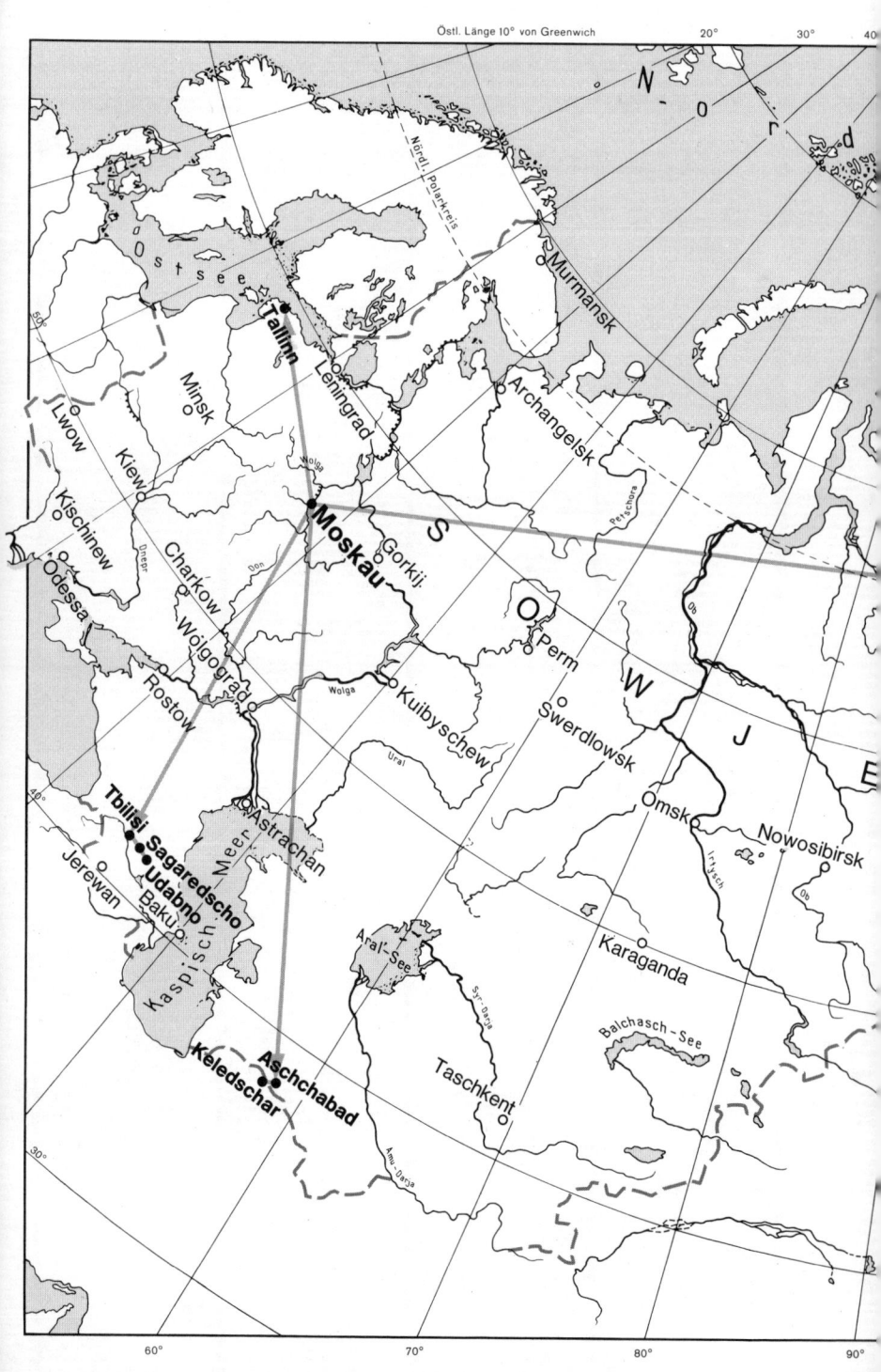

N — o — r — d

O s t s e e

Murmansk

Nördl. Polarkreis

Tallinn

Leningrad

Archangelsk

Minsk

Lwow

Kiew

Kischinew

Odessa

Charkow

Wolgograd

Rostow

Dnepr.

Don

Wolga

Moskau

Gorkij

S

Perm

O

Swerdlowsk

Kuibyschew

W

J

E

Ob

Petschora

Wolga

Ural

Astrachan

Tbilisi Sagaredscho

Udabno

Baku

Jerewan

Kaspisch   Meer

Omsk

Irtysch

Nowosibirsk

Ob

Karaganda

Aral'-See

Balchasch-See

Keledschar

Aschchabad

Syr-Darja

Taschkent

Amu-Darja

40°

30°